"开放三孩儿"政策下的
现代家庭教育

王雅宁 著

吉林文史出版社

图书在版编目（CIP）数据

"开放三孩儿"政策下的现代家庭教育 / 王雅宁著.

长春：吉林文史出版社，2024. 7. — ISBN 978-7-5752-

0414-9

Ⅰ. G78

中国国家版本馆CIP数据核字第20247QT433号

"开放三孩儿"政策下的现代家庭教育
" KAIFANG SAN HAIR "ZHENGCE XIA DE XIANDAI JIATING JIAOYU

著　　者：王雅宁
责任编辑：吕　莹
出版发行：吉林文史出版社
电　　话：0431-81629359
地　　址：长春市福祉大路 5788 号
邮　　编：130117
网　　址：www.jlws.com.cn
印　　刷：河北万卷印刷有限公司
开　　本：710mm×1000mm 1/16
印　　张：16.5
字　　数：230 千字
版　　次：2024 年 7 月第 1 版
印　　次：2025 年 1 月第 1 次印刷
书　　号：ISBN 978-7-5752-0414-9
定　　价：98.00 元

前　言

　　随着社会的快速发展和家庭观念的不断变化，现代家庭教育已经成为促进儿童健康成长、维护家庭和谐与社会稳定的重要因素。三孩儿政策的实施为家庭教育带来了新课题，如何在新的社会背景下，合理调整和优化家庭教育策略，确保儿童在多子女家庭环境中得到平衡发展，成为社会、家庭乃至每一位家长关注的焦点。本书通过对现代家庭教育的全面解析，探讨了家庭教育的理念创新、多重原则、主要内容和基本方法，同时针对落实三孩儿政策提出了适应社会发展的学习型家庭构建策略。书中不仅关注于理论层面的阐述，更侧重于实践策略的提供，旨在帮助家长和教育工作者更好地理解和应对新时代家庭教育的挑战。

　　全书共分为七章。第一章对家庭教育的含义、功能、性质与特点、基本要素以及理念与任务进行了全面的介绍，为后续章节的深入讨论奠定了基础。第二章通过对我国家庭教育的起源、历史发展及现代发展的梳理，展示了家庭教育演变的脉络，特别是在三孩儿政策背景下的新课题和应对策略。第三章至第六章分别从理论基础、家庭生活理念与儿童心理素质的发展、现代家庭教育的全面解析以及不同人生发展阶段的家庭教育四个方面，深入探讨了现代家庭教育的核心内容和实践指导。第七章则重点讨论了在新政策影响下家庭教育面临的挑战和应对策略，为多子女家庭的教育实践提供了具体的指导和建议。

　　现代家庭教育是一个复杂而又充满变化的领域，需要家长、教育工作者以及社会各界人士共同关注和努力。本书通过对现代家庭教育的深入分析和探讨，为家庭教育实践提供理论依据和策略支持，希望能够为促进儿童全面发展、提高家庭教育质量、构建和谐社会做出贡献。由于时间仓促，水平有限，不足和缺陷之处在所难免，恳切希望广大读者、专家批评指正。

目 录

第一章　现代家庭教育概述

第一节　家庭教育的含义与功能

家庭教育和学校教育、社会教育一样，是一种基本的教育形态，是整个教育体系的重要组成部分。家庭教育作为孩子成长和发展的基石，承载着培养下一代的重要责任。在这个信息爆炸和社会快速变化的时代，家庭教育的角色变得更加复杂和关键。

一、现代家庭教育的含义

家庭作为特殊的社会结构，建立在婚姻之上，以血缘关系为纽带，构成社会生活的基本单元，同时也是社会的微观组成部分。它天然具备教育职能，为孩子提供了学习母语、形成生活习惯、体验亲情和塑造人格的初始环境，为个体的社会化打下基础。在家庭教育理论中，对于"家庭教育是什么"这一基本问题的理解至关重要。哪怕是微小的偏差，也可能在家庭教育的实践中产生深远的影响。因此，准确地把握家庭教育的概念对于构建家庭教育理论体系、指导家庭教育实践的方向和流程具有至关重要的作用。

《辞海》（第七版）对家庭教育的定义为：父母或其他年长者在家庭

中对儿童和青少年进行的教育。我国教育领域的工作者对家庭教育的概念进行了许多有益探讨。赵忠心认为,按照传统的说法,家庭教育是指在家庭生活中,由家长即由家庭里的长者(其中主要是父母)对其子女及其他年幼者实施的教育和影响,这是狭义的家庭教育。广义的家庭教育,应当是家庭成员之间相互实施的一种教育。在家庭里,不论是父母对子女,子女对父母,还是长者对幼者,幼者对长者,同辈人对同辈人,一切有目的、有意识施加的影响,都是家庭教育。[①]邹强指出,家庭教育是指在人类社会家庭生活中,家庭成员之间(主要是父母对未成年子女)的一种教育和影响活动。[②]

综上所述,现代家庭教育是指在家庭环境中,父母或监护人通过日常互动、教育活动和家庭文化来促进孩子的全面发展和提升其社会适应能力的过程。这包括情感支持、认知发展、社交技能和价值观教育。现代家庭教育不仅包括直接的教育活动,还包括家庭成员间的相互作用、交流方式以及家庭传统和习惯,这些都在无形中对孩子的成长产生影响。在科技进步和社会变革的背景下,现代家庭教育还涉及如何帮助孩子适应数字时代,培养信息筛选、网络安全和媒体素养等能力。在现代家庭教育中,父母的角色不再局限于权威指导者,更多转变为指导者、支持者和伙伴,与孩子共同成长和学习。

二、现代家庭教育的功能

现代家庭教育的功能不只传授知识和学习技巧。它涵盖了从情感支持到价值观塑造,从社会化过程到认知发展,再到自我意识和生活技能培养等广泛领域。这些功能共同作用,为孩子的全面发展提供了必要的

---

① 赵忠心. 家庭教育学:教育子女的科学与艺术 [M]. 北京:人民教育出版社,2001:5.

② 邹强. 中国当代家庭教育变迁研究 [M]. 天津:天津大学出版社,2011:16-17.

条件和支持，帮助他们成长为健康、有能力和有责任感的个体。家庭教育在塑造下一代的过程中发挥着不可替代的作用，是社会进步和文明发展的基石（如图 1-1）：

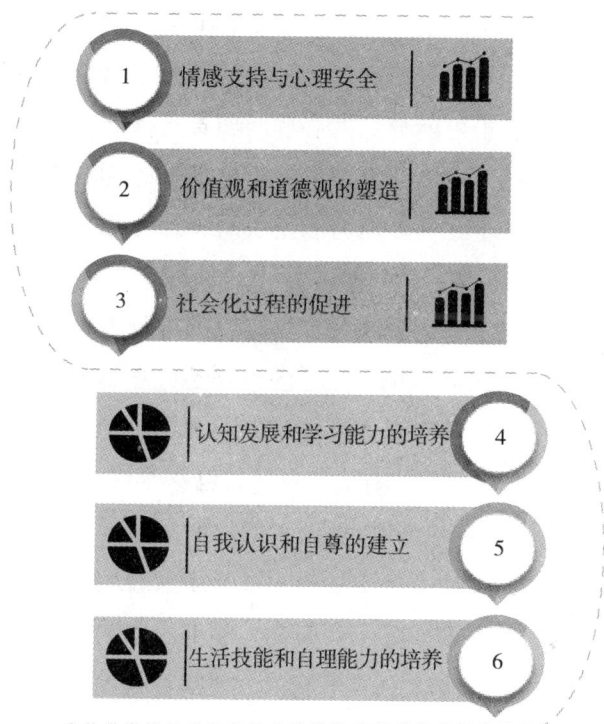

图 1-1　现代家庭教育的功能

（一）情感支持与心理安全

情感支持与心理安全在家庭教育中的角色不可小觑，它们为孩子的成长提供了一片温暖而坚实的土壤。在这个基础上，孩子能够以健康的心态面对生活中的各种情景，无论是成功还是失败。情感支持主要体现在家长对孩子的爱、关注以及对孩子情感需求的积极响应上。这种支持不仅让孩子感到被爱和被重视，更是他们形成安全依恋感的关键。

心理安全感的建立使得孩子愿意分享自己的想法和感受，不担心被嘲笑或否定。在这样的环境中，孩子更愿意尝试新事物，即使面临失败，也能从中进行学习并持续前进。这种能力在未来的学习和生活中极为重要，它培养了孩子的适应力和解决问题的能力。情感支持和心理安全还有助于孩子的社会技能提升。在家庭中获得的正面情感体验使孩子能够更好地理解和同情他人的情感，促进了良好社会关系的建立。这种情感的交流和共鸣是建立持久友谊和社会网络的基础。家庭中的情感支持还能有效预防和减少孩子可能遇到的心理问题。当孩子知道可以信赖的成人会无条件地支持他们时，其在遭遇挫折和困难时更不容易感到孤立无援。这种安全感让孩子在面对压力和挑战时，拥有更多的心理资源去应对，减少了焦虑和抑郁情绪的产生。

情感支持与心理安全是家庭教育的基石，不仅影响孩子的情感发展和社会适应能力，还深刻影响着孩子的学习动机和学习成效。通过建立一个充满爱和安全感的家庭环境，家长能够为孩子的全面发展提供坚实的基础，帮助他们成为自信、有韧性且具有社会责任感的个体。

（二）价值观和道德观的塑造

在家庭这个最初的社会小团体中，孩子通过观察、模仿和参与家庭活动，学习和接受了一系列关于如何与人相处、如何判断对错的基本规范和原则。家长在这一过程中的角色尤为关键，他们不仅是价值观的主要传递者，更是孩子学习和模仿的对象。家长的言谈举止、对待他人的方式、处理问题的方法等都直接影响着孩子对于什么是正确的、什么是值得追求的深层理解。例如，当家长在遇到困难时展现出坚持不懈的态度，孩子学习到的是面对挑战的勇气和毅力；当家长对待家庭成员和社会他人以尊重和同理心时，孩子内化的是对他人的尊重和理解。家庭中的日常生活为价值观和道德观的塑造提供了具体的实践场景。家庭规则的设定、对孩子行为的奖惩、家庭成员之间的相互支持和合作等，都是价值观塑造情况的具体体现。通过这些实践活动，孩子不仅学会了社会期望的行为准则，更重要的是学会了其背后的价值原则和道德理由。价值观和道德观的塑造不限于孩子的个人发展，更有助于他们成为社会的有用成员。拥有坚定的价值观和道德观，可以使孩子在未来的学习、工作和社会交往中，更好地做出判断，面对道德困境时能够坚守原则，对社会有更深的责任感和更高的贡献度。

在全球化和信息化日益发展的当下，家庭教育在价值观和道德观的塑造上面临新的挑战和机遇。家长需要引导孩子在广阔的信息海洋中辨识正确与错误，培养他们的批判性思维能力，同时也要教会孩子如何在多元文化的环境下保持开放和尊重，发展成为具有全球视野的公民。通过日常的互动和生活实践，家庭教育在塑造孩子的价值观和道德观方面起着决定性的作用。这一过程要求家长不仅要有意识地传递正面的价值观，更要通过自己的言行为孩子树立良好的榜样，为孩子的全面发展和未来的社会生活奠定坚实的基础。

（三）社会化过程的促进

家庭是孩子学习和实践相关技能的第一个场所，通过家庭成员之间的日常互动，孩子逐步学会了如何与他人沟通、如何表达自己的需要和感受，以及如何理解和尊重他人的观点和感受。在家庭的社会化过程中，家长的角色尤为关键。他们不仅是孩子学习社会行为的模范，还是孩子理解社会规则和行为准则的主要指导者。家长通过设定规则、示范行为、讨论和指导，帮助孩子理解在不同社会情景下的适当行为。例如，通过共享餐桌礼仪，孩子学习到了轮流说话、倾听他人和餐桌礼仪的重要性；通过家庭聚会，孩子学习到了如何在社交场合中介绍自己、如何与不同年龄段的人交往。家庭内部的冲突解决为孩子提供了学习和实践解决问题的机会。家长如何处理与孩子或伴侣之间的冲突，不仅影响孩子对冲突的态度和解决冲突的能力，还教会孩子认识到在遇到问题时寻求和平解决方案的重要性。这些技能对孩子在未来的学校生活和职场中建立健康的人际关系至关重要。

家庭还是孩子认识社会多样性和包容性的重要场所。通过与来自不同背景的家庭成员和朋友的交往，孩子认识到了社会的多样性，以及尊重和接纳不同文化和观点的重要性。这种多样性和包容性的教育对于孩子成长为能够适应全球化社会的个体极为重要。因此，家庭教育在社会化过程中的作用不仅仅是教会孩子社会规则和行为准则，更重要的是帮助孩子建立起对社会的理解、对多样性的尊重以及和谐交往的能力。通过这一过程，孩子不仅为进入更广阔的社会环境做好了准备，还学会了如何成为一个负责任、有同情心和能够为社会做出贡献的公民。

（四）认知发展和学习能力的培养

通过在家庭中的互动和活动，让孩子们接触到丰富的知识和技能，这些都对他们的认知发展和学习能力提升产生了积极的影响。家长通过与孩子的日常对话，为孩子提供了理解世界的语言工具。这种日常的语言交流帮助孩子积累词语，提高了其语言理解和表达能力，这是认知发展的基础。家长的问题引导和对话交流鼓励孩子思考、提问和探索，促进他们形成批判性思维和创造性思维。共读图书是另一种重要的家庭教育活动，不仅可以增进家长与孩子之间的情感联系，还可以激发孩子的想象力和理解力。通过阅读，孩子们能够了解不同的文化、历史和科学知识，这些都是认知发展的重要组成部分。家长可以通过提问和讨论，引导孩子深入思考书籍内容，从而提高他们的理解和分析能力。游戏和探索活动为孩子提供了通过实践进行学习的机会。无论是室内游戏还是户外探索，孩子们都能在玩乐中学习新事物，如数学概念、科学原理和社会规则。这种学习方式不仅有助于孩子的认知发展，还能增强他们的动手能力和解决问题的能力。

家庭教育中还包括对孩子自我学习能力的培养。家长通过鼓励孩子自主选择阅读材料、参与感兴趣的项目和自我设定学习目标，帮助他们发展自我驱动的学习习惯。这种自主学习的能力是孩子未来在学习和工作中取得成功的关键。认知发展与学习能力的培养还需要家长对孩子的学习进程进行适当的支持和指导。家长可以通过设置合理的学习目标、提供必要的学习资源和环境，以及给予正面的反馈和鼓励，来支持孩子的学习。这种支持不仅增强了孩子的学习动机，还帮助他们建立了面对挑战和困难时的韧性。

（五）自我认识与自尊的建立

在家庭的温暖与支持下，孩子不仅学会了如何认识和接受自己，还学会了如何自信地面对生活中的各种挑战和困难。家庭需要提供理想的环境，让孩子能够在安全和接纳的氛围中探索自我、表达情感和了解新事物。家长的正面反馈和认可对孩子形成积极的自我形象至关重要。当孩子的努力和成就得到家庭的认可时，他们不仅感受到了自己的价值，也欣赏到自己的努力和进步，从而建立了自尊心。通过家庭中的各种活动，如家务分担、开展个人项目或参与家庭决策过程，孩子们获得了展示自己能力和独立性的机会。这些活动不仅提升了孩子的自我效能感，还强化了他们的自我意识，使其更加了解自己的喜好、能力和局限。这种自我认识是孩子做出符合自己兴趣和能力选择的基础，对于他们未来的教育选择和职业规划尤为重要。

家庭中的沟通方式也对孩子的自我意识和自尊形成有着重要影响。开放和支持性的沟通鼓励孩子表达自己的想法和感受，这不仅有助于孩子提高沟通技能，还促进了他们情感的健康发展。家长通过倾听和理解孩子的观点，传达了一种尊重和认可价值的信息，这对孩子形成自尊和自信心至关重要。家庭教育中对失败和挑战的态度也是培养孩子自尊和自我意识的重要因素。家长通过教导孩子正确看待失败，将其视为学习和成长的机会，帮助孩子建立了面对困难的韧性和积极态度。这种态度不仅增强了孩子的自我意识，还培养了他们面对生活挑战时的内在力量。

（六）生活技能和自理能力的培养

在家庭环境中，孩子通过实际参与和体验，逐步学习到如何照顾自己、如何与他人和谐相处以及如何有效地解决问题。参与家务是培养孩子生活技能和自理能力的重要方式之一。通过分担家庭责任，孩子不仅学会了日常生活所需的基本技能，如清洁、烹饪、整理和维护个人卫生，还学会了团队合作和责任感。这些经历增强了孩子的自我效能感，让他们认识到自己对家庭和社会的贡献价值。管理个人事务是另一个关键领域，它包括时间管理、财务管理和个人决策等。家长可以通过指导孩子如何规划作业和休闲时间、如何节约和使用零用钱，以及如何为自己的行为和选择承担责任，来培养孩子的自我管理能力。这些技能对孩子的独立性和自信心形成有着直接的影响，可以帮助他们在未来的生活中更加自主和有能力。做决策的能力是自立能力的重要组成部分，它涉及目标设定、问题分析和选择最佳解决方案的过程。家庭教育通过鼓励孩子参与家庭决策，如家庭活动的规划或日常问题的解决，让孩子在安全的环境中尝试做出决策。这不仅提升了孩子的逻辑思维和判断力，还增强了他们面对复杂情况时的适应能力和自信。通过设置和达成个人目标，孩子学习到了如何自我激励和评估自己的进步。这种自我驱动的学习过程对于孩子的终身学习和个人发展具有重要意义。家长通过支持孩子设定实际可行的目标，并庆祝他们达成目标的成就，帮助孩子建立起积极的自我概念和形成持续成长的动力。生活技能和自理能力的培养使孩子不仅能够在日后独立生活时感到自信和准备充分，还为他们在社会中的有效参与和做出贡献奠定了基础。家庭教育通过提供学习这些技能的机会和环境，为孩子的全面发展打下了坚实的基础。

第二节　现代家庭教育的性质与特点

一、现代家庭教育的性质

现代家庭教育的性质，是指现代家庭教育区别于其他教育的根本属性。主要体现在以下几个方面（如图1-2）：

图1-2 现代家庭教育的性质

（一）非正规教育

在教育领域中，家庭教育作为非正规教育的一种形式，与正规教育形成了鲜明的对比。家庭教育作为非正规教育，特别强调在非结构化的环境中进行的学习和教育过程，它不依赖传统的学校系统或教育机构，更多地发生在日常生活的自然情景中。家庭教育中的教育者通常是父母或其他家庭成员，他们大多数并未经过正规的教育训练，也不具备系统的教育知识和专业能力。这种情况下，家庭教育的实施往往是基于家长的直觉、经验和个人价值观。家长在教育孩子时，很少有固定的教学计划或严格的教育大纲，而是依据家庭的日常生活、孩子的具体需要和家长的个人理解来进行。

家庭教育的非正规性质体现在其教育内容的灵活性和多样性上。教育内容不局限于学术知识，还包括生活技能、社交规则、道德观念和情感表达等。这些内容通常是在家庭日常生活的自然交流中，通过具体的实例和经验来传授。例如，孩子在家庭中学习如何与家人和睦相处，如何表达感情，如何处理日常问题，这些都是家庭教育的重要组成部分。家庭教育的另一个显著特点是其教育方式的灵活性和即兴性。家长通常根据具体情况和孩子的反应来调整教育方法。这种即兴和灵活的教育方式使得家庭教育能够更贴近孩子的实际需求，更加注重孩子个性的培养和发展。家庭教育的非正规性还体现在其教育环境的自然性和舒适性上。与学校教育的严格和正式相比，家庭教育提供了一个更加轻松和自由的学习环境。在这种环境下，孩子能够在无压力的情况下学习和成长，更容易展现其真实的个性和兴趣。

尽管家庭教育是非正规的，但它在孩子的成长和发展中扮演着至关重要的角色。家庭教育不仅为孩子的社会化过程提供了基础，还对孩子的个性发展、情感培养和价值观形成产生了深远的影响。它是孩子学习和成长旅程中不可或缺的一部分，与正规教育相辅相成，共同塑造了孩子的整体人格并提升了其各方面的能力。

（二）私人教育

家庭教育在教育体系中独树一帜，它作为私人教育的一种形式，与公共教育相区别。私人教育的核心特征在于教育的发起者和受益者都是家庭内的成员，教育的内容和方法受家庭内部决策和价值观的影响。

家庭教育的私人性质反映在其教育过程的自主性和个性化上。不同于公共教育机构，家庭教育的内容、方法、时间和空间都由家庭成员根据个人的需要和偏好来决定。父母或其他家庭成员根据自己的经验、知识和对子女的理解来实施教育，这使得家庭教育具有极高的灵活性和适应性。在家庭教育中，父母通常是教育的主导者。他们不仅是孩子学习知识和技能的引导者，更是孩子品格、习惯和情感发展的重要影响者。父母的生活方式、价值观念、行为习惯在家庭教育中被自然而然地传递给孩子，这不仅塑造了孩子的个性和行为方式，也在潜移默化中影响着孩子的世界观和价值观。家庭教育的私人性质还意味着它与家庭的日常生活密切相关。教育活动往往与家庭的日常事务相结合，如饭桌上的谈话、日常的家务劳动、家庭旅行等。这些日常活动成为家庭教育的自然载体，让教育过程更加生动、实际且具有意义。

家庭作为社会的基本单位，虽然在教育孩子时具有相对自主性，但其教育实践和内容仍然受到社会环境和文化的影响。社会的政治、经济和文化变革，都以不同的方式影响着家庭教育的方式和内容。因此，尽管家庭教育是私人的，但它并非与社会隔绝，而是与社会发展紧密相连，反映和适应时代的变迁。在强调家庭教育的私人性质时，不应忽视其对社会的重要性。家庭教育不仅为孩子个人的成长和发展奠定基础，也为社会输送具有健全人格和社会适应能力的公民。因此，虽然家庭教育是私人的，但它在培养个体和构建社会方面扮演着不可或缺的角色。

现代家庭教育作为私人教育，具有其独特的教育模式和价值。它基于家庭成员之间的亲密关系，通过日常生活中的互动和经验分享进行教育。家庭教育的内容和方法由家庭成员自主决定，既体现了个性化和适应性，也反映了社会文化的影响。尽管家庭教育是私人的，但其对孩子个人成长和社会发展的影响是深远且重要的。

（三）终身教育

家庭教育作为一种终身教育，涵盖了从个体出生至晚年的整个生命历程。这种教育形式具有持续性和长期性，影响着个体在不同生命阶段的成长和发展。终身教育是指人们一生中所受各种培养和教育的总和及其全过程。[①]终身教育突出了教育不仅仅是童年或少年时期的活动，更是一个人从摇篮到坟墓的持续过程。在家庭教育的语境中，这意味着家长和其他家庭成员不断地对孩子进行教导，不仅在孩子的成长阶段，而且在孩子成年后，家长的影响和教育作用仍然持续存在。

家庭教育的终身性涉及从婴幼儿期开始的基本生活技能教育，到青少年期的道德和社交教育，再到成年后的生活决策和价值观塑造。每个阶段，家庭教育都扮演着不同的角色，满足个体在不同发展阶段的需求。例如，家长对孩子早期的语言发展和基本行为规范的教导是家庭教育的起

---

① 汤晓蒙.中国终身教育发展的现实基础与宏观路径研究[M].厦门：厦门大学出版社，2012：4.

点。随着孩子的成长，家长开始教导更复杂的社交技巧、学习方法和道德原则。即使孩子成年后，家长在职业选择、婚姻决策和生活方式等方面的建议和指导，仍然是家庭教育的一部分。家庭教育的终身性还体现在其对个体的长期影响上。家庭教育不仅在孩子身心发展的早期阶段起着决定性作用，而且其影响将贯穿个体的一生。家庭教育所传递的价值观念、生活态度和行为模式，在很大程度上塑造了个体的性格和世界观。

家庭教育的另一个维度是在家庭成员之间的相互教育。家庭不仅是父母教育孩子的场所，也是孩子对父母、祖父母及其他家庭成员产生影响和进行教育的场所。随着社会的发展和文化的变迁，年轻一代往往能够在某些领域，如技术使用、现代文化等方面，给予家庭中的老一代新的见解和学习机会。终身家庭教育的观念强调家庭成员应当尊重和珍视彼此的教育作用，对年长者来说，这意味着持续地承担起教育年轻一代的责任，传授知识、经验和生活智慧；对年轻一代来说，则是学习、尊重和倾听家长的经验和指导，同时为家庭的其他成员提供新的知识和视角。

（四）教与养一体的教育

现代家庭教育作为一个整体，既关注孩子的物质生活和情感需求，也关注孩子的道德、智力和社会能力的发展。它通过结合"教"与"养"两个方面，促进孩子全面和谐地成长，为孩子未来的人生奠定坚实的基础。

在家庭教育中，"教"与"养"的结合是天然且必然的。家长不仅是知识的传授者，更是情感和道德价值的引导者。他们通过日常生活中的互动，以榜样的力量、言传身教来影响孩子的行为和思维方式。例如，家长通过共享家庭故事、讨论日常事件，传授生活智慧和社会规则，同时也通过关爱和支持，满足孩子的情感需求，帮助他们建立自信和安全感。家庭教育中的"养"涵盖了为孩子提供物质生活和情感支持的各个方面。它关注孩子的身体健康、情绪稳定和社会适应能力。家长通过满足孩子的基本生活需求、提供安全和舒适的家庭环境，为孩子的健康成长创造了必要的条件。同时，家庭成员间的相互理解和支持，为孩子塑造了一个充满爱和尊重的成长环境。"教"在家庭教育中则体现为对孩子进行道德和智力教育。这包括对孩子进行正确的行为引导、价值观的培养和知识的传授。家庭是孩子了解世界、形成初步认识和价值观的第一所学校。家长通过讲述个人经历、分享知识见解，引导孩子形成独立的思考和判断能力，为他们将来的学习和生活打下基础。

二、现代家庭教育的特点

现代家庭教育的特点凸显了其在孩子成长和发展中的独特角色，这些特点体现在多个方面（如图1-3）：

图1-3　现代家庭教育的特点

（一）持续性和长期性

家庭教育的持续性和长期性特点是其在孩子成长和发展中具有不可替代的重要作用的体现。这种特点意味着家庭教育不仅伴随着孩子的成长，还在孩子的性格形成、价值观塑造和行为模式发展中起着关键的作用。

从孩子出生的那一刻起，家庭就开始了其教育之旅，这个过程持续到孩子成年，甚至更长。家庭教育不仅关注孩子的早期发展，如语言能力、基本的社交技能和情感表达，而且随着孩子的成长，家庭教育的焦点也随之转变，涉及更为复杂的概念，如责任感、独立性和批判性思维。在孩子的成长过程中，家长的角色和教育策略需要不断调整和改变。例如，在孩子的早年，家长可能更多地扮演保护者和照顾者的角色，而随着孩子的成长,家长的角色逐渐转变为导师和顾问。家庭教育的这种持续性和长期性确保了孩子能在各个发展阶段得到适当的支持和指导。家庭教育对孩子性格的形成和未来行为模式的影响尤为重要。家庭环境、父母的教育方式和家庭成员之间的互动模式对孩子的性格塑造具有决定性作用。例如,一个充满爱和支持的家庭环境可以培养孩子的自信心和社会适应能力;而过于严格或放任的家庭环境可能导致孩子在情感表达或社交方面出现问题。家庭教育对孩子未来的行为模式也有深刻的影响。孩子在家庭中学到的行为准则、价值观和解决问题的方式会深深根植于其心中,并在他们的整个生活中发挥作用。家庭教育通过日常的互动、家庭规则和模范行为,为孩子提供了一个学习和模仿的平台。

(二)适应性和灵活性

随着科技进步和社会结构的变化,家庭教育需要不断地调整和更新其教育方法和内容,以保证孩子能够有效地适应未来的世界。在适应性方面,家庭教育需要对新兴的技术和社会趋势做出响应。例如,数字技术的普及要求家庭教育在引导孩子正确使用网络和社交媒体、培养信息素养方面发挥作用。父母需要了解这些技术,以便能够有效地指导孩子如何安全、负责任地使用它们。社会的多元化也要求家庭教育帮助孩子建立对不同文化和观念的尊重和理解。在灵活性方面,要求家庭教育能够根据家庭和孩子的具体情况灵活调整教育策略。这种灵活性体现在家庭教育能够根据孩子的年龄、兴趣、性格以及家庭的价值观和生活方式来定制教育内容和方法。例如,一些家庭可能更加注重艺术教育,而另一些家庭则可能重视科学和数学的学习。家庭教育能够在不牺牲教育质量的情况下,为孩子提供个性化的学习路径。家庭教育的灵活性还体现在能够利用各种教育资源来丰富孩子的学习体验。家长可以结合学校教育、在线学习资源、社区活动和家庭旅行等多种方式,为孩子创造一个多元化的学习环境。这种综合利用不同资源的能力使家庭教育更加丰富和有效。

（三）互动性和参与性

家长在家庭教育过程中不仅是教育的执行者，更是孩子成长旅程的合作伙伴和支持者。互动性和参与性特点强调了家庭教育的双向性质，即教育是家长和孩子共同经历和共同创造的过程。互动性体现在家长通过日常活动与孩子进行沟通和交流。这种交流不仅包括直接的教学活动，如指导孩子完成作业或讲述故事，还包括日常对话、共同参与家庭活动和解决问题等。通过这种互动，家长能够更好地了解孩子的需求、兴趣和挑战，并据此调整教育方法和内容，以更有效地支持孩子的成长。参与性则体现在家长在孩子的教育和成长过程中扮演的积极角色。家长不仅向孩子传授知识和技能，还参与到孩子的学习和生活经历中。例如，家长可以参与孩子的学校活动、兴趣小组或运动项目，通过这些共同的体验加深与孩子的关系，并提供必要的支持和引导。

互动性和参与性的结合为孩子提供了一个内容丰富的学习环境。在这种环境中，孩子不仅可以学习知识和技能，还能够学习如何与他人有效沟通、合作和解决冲突。家庭成为一个支持性的社会微环境，其中父母和孩子通过共同的活动和经历，一起成长和学习。家庭教育中的互动性和参与性还有助于培养孩子的情感和社交能力。通过与家长的互动，孩子学会表达自己的感受、理解他人的情绪，并建立积极的人际关系。家长的参与也为孩子提供了一个模范，教会他们如何在家庭和社会中正面地互动和参与。

（四）综合性和多元性

家庭教育的综合性和多元性确保了孩子在多方面得到均衡发展。这种教育方式不仅促进了孩子在学术上的成长，还关注他们的道德、情感、社交和身体健康，为孩子未来的生活和挑战打下坚实的基础。

在道德教育方面，家庭教育致力于培养孩子的责任感、诚实、同情心和正义感。这些价值观的塑造通常通过家庭成员间的日常互动和对生活事件的讨论来实现。家长们通过自己的行为示范和对孩子行为的反馈，帮助孩子理解和实践这些道德原则。情感和社交技能的培养是家庭教育的另一重要组成部分。家庭环境为孩子提供了学习情感表达、理解和管理的空间。家长通过对孩子的情感反应的支持和引导，帮助他们建立自我意识和提高人际交往能力。此外，家庭活动和庆祝仪式等也为孩子提供了社交技能实践的机会。在身体健康方面，家庭教育强调对孩子进行正确饮食习惯、体育活动和个人卫生的教育。家长通过为孩子提供健康的饮食选择、鼓励定期体育锻炼，以及教导个人卫生习惯，为孩子的身体健康奠定基础。家庭教育的综合性还表现在对孩子的认知和智力发展的关注上。家庭提供了一个内容丰富的学习环境，其中包括图书、艺术、音乐和科技等资源。家长通过阅读故事、进行科学实验和探索艺术，激发孩子的好奇心和创造力。

第三节　现代家庭教育的基本要素

　　家长、孩子和家庭环境是现代家庭教育的三个基本要素，它们共同作用，形成了一个有效且全面的家庭教育系统。通过理解这些要素，可以更好地把握家庭教育的动态过程，以及如何在家庭环境中有效地促进孩子的全面发展。

一、作为家庭教育施教者的家长

　　在现代家庭教育中，家长作为教育的施教者发挥着至关重要的作用。他们不仅是孩子的生活抚养者，更是孩子品格形成、知识积累和技能发展的主要指导者。家长在家庭教育中的作用重大、影响深远，不仅限于孩子的成长阶段，而且伴随孩子的整个生命过程。

家长作为家庭教育的施教者，其责任和角色多重且复杂。他们是孩子学习社会规范和价值标准的首要引导者。在孩子的成长过程中，家长通过自己的行为、言论和态度，向孩子传递了社会的期望、文化习俗和道德规范。这种传递不仅通过直接的教育和指导实现，也通过家长的日常行为和决策过程体现。家长在孩子的教育中还承担着筛选和过滤信息的责任。家长根据自己的价值观和对社会环境的理解，决定哪些信息适合孩子接触，哪些则需要过滤。这种筛选过程对孩子形成正确的世界观和价值观至关重要。家长还在孩子的教育中发挥辅导作用。他们不仅为孩子提供了学习知识和技能的机会，还引导孩子如何思考和应对生活中的各种情景。家长通过讨论、指导和共享经验，帮助孩子形成解决问题的能力，培养孩子的自主学习和自我发展能力。家长在家庭教育中的管理作用也不容忽视。考虑到孩子的生理和心理发展阶段，家长需要在必要时对孩子的行为进行适当的管理和控制。这包括制定家庭规则、监督孩子的行为，以及在必要时进行纠正和指导。

家长的经济状况、文化水平和社会地位在很大程度上决定了孩子能够获得的教育资源和机会。因此，家长的角色不仅限于直接的教育活动，还包括为孩子创造有利的成长环境和条件。家长在家庭教育中的作用综合了指导、辅导和管理等多重属性。在不同的教育活动和情景中，这些属性可能同时存在，也可能其中某一属性更为突出。家长的教育方式和策略会根据家庭的具体情况、孩子的需求和外部环境的变化而发生变化。

二、作为家庭教育受教者的儿童

在现代家庭教育体系中，儿童作为受教育者的角色至关重要。他们的特性和地位在家庭教育过程中理应得到充分的重视，因为儿童不仅是教育活动的接受者，也是教育过程中的积极参与者。家庭就是为了孩子得到保护和供养而造下的文化设备。[①]儿童时期是人生中极其重要的阶段，这一时期的体验和学习对个体的整个生命产生深远影响。儿童的生理和心理特性决定了他们对教育的需求，同时也使他们更易于接受教育。人类的幼年阶段较长，这一时期不仅需要学习基本的生存技能，更需要学习如何在社会中与他人互动并适应社会生活。

儿童在家庭教育中的几个关键属性包括：其一，能动性。儿童不是被动的教育对象，而是具有自我发展的动力。他们能够自觉地参与教育过程，与家长共同塑造这一过程。儿童的好奇心、探索欲和学习动力是他们内在的驱动力，这些特质使其能够在家庭教育中积极地学习和成长。其二，发展中的个体。儿童正处于身心快速发展的阶段。他们的认知、情感和社交能力都在不断成熟，这一时期的教育对于他们未来的发展至关重要。因此，家庭教育需要考虑到儿童的成长特点，提供适宜的指导和支持。其三，完整的人。儿童既有自然属性也有社会属性。他们不仅需要生理上的关照和保护，还需要在情感和社交方面得到支持和培养。家庭教育应当关注儿童的全面发展，包括身体健康、情感表达、社交技能和认知能力的培养。其四，以学习为主的生活方式。儿童的主要任务是学习。在家庭教育中，学习不仅限于知识的积累，还包括技能的习得、价值观的形成和个性的发展。家庭提供了一个自然而丰富的学习环境，家长的教育方法和互动方式对儿童的学习方式和学习效果产生重要影响。其五，社会化过程的关键阶段。家庭教育是儿童社会化过程的重要部分。通过与家庭成员的互动，儿童学习社会规则、文化习俗和人际交往的技巧。家庭教育在帮助儿童适应社会环境、理解社会角色和发展社会能力方面发挥着关键作用。其六，教育过程中的主观能动性。儿童在教育过程中不仅是信息的接收者，他们的主观能动性也在教育过程中得到体现和发展。儿童通过提问、参与决策和自我探索等方式积极参与家庭教育，

---

① 费孝通. 生育制度 [M]. 北京：北京联合出版公司，2018：189.

这一过程有助于他们形成独立思考和自主学习的能力。

基于上述认识可知，儿童在家庭教育中的角色是复杂且多维的，他们不仅是教育的接受者，更是教育过程中的积极参与者。家庭教育应当充分考虑到儿童的这些特性，为他们提供一个具有支持性的环境，以促进其在各个方面的健康成长和全面发展。

三、作为家庭教育中介的家庭环境

家庭环境对孩子的生长发育产生着极为重要的影响。[①] 人类具有适应环境、选择环境与改造环境的能力。儿童的弱小，决定了他们对环境的依赖性；儿童行为的可塑性，决定了环境育人的必要性；儿童的年龄特征，决定了创设良好环境的迫切性。[②] 从这个意义来说，家庭环境作为家庭教育的中介，对儿童的生存和发展产生重要影响和起到较大作用。一个具有支持性、鼓励性和安全感的家庭环境对孩子的身心发展至关重要。以下是家庭环境的几个关键方面（如图 1-4）：

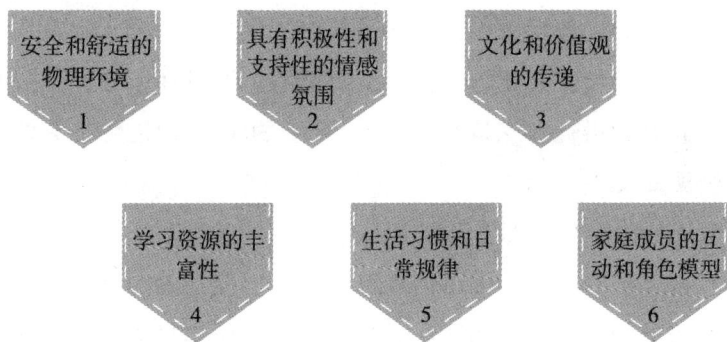

图 1-4　家庭环境的关键方面

（一）安全和舒适的物理环境

一个良好的物理环境不仅满足了儿童基本的生活需求，还对他们的

---

① 杨忠健.家庭心理健康教育[M].北京：开明出版社，2019：238.
② 李飞作.今天我们如何做家长[M].徐州：中国矿业大学出版社，2022：91.

心理健康、学习态度和探索欲望产生积极影响。家庭环境的安全性是首要考虑的因素。对于儿童来说，家中的安全措施应包括防止意外伤害的设施，比如电源插座的安全防护、防滑的地面以及安全的家具布局。还要保证家中无危险物品的存放，应急安全设备的配备如烟雾报警器和灭火器也是确保家庭环境安全的关键。家庭环境的舒适性同样重要，这不仅意味着提供温暖和适宜的居住条件，还包括创造一个宁静、有序的环境，有助于孩子放松和集中注意力。舒适的环境可以通过适当的照明、舒适的家具，以及温馨的装饰来营造。家庭环境的设计和布局对儿童的探索和学习同样具有影响。创造一个鼓励儿童探索的环境，如设有学习角、阅读区域和创意玩耍空间，可以激发孩子的好奇心和探索欲。家庭环境中的学习资源，如图书、教育玩具和艺术材料，应易于孩子接触和使用，以支持他们的自主学习。

（二）具有积极性和支持性的情感氛围

一个充满爱、尊重和理解的家庭氛围对儿童的情感健康和社会能力发展至关重要。这种氛围不仅为孩子提供了成长的情感支持，还培养了他们的自信、人际交往能力和情感调节能力。通过在家庭中创造和维持这样一个具有积极性和支持性的情感环境，家庭教育能够更有效地促进孩子的全面发展。

家庭中的爱和关怀是营造积极情感氛围的基石。通过日常的亲密互动，如拥抱、亲吻、鼓励的话语和高质量共同度过的时间，家庭成员可以表达对彼此的爱和关心。这种爱的表达为孩子提供了安全感，是他们自信心和自尊心发展的基础。尊重和理解是家庭情感氛围的另一重要组成部分。家长通过尊重孩子的意见和感受，展示对孩子的理解和接纳，为孩子创造了一个有利于成长的环境，使孩子的想法和感受被重视和尊重。这种环境鼓励孩子表达自己，促进了他们社交技能和情感调节能力的发展。家庭中的有效沟通也是营造积极情感氛围的关键，包括开放的对话、倾听和共情。家长通过倾听孩子的想法和感受，表达理解和共情，增进了家庭成员间的情感联结和信任感。有效地沟通帮助家庭成员在遇到冲突时能够更加有效地解决问题，增强了家庭的凝聚力。家庭氛围中的积极肯定和鼓励对孩子形成良好的自我形象和能力感也非常重要。家长通过表扬孩子的努力和成就，鼓励他们在面对挑战时保持积极态度，从而增强了孩子的自我效能感和乐观主义精神。

（三）文化和价值观的传递

家庭中的文化传递通常是通过日常生活中的对话、行为和互动来实现的。家长通过与孩子的日常交流，分享自己的经验、信念和见解，无形中向孩子传达了特定的文化观念和生活方式。这些交流不仅围绕日常生活中的小事，也涵盖了更广泛的话题，如家族历史、民族传统和社会事件。家庭传统和习俗是文化价值观传递的另一重要方式。家庭中的节日庆祝、特殊仪式和习惯不仅为家庭成员提供了共享欢乐和进行纪念的时刻，也是向孩子传授家族和文化传统的机会。通过这些活动，孩子学习到关于家庭、社会和文化的重要知识，形成了对自己身份和遗产的认识。家长对重要事件的态度和反应也是价值观传递的重要方面。如何对待生活中的挑战、成功和失败，如何看待社会变化和多元文化，这些都在无形中影响着孩子的价值观形成。家长在这些情景中展现的态度和行为，成为孩子学习如何应对生活和理解世界的重要参考。

（四）学习资源的丰富性

家中的教育资源多样化可以激发孩子的好奇心和探索欲望，为他们提供广泛的学习领域。例如，书可以开阔孩子的视野，增加他们对世界的认识；教育玩具则通过游戏的形式，帮助孩子学习新的概念和技能；艺术材料如绘画和手工制作工具，鼓励孩子发挥创造力和想象力；而数字学习资源如在线教育平台和教育软件，则为孩子提供了更多样的学习方式和信息渠道。在丰富的家庭学习环境中，孩子可以根据自己的兴趣和节奏进行学习。这种学习方式更加自主和灵活，有助于孩子形成主动学习的习惯。同时，家长可以根据孩子的兴趣和需求，选择合适的资源和材料，以支持和促进孩子在特定领域的学习。家庭学习环境的多样性也有助于孩子全面发展。通过接触不同类型的学习资源，孩子不仅能够在知识层面获得成长，还能在情感、社交和道德等方面得到培养。例如，阅读文学作品可以提升孩子的情感理解能力，而团队游戏则有助于培养他们的合作和社交技能。

（五）生活习惯和日常规律

家庭环境中建立的日常生活习惯和规律为孩子提供了一个清晰、有序的生活框架。例如，规律的饮食习惯确保孩子得到必要的营养，支持他们的身体成长和健康。良好的饮食习惯还有助于培养孩子对食物的正确态度和选择，预防未来的饮食问题。规律的睡眠习惯对孩子的身体健康和精神状态至关重要。充足的睡眠不仅有助于孩子的身体恢复和成长，还对他们的情绪稳定和认知功能完善发挥重要作用。家长通过制定固定的睡眠时间表和睡前例行程序，帮助孩子形成稳定的睡眠模式。一个有规律的学习时间表对孩子的学习效率提升和习惯养成也极为重要。通过设定固定的学习时间和地点，孩子可以在一个无干扰的环境中专注于学习。这种习惯的养成有助于孩子做到自律，提高学习效率，并为未来的学术和职业生活打下基础。

家庭环境中的日常规律还包括其他生活方面，如个人卫生、家务分担和休闲活动等。这些规律的建立不仅有助于孩子学会基本的生活技能，还教会他们如何平衡生活不同方面的需求和责任。

（六）家庭成员的互动和角色模型

家庭成员间的日常互动构成了孩子学习社交技能的基础。通过观察家长和其他家庭成员如何沟通、解决冲突和表达感情，孩子学习到人际交往的基本规则和技巧。家庭内的正面互动，如相互尊重、公平交流和积极反馈，为孩子树立了良好的社交行为模式。家庭成员扮演的角色对孩子的性别角色认知和职业观念形成也具有重要影响。孩子通过观察家长在家庭和社会中的角色，对不同的职业和社会角色有了初步的理解。

例如，父亲在职场的表现和母亲在家庭中的角色，对孩子未来职业选择和家庭观念的形成都有一定影响。

家长的决策方式和对待他人的态度在孩子价值观和道德观的形成中起着关键作用。家长在处理日常事务和社会关系时所展现的正直、责任感和同情心，会深刻地影响孩子对正确与错误的判断。这些观念会内化为孩子的行为准则，指导他们的日常行为和决策。家庭环境中的角色模型不仅限于家长，兄弟姐妹、祖父母和其他亲戚也可以成为孩子学习的榜样。这些家庭成员的个性特征、兴趣爱好和生活方式，为孩子提供了多样化的学习和模仿对象。

第四节　现代家庭教育的理念与任务

现代家庭教育的目标与任务涉及培养孩子成为具备全面能力、健康心理、良好品德和社会责任感的人。这些目标和任务反映了现代社会对个体综合素质的高要求，同时也体现了家庭教育在促进孩子全面发展中的重要作用。

一、现代家庭教育的理念

现代家庭教育的理念关注培养孩子成为全面发展的个体，强调家庭在孩子成长过程中的核心作用，并认识到家庭教育在社会大环境中的互动性和连续性。以下是现代家庭教育理念的核心要素（如图 1-5）：

整体性发展观

1

2　3

家庭与社会的互动　　　　持续性学习与成长

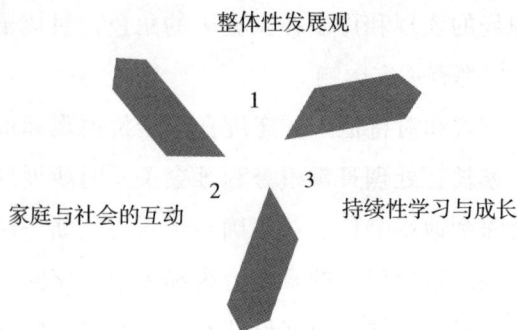

图1-5　现代家庭教育理念的核心要素

（一）整体性发展观

整体性发展观是一种全面关注孩子成长的教育理念，强调在孩子的生理、心理、情感以及社交等多个层面实现平衡发展。这种观念源于对儿童作为独立个体成长需求的深刻理解，认识到每个孩子的发展轨迹和需求都具有独特性。家庭教育在这一理念下扮演的角色超越了传统的知识传递功能，转而成为孩子成长旅程中的指导者和坚实的后盾。在这个过程中，重视孩子自主性、创造性和批判性思维的培养成为家庭教育的关键任务。这不仅涉及学术知识的掌握，更包括对多元文化的接纳和对社会环境的适应力培养。这种教育方式鼓励孩子形成开放思维，理解并尊重不同的文化和生活方式，促进他们成为具有全球视野的人。整体性发展观也强调情感和心理健康的重要性，认识到这是孩子健康成长的基础。家庭教育应通过提供一个充满爱和支持的环境，帮助孩子建立起积极的自我观念，培养他们解决问题的能力和与人交往的技巧。在这种教育理念下，家庭成员之间的相互尊重和支持成为孩子模仿学习的范本，对孩子形成健康人际关系的能力产生深远影响。整体性发展观还包含对孩子个性和兴趣的尊重，鼓励家长根据孩子的兴趣和潜力提供适宜的教育资源和环境。这种个性化的关注可以帮助孩子在他们擅长和热爱的领域内获得成就感，进一步促进其全面发展。通过这种方式，家庭教育成为一种激发孩子内在潜力，引导他们探索自我、实现自我价值的过程。

（二）家庭与社会的互动

家庭与社会的互动强化家庭对于孩子在多元文化社会中适应与成长的支持作用。这种教育观点不仅仅聚焦于孩子的个人发展，更广泛地关注他们如何有效地融入社会，以及如何在社会中发挥积极作用。通过这一教育理念，家长被鼓励成为孩子的社会导师，引导他们理解并尊重社会的多样性。家庭成为孩子学习如何与不同背景的人交往、如何理解和接受不同文化及观点的第一课堂。这种教育方式强调，理解和尊重多样性不仅是社会共存的基础，也是个人成长和成功的关键。家庭与社会的互动理念还包含了对变革的适应性。随着科技的快速发展、经济的全球化以及文化观念的演变，社会持续处于变化之中。家庭教育应教会孩子如何面对和适应这些变化，如何在不断变化的环境中保持学习和成长的能力，以及如何利用这些变化为自己的发展开辟新的途径。通过培养孩子的适应力和创新能力，家庭教育不仅帮助孩子为未来的挑战做准备，也为他们的终身学习和个人成就奠定了坚实的基础。

家庭与社会的互动强调的是一种双向的学习和成长过程，其中家庭不仅帮助孩子学习如何成为社会的一员，同时也从社会中学习，以便更好地支持孩子的成长和发展。这种理念鼓励家庭开放视野，积极参与社会活动，通过实践经验丰富孩子的社会理解和提升其适应能力，最终培养出能够积极参与并贡献于社会的下一代。

（三）持续性学习与成长

现代家庭教育理念中的"持续性学习与成长"强调的是一个动态的、终身的学习过程。在这一理念下，家庭教育不限于孩子的早期教育阶段，而是贯穿于孩子的整个生活周期，强调学习和个人发展是一个持续不断的过程。在这一理念中，家长的角色尤为关键。家长不仅是孩子的首要教育者，也是他们的榜样。通过家长自身对学习的热情和对个人成长的持续追求，家庭教育传达了一个重要的信息：学习是一种终生的追求，不仅仅是为了应对考试或职业要求，更是一种个人成长和实现自我价值的方式。家长通过自己对知识的渴望、对新技能的学习以及对个人兴趣的探索，为孩子展示了终身学习的重要性和乐趣。这一理念也强调家庭作为一个整体在持续学习和成长中的作用。家庭成员之间的互动和交流是学习和成长的重要渠道。家庭内部的讨论、共同的学习活动和对外的社交交往都是学习和成长的机会。通过这些活动，家庭成员不仅可以获得知识，还能学会如何思考、如何解决问题以及如何与他人有效沟通。

二、现代家庭教育的任务

家庭作为孩子的第一所学校，其任务是多样的。现代中国家庭教育主要包括德育、智育、体育、美育、劳动教育五方面的任务。这些任务共同构成了家庭教育的综合体系，旨在帮助孩子成为健康、有责任感、有创造力和全面发展的个体（如图1-6）：

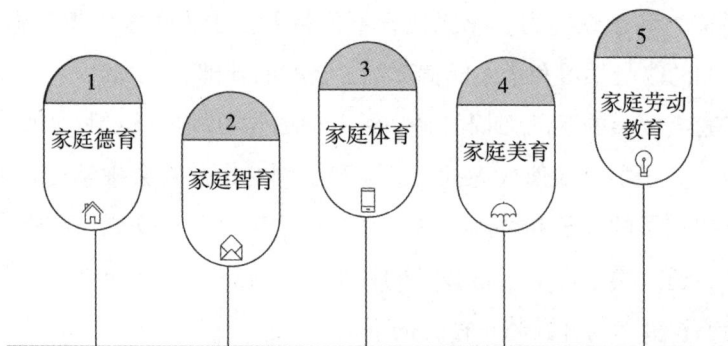

图1-6　现代家庭教育的任务

（一）家庭德育

家庭德育作为现代家庭教育的一个重要组成部分，关键在于通过日常生活中的互动和体验，培养孩子的道德观念和行为习惯。这一过程不仅塑造孩子的个人品质，也为他们日后成为社会责任感强的公民打下基础。家庭德育的核心在于通过实际的生活经验，而非单纯的言传身教，向孩子传达道德价值观。家长的行为模式、决策过程以及对他人的态度和处理问题的方式，都会对孩子产生深远的影响。例如，家长在面对困难或冲突时展现的诚实、勇气和正义感，可以直接影响孩子对这些道德品质的理解和内化。

在日常生活中，家长有机会在多种情景下教导孩子关于诚实、责任、同情和尊重等基本道德价值观。这可以通过家庭对话、共同解决问题、参与家庭决策等方式实现。例如，讨论家庭中的实际问题（如如何处理家庭开支、对待家庭成员的不公平对待等）可以成为教育孩子关于财务责任、公平和同情等内容的机会。家庭德育还涉及对孩子行为的引导和纠正。这需要家长在尊重孩子的个性和观点的同时，也设定明确的界限和规则。规则的设定和执行不仅可以帮助孩子理解社会规范，还培养了他们的自律能力。家庭德育的成功在很大程度上依赖家长自身的道德品质和行为示范。家长的日常行为，如对家庭和社会的责任、对他人的尊重和同情，以及在面对挑战时的正直和勇气，都为孩子提供了学习道德价值观的范例。

（二）家庭智育

家庭智育不仅关注于孩子传统学术知识的获取，更重视孩子思维能力的培养和问题解决能力的提升。通过提供具有支持性的学习环境和必要的学习资源，家庭智育为孩子打下了坚实的智力发展基础，为他们的未来学习和生活提供了重要的支撑。

在家庭智育的过程中，重点不仅应放在传统的学术知识传授上，更包括培养孩子的批判性思维、创造性思维以及问题解决能力等关键技能。家庭智育强调为孩子提供一个具有丰富内容、激励性的学习环境。这意味着家庭不仅是知识学习的场所，更是孩子发展思维能力的孵化器。家长可以通过日常生活中的多种活动和互动，激发孩子的好奇心和求知欲。例如，家庭阅读时间可以培养孩子的阅读习惯和文字理解能力；同时，通过讨论书籍内容，还能激发孩子的思考和想象。家庭智育还涉及对孩子批判性和创造性思维能力的培养。家长可以通过提出开放式问题，鼓励孩子思考和提出自己的见解，这样不仅培养了孩子的思维能力，也增强了他们的自信心。同时，家长可以提供各种资源和材料，如科学实验套件、艺术用品或编程工具，激发孩子的探索精神和创造力。解决问题的能力也是家庭智育中不可或缺的一部分。在日常生活中，家长可以引导孩子面对并解决实际问题，如如何制定家庭财务规划、应对日常生活中的小困难或学校作业中的挑战。通过这种方式，孩子不仅学习到了解决问题的具体技巧，也学会了面对挑战时的耐心和坚持。

（三）家庭体育

家庭体育作为现代家庭教育的一部分，其任务不局限于提高孩子的体育技能，更是关乎于培养孩子对健康生活方式的认识和习惯。通过家庭体育活动，孩子在享受运动乐趣的同时，也在学习如何维护自身的身体健康和整体福祉。这一任务的核心在于通过家庭内的活动和习惯，培养孩子对运动和健康生活方式的认识和兴趣。

家庭体育的一个关键方面是鼓励孩子参与各种体育活动。这不仅有助于提高孩子的身体素质，如力量、耐力和灵活性，还能培养他们的团队合作能力和运动精神。家庭中的体育活动可以多种多样，包括户外游戏、团队运动或家庭健身等。通过这些活动，孩子学会了如何通过运动来维持身体健康，同时也获得了与家人共享乐趣的时光。除了参与体育活动外，培养孩子的运动习惯同样重要。家庭可以通过设定固定的运动时间和参与定期的体育活动，帮助孩子养成长期的运动习惯。家长在这个过程中起到榜样的作用，他们通过参与运动展示了积极的生活态度，这对孩子形成稳定的运动习惯具有积极影响。家庭体育还包括对健康饮食和生活方式的教育。家长可以通过提供均衡的饮食和教育孩子关于营养和健康的知识，帮助孩子理解健康饮食的重要性。同时，家庭体育还应包括对日常生活习惯的引导，如保证充足的睡眠和适当的休息，确保孩子的身体和心理健康。

（四）家庭美育

家庭美育不仅是对孩子审美和艺术技能的培养，更是一种情感教育和文化教育。它通过艺术活动促进孩子的全面发展，帮助他们建立起对美和艺术的深刻理解，并通过艺术表达来探索自我和展露情感。通过家庭美育，孩子得以在艺术的世界中发现自己，展现自己，享受创造的乐趣。

家庭美育的核心在于激发和培养孩子对艺术的兴趣和欣赏能力。家庭可以通过多种方式鼓励孩子接触和体验不同的艺术形式。例如，家长可以与孩子一起欣赏音乐、观看绘画作品、参加戏剧表演或参与舞蹈活动。这些活动不仅丰富了孩子的艺术体验，也帮助他们理解和欣赏不同艺术形式中所蕴含的美学价值。通过参与艺术创作，孩子有机会发展自己的艺术表达能力。无论是绘画、雕塑、音乐创作还是舞蹈表演，艺术活动都为孩子提供了一种自由表达自我的方式。在艺术创作过程中，孩子不仅能够发展自己的想象力和创造力，还能学会如何用艺术的形式表达自己的情感和想法。家庭美育还关注于培养孩子对艺术背后深层含义的理解。这涉及讨论艺术作品的主题、情感和背景故事，帮助孩子理解艺术与文化、历史和社会的联系。通过这些讨论，孩子能够更加深入地欣赏艺术，并培养对多元文化的认识和尊重。

（五）家庭劳动教育

家庭劳动教育不仅是教育孩子完成家务任务的过程，更是一个培养孩子勤劳、自立、责任感和合作精神的重要环节。通过参与家庭劳动，孩子不仅学会了实际的生活技能，还理解了劳动的意义并在劳动中培养个人品质。

其核心任务是通过日常的家务劳动，教育孩子理解劳动的价值，并培养他们的勤劳和自立精神。这种教育方式不仅有助于孩子形成良好的工作习惯，还能引导他们增强责任感和自我管理的能力。家庭劳育通过让孩子参与家务劳动，使他们亲身体验劳动的过程和获得劳动成果的满足感。家庭中的劳动任务可以多样化，如打扫清洁、整理房间、烹饪、洗衣、学习园艺等。通过参与这些活动，孩子不仅可以学习到实用的生活技能，还可以理解通过自己的努力能够为家庭和社会做出贡献。家庭劳育还强调教育孩子关于劳动的重要性。这包括理解劳动不仅是完成任务的过程，更是培养责任感、坚持和自立能力的过程。家长可以通过与孩子分享自己的工作经验，讨论劳动与个人成就之间的联系，以及劳动对社会的贡献，从而培养他们对劳动的尊重和价值认识。通过家庭劳育，孩子还可以学习到合作和团队协作的重要性。在家庭劳动中，家庭成员需要相互协作，共同完成任务。这种合作经验教会孩子认识到在集体中发挥作用的重要性，也是他们日后在社会中进行有效合作的基础。

第二章 我国家庭教育的发展演进

第一节 我国家庭教育的起源与历史发展

从古代的家族中心教育到近代的多元化发展，家庭教育在中国历史长河中经历了深刻的变革。这一变化反映了社会结构、文化观念和教育政策的演进，同时揭示了家庭在孩子成长过程中所扮演的多重角色。回顾和分析家庭教育的历史发展，能更好地理解当前家庭教育面临的挑战和未来发展的方向。

一、古代社会家庭教育

在古代中国社会，家庭教育扮演着极其重要的角色。这一时期的家庭教育具有以下几个显著特点（如图 2-1）：

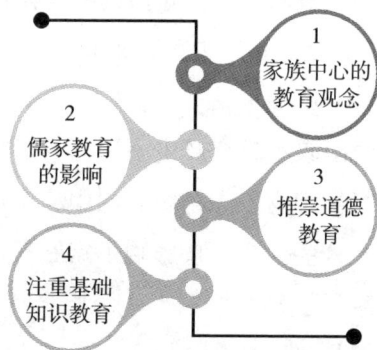

图 2-1 古代社会家庭教育

（一）家族中心的教育观念

在古代中国社会，家庭教育是以家族为中心的一种文化传承方式。这种教育结构深受家族制度的影响，其核心目的是维护家族的传统、荣誉和延续。在这种教育体系中，家族的历史、祖先的故事，以及家族的道德规范成为教育的重要内容。

家族为中心的教育结构强调了一种代际间的知识和文化的传递。家长和长辈不仅是家庭领导者，也是知识、技能和价值观的传承者。他们通过故事、日常生活实践以及各种家族仪式，向年轻一代传授家族的传统和历史。这种教育方式不仅仅是知识的传授，更是一种文化身份和家族认同的建立。家族历史的传授在古代家庭教育中占据了重要位置。家族的起源、发展历程，以及家族成员的重要成就和经历，都是教育的重要内容。这种教育方式使得家族历史成为一种活生生的知识，而不只是书本上的陈述。通过这些故事，孩子们了解到自己家族的过去，学会尊重家族的传统，并为能成为家族的一部分而感到自豪。祖先的故事和家族的道德规范对孩子的品德教育有着深远的影响。祖先的事迹往往被塑造成道德典范，被用来教导孩子们如何做人和如何处理人际关系。例如，孝顺、忠诚和诚信等道德被视为家族荣誉的体现，孩子们被教育要效仿祖先，维护家族的声誉。以家族为中心的教育结构还体现在家庭日常管理中。家庭成员的角色和职责被明确界定，每个人都有责任和义务维护家族的利益。孩子从小就被教育要为家族的福祉做出贡献，无论是通过学业成就、职业成功，还是通过维护家庭和谐。

（二）儒家教育的影响

儒家思想对古代中国家庭教育产生了深远的影响，成为塑造个人品德和行为规范的主要指导理念。在儒家思想中，孝道、礼仪和人伦关系的重要性被特别强调。这些观念不仅影响了家庭教育的内容和方法，而且深入到社会文化的各个层面。

儒家思想中的孝道是家庭教育的核心。孝道不仅仅是对父母的尊敬和服从，还包括对家庭和社会责任的认知。在古代家庭教育中，孝道被视为个人品德的基石。孩子从小被教育要尊敬长辈，孝顺父母，这不仅体现在日常生活的细节上，比如言谈举止、尊重长辈的意见，还体现在对家庭和社会责任的承担上。孝道教育帮助孩子建立起对家庭和社会的认同感和责任感。儒家思想中的礼仪教育也占据了家庭教育的重要位置。礼仪不只是表面的规矩和礼节，还是一种社会行为的规范，反映了对一定的社会秩序和人际关系的尊重。在家庭中，孩子被教导要遵守礼仪规则，这不仅是为了表现得体，更重要的是学会如何在社会中做出恰当的行为，以及如何维护和谐的人际关系。儒家思想还强调人伦关系的重要性。在家庭教育中，孩子被教导要理解和尊重不同的社会角色和相应的责任。例如，分别作为子女、学生及朋友，每一个角色都有其独特的义务和期望。通过人伦关系的教育，孩子学会了在不同的社会关系中如何表现，以及如何建立和维护良好的社会关系。儒家思想中的道德教育对个人的品行修养也有着深刻的影响。家庭教育强调诚实、正直、谦逊和勤奋等品质的培养。这些品质不仅被视为个人成功的关键，也被认为是维护社会和谐和秩序的基础。

（三）推崇道德教育

中国古代家庭教育中，道德教育占据了极其重要的地位，成为促进孩子成长的关键方面。在这一时期，道德教育不仅是传授知识的手段，更是塑造个人品格和培养其社会责任感的重要途径。

道德教育着重于培养诚信、尊老爱幼、礼义廉耻等传统美德。家庭成员，尤其是父母和祖辈，通过日常的言行为孩子树立榜样，教授如何在社会中以道德行为准则处世。古代家庭中的道德教育方式多种多样，包括讲述历史故事、家族传说、经典诵读以及生活实践。这些活动不仅传授了道德知识，还强化了道德行为的实践。孩子们通过参与家庭和社区活动，学习如何将道德教育融入日常生活中，实现从知识到行为的转化。古代的道德教育也强调对孩子个人责任感的培养。家庭教育鼓励孩子认识到自己的行为对家庭和社会的影响，以及如何通过道德行为为社会做出贡献。孩子们被教导要有责任心，不仅对家庭成员负责，也要对社会负责。在这种教育体系中，孩子的道德培养与个人发展紧密相连。通过家庭中的道德教育，孩子们学会了如何成为有责任感、有道德的个体，这对他们的整个人生产生了深远的影响。孩子们不仅在家庭中学习道德规范，而且将在日后的社会生活中继续实践这些教导内容，展现出良好的道德品质。

（四）注重基础知识教育

在古代中国，家庭教育不局限于道德和品德的培养，同样重视对孩子的基础知识教育，特别是在诗书礼数方面。这种教育的核心目的是培养孩子的文化素养和基础学术能力，确保他们能够在社会中得体地表现自己，并为将来的生活打下坚实的基础。

基础知识教育在古代中国家庭中扮演着重要角色。诗、书、礼、数四者构成了古代教育的基石。其中，"诗"指的是诗歌教育，旨在培养孩子的审美情感和文学素养；"书"即书籍学习，包括经典文献的学习，强调了阅读和写作能力的培养；"礼"则是礼仪教育，教授孩子如何在社会中得体地行事，包括日常礼节和社交礼仪；"数"主要指算术和逻辑思维的训练，强调对数学和逻辑能力的培养。在古代家庭中，父母和长辈是孩子学习基础知识的主要导师。家长通过讲述古代经典、祖辈的故事以及指导日常生活中的实践活动，将这些知识传授给孩子。例如，孩子们通过背诵古诗词学习语言的韵律和文学的美感，通过书写练习来提高书法技能和文字表达能力。基础知识教育也与家庭的社会地位和文化传统紧密相关。在文人士大夫家庭中，对孩子的文学、历史、哲学等传统学科教育尤为重视，孩子们往往从小就开始学习经典著作。在这些家庭中，学习被视为一种提升家族地位和荣誉的途径。孩子们通过学习，不仅能够提高自己的文化素养，还能在未来为家族争光。

二、近代家庭教育的变迁

近代家庭教育的变迁在中国社会和文化的发展中占据了重要地位。这一时期的家庭教育经历了从传统到现代的转型，反映了社会变革、文化交流以及教育理念更新的影响（如图 2-2）：

图 2-2 近代家庭教育的变迁

（一）深受西方教育理念的影响

19 世纪末 20 世纪初的中国，经历了一场深刻的文化和教育变革，特别是在家庭教育领域。这一时期，随着西方文化和教育理念的引入，中国传统的家庭教育开始面临前所未有的挑战和改革。在传统的中国家庭教育中，集体主义和权威主义占据了主导地位。教育内容重视传统知识的传授，如诗书礼数，以及道德规范和社会规则的遵守。然而，随着西方教育理念的传入，特别是经过了新文化运动和五四运动并受其影响，家庭教育开始重视个体的发展，强调批判性思维和创新精神。

这种转变不仅仅是教育内容和方法的变化，更是对整个家庭教育价值观念的革新。其一，对个体发展的重视使得家庭教育开始关注孩子的个人兴趣和天赋，而不再是单一地强调服从和传统知识的学习。家长们开始鼓励孩子探索自己的兴趣领域，无论是艺术、科学还是其他方面。这种转变对孩子的创造力和个性发展有着积极的影响，使得教育更加贴近孩子的真实需求和未来的社会需求。其二，批判性思维的鼓励标志着家庭教育的方法和目标的转变。与以往注重记忆和遵循传统的教育方式不同，现代家庭教育鼓励孩子质疑现有的知识和规则，培养他们的独立思考能力。这种教育方式有助于孩子形成自己的见解，学会在复杂和多变的世界中独立做出判断和选择。其三，创新精神的培养成为家庭教育的一个新目标。在这个变革的时代，社会开始需要更多具有创新能力和适应能力的人才。因此，家庭教育开始强调激发孩子的创造力和解决问题的能力，而不仅仅是传授已有的知识和技能。

这一时期的家庭教育变革不仅反映了中国社会从传统向现代转型的过程，也显示了家庭在孩子教育中的作用正在发生深刻的变化。家庭不再只是传统知识和文化的传递者，而且成为培养孩子适应现代社会所需各项技能和品质的重要场所。通过这种变革，家庭教育更加注重培养孩子成为具有独立思考能力、创新能力和个性化特征的现代公民。

（二）国家政策和社会变迁的影响

随着中国社会现代化进程的推进，特别是在新文化运动和五四运动期间，家庭教育经历了显著的变革。这些变革在很大程度上受到了国家政策和社会变迁的影响。这一时期，中国社会的思潮发生了深刻的转变，这些变化不仅影响了公共教育领域，也深刻地影响了家庭教育的理念和实践。

新文化运动和五四运动期间，国家政策开始重视教育的普及和平等。我国开始实施一系列旨在提高国民教育水平的政策，强调教育对于国家现代化的重要性。这些政策的实施，推动了教育资源的扩展和教育机会的平等化。在家庭教育层面，这意味着更多家庭能够接触到现代化的教育资源和理念。家庭成员，尤其是孩子们，有了更多接受良好教育的机会。女性教育和儿童权利在这一时期得到了更多关注。在传统的家庭教育中，女性往往被边缘化，而孩子的权利和需求也未必总是被充分考虑。然而，随着新文化运动和国家政策的推动，女性开始获得更多的教育机会，女性教育的重要性逐渐被社会认识和接受。同时，儿童作为独立的个体，他们的权利也开始受到社会的重视。这些变化在家庭教育中体现为对女性和儿童更加平等和尊重的教育方式。这一时期的社会思潮也对家庭教育的内容和方法产生了深刻影响。随着新思潮的引领，家庭教育开始更加重视批判性思维、创新能力和个性发展。家长们被鼓励放弃过去单一的、以服从和记忆为主的教育方式，转而采用更加开放和灵活的教育方法。这些方法旨在培养孩子的独立思考能力和创造力。

（三）教育内容和方法的多样化

近代中国家庭教育的变革之一是教育内容和方法的多样化，反映了社会变化和教育观念的发展。这种变革不仅拓宽了家庭教育的视野，也为孩子们提供了更全面的学习机会。

教育内容的变化是近代家庭教育发展的一个重要方面。在传统教育体系中，家庭教育主要集中于诗、书、礼、数等传统文化知识的传授。然而，随着近代化的推进，尤其是西方科学技术的引入和现代教育理念的普及，家庭教育的内容开始发生显著变化。科学和技术教育开始被纳入家庭教育的范畴，孩子们不仅学习传统知识，也学习数学、自然科学、工程等领域的知识。此外，外语教育也逐渐被重视，许多家庭开始鼓励孩子学习英语或其他外语，以适应日益国际化的世界。教育方法的多样化是近代家庭教育的另一个显著特征。在传统教育中，学习多依赖书面学习和口头讲授。但在近代，随着教育理念和技术的发展，家庭教育开始采用更多样化的教学方法。学校教育成为孩子学习的主要途径，同时，家庭自学也变得普遍。许多家庭利用图书、报刊、广播甚至电视等媒介，为孩子提供了丰富的学习资源。此外，社会实践活动，如参观博物馆、进行科学实验、参与社会服务等，也被纳入家庭教育的内容。这些活动不仅增加了孩子们的知识量，也培养了他们的实践能力和社会责任感。

这种教育内容和方法的多样化对孩子们的影响是深远的。它不仅提供了更全面的知识体系，也为孩子们的个性化发展提供了空间。孩子们有更多机会激发自己的兴趣，发展个人特长，同时也更好地适应了快速变化的社会环境。总的来说，近代中国家庭教育的这些变化，标志着家庭教育从传统向现代的转型，为孩子们的全面发展和未来的社会参与奠定了坚实的基础。

（四）女性教育和家庭角色的变化

在近代中国家庭教育中，女性教育和家庭角色的变化是一项重要的社会进步。随着近代化进程的推进和教育观念的更新，女性开始获得更多的教育机会，她们的社会角色也经历了显著的转变。在这一时期，女性教育逐渐被视为发展的关键。社会开始认识到教育对女性个人发展以及整个社会进步的重要性。女性开始有机会接受正规的学校教育，学习文学、历史、科学等多种知识。这种变化不仅提高了女性的文化素养，也为她们开辟了新的生活和职业道路。

随着女性教育水平的提升，女性在家庭和社会中的角色也发生了变化。她们不再仅仅被视为家庭的照顾者和维护者，而且开始以社会参与者的身份出现。这种角色转变意味着女性能够在社会中发挥更加积极和重要的作用，包括在经济、文化及政治领域。女性教育的提升和角色的转变为家庭教育带来了新的视角和内容。家庭教育开始注重性别平等的理念，鼓励孩子们无论性别都能够平等地接受教育和发展自己的潜力。家庭中的女性成员，特别是受过良好教育的母亲，能够更有效地参与到孩子的教育中，为孩子们提供更加多元和平衡的视角。

第二节　我国现代家庭教育的发展

现代中国家庭教育体现了与时俱进的特点，旨在为孩子提供全面、多元和适应未来社会需要的教育。这些变化不仅反映了家庭教育的发展趋势，也展现了中国社会的整体发展和进步。

一、信息时代对家庭教育的影响

在现代中国，信息时代对家庭教育产生了深远的影响。这一影响体现在教育资源获取、学习方式、家庭与外部世界的互动，以及孩子们的认知和社会行为等多个方面。信息时代以其特有的信息流动速度、广泛性和互动性，对家庭教育的内容、方式以及家庭成员之间的关系产生了根本性的变革（如图2-3）：

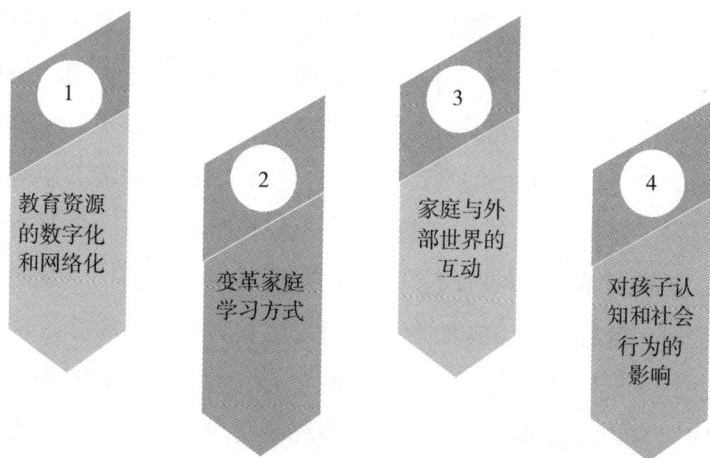

图2-3　信息时代对家庭教育的影响

（一）教育资源的数字化和网络化

信息时代对家庭教育的影响首先体现在教育资源的数字化和网络化上。随着互联网和数字技术的普及，教育资源变得更加容易获取和丰富。这种变化对家庭教育带来了显著的影响。其一，数字化教育资源的易访问性，为家庭教育提供了极大的便利。家长和孩子可以轻松访问各种在线教育平台，如MOOC（大规模开放在线课程），这些平台提供从基础学科到高级技能的各种课程。电子图书、教育软件、学习应用程序等，不仅丰富了学习内容，也增加了学习形式。其二，数字化教育资源打破了传统学习的时空限制。家长和孩子们不再受限于学校的教学时间和地点，可以根据自己的时间安排和学业进度进行学习。这种灵活性特别适应现代家庭多样化和快节奏的生活方式。其三，网络化的教育资源促进了家庭教育的个性化和自主性。通过互联网，孩子们可以根据自己的兴趣和需要选择合适的学习内容，发展自我驱动的学习习惯。这对培养孩子的独立思考和问题解决能力至关重要。

（二）变革家庭学习方式

在信息时代，家庭学习的方式也经历了显著的变化。这些变化不仅影响了学习的形式和内容，也影响了家庭成员之间的互动方式。

电子设备和互联网的普及使得线上学习成为可能。家长可以利用网络资源来辅助孩子的学习，例如通过在线教育平台安排课程，使用教育软件来监控学习进度。孩子们也能通过网络自主学习，不再完全依赖父母或老师的指导。线上互动平台如论坛、社交媒体和在线教室等，为家庭学习提供了新的交流方式。这些平台不仅使学习过程更加具有互动性和有趣，还拓展了孩子的社交圈，使他们能够与来自不同背景的人进行交流和学习。这种学习方式的变革使得家庭教育更加注重孩子的自主性和主动性。孩子们被鼓励去发现自己的学习兴趣，探索新知识，培养解决问题的能力。家长的角色也逐渐从传统的指导者转变为支持者和合作伙伴，他们更多地参与到孩子的学习过程中，与孩子共同探索和成长。

（三）家庭与外部世界的互动

信息时代极大地加强了家庭与外部世界的互动，这对家庭教育产生了显著的影响。随着互联网和通信技术的发展，家庭成了一个开放的信息节点，连接着外部的世界。

家庭成员能够轻松地获取国内外的最新教育动态、科技进展和文化趋势。这种信息的流通不仅让家长和孩子们了解到教育和科技领域的最新发展，也使他们对全球发生的事件和变化保持敏感。例如，家长可以通过网络资源了解不同国家的教育制度和教学方法，从而为孩子提供更全面的教育视角。网络环境也为家庭提供了与世界各地文化交流的平台。家庭成员不仅可以接触到本国的文化资源，还能够通过互联网接触到其他国家的文化，如外语学习、获知国际新闻和跨文化艺术体验。这种文化的交流和融合，对孩子的全球视野的形成和跨文化理解能力的培养至关重要。信息时代的家庭与外部世界的互动还促进了家庭教育的多元化。家长不再是孩子唯一的知识来源，外部世界通过网络成为孩子们获取知识的重要渠道。这促使家庭教育更加注重培养孩子的独立学习能力和批判性思维。

（四）对孩子认知和社会行为的影响

信息时代对孩子的认知和社会行为产生了深刻的影响。网络和数字媒体的广泛应用为孩子们提供了丰富的信息和知识来源，这对他们的认知发展有着积极的推动作用。

网络和数字媒体为孩子们提供了大量的信息，有助于提升他们的认知能力。通过网络学习，孩子们能够接触到各种各样的知识和信息，从科学实验到历史事件，从文学作品到艺术欣赏，这些内容丰富了孩子的知识体系，拓宽了他们的视野。信息时代的特征之一是信息的海量性和多样性，这对孩子的信息筛选能力提出了挑战。家庭教育需要帮助孩子学会如何在大量信息中筛选出有价值的内容，培养他们的批判性思维和分析能力。网络社交和虚拟互动成为孩子社交的重要组成部分。虽然这为孩子提供了新的社交方式，但也带来了一些挑战，如网络安全意识和社交技能的培养。因此，家庭教育需要更多地关注孩子的网络素养和社交安全，教会他们如何在网络环境中做出安全和负责任的行为选择。

二、全球化背景下的文化交流与融合

在全球化的背景下，文化交流与融合对家庭教育产生了深远的影响，这一影响体现在教育内容的国际化、家庭文化观念的开放性以及家庭教育实践的多元化等方面。全球化不仅为家庭教育带来了新的机遇，也提出了新的挑战，促使家庭教育在全球视野下进行思考和调整（如图2-4）：

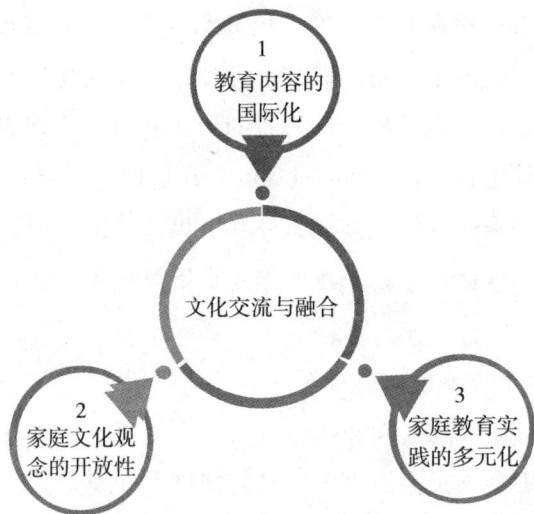

图2-4 全球背景下的文化交流与融合

（一）教育内容的国际化

传统上，家庭教育往往集中于本国的历史、文化和价值观上。这种教育模式在一定程度上帮助孩子建立了对自己国家和文化的认同感。然而，随着全球化的不断推进，单一文化的教育内容已无法满足当代社会的需求。因此，家庭教育开始引入更多的国际元素，以应对全球化带来的挑战和机遇。在这一过程中，家长们逐渐认识到让孩子了解世界各地的文化、历史和社会现象的重要性。这不仅包括学习不同国家的语言和文学作品，也包括了解全球重要事件、国际社会问题和多元文化背景下的国际关系。这种教育方式有助于孩子们建立一个更为全面和多元的世界观，培养他们的国际视野和跨文化交流能力。例如，家长可以鼓励孩子学习第二语言，这不仅是一种语言技能的学习，更是一种文化的探索和理解。通过学习不同的语言，孩子可以更好地理解其他文化的思维方式和价值观。家长也可能利用各种资源，如国际新闻、多元文化的影视作品和文学作品，来增强孩子对不同文化的了解和尊重。

（二）家庭文化观念的开放性

全球化还提升了家庭文化观念的开放性。在全球化的影响下，家庭成员，特别是年轻一代，有机会接触到来自世界各地的不同文化和思想。这种文化的交流和融合使家庭成员的文化视野更加宽广，促进了对不同文化的理解和尊重。在家庭教育中开始重视培养孩子的跨文化交流能力和全球公民意识。家长通过让孩子接触不同文化的书籍、电影、音乐和艺术品，帮助他们建立对多元文化的认识和尊重。这种教育方式有助于孩子们成为能够在多元文化环境中生活和工作的人。

（三）家庭教育实践的多元化

随着国际交流的增加，家庭教育实践也变得更加多元化。许多家庭采取了包含多元文化元素的教育方法。例如，家长可以鼓励孩子参加国际交流项目，体验不同国家的教育和生活方式；引入国际教育资源，如国际学校的课程或国外的在线教育平台；甚至带孩子进行海外旅行，亲身体验不同的文化和社会环境。这种多元化的教育实践不仅丰富了孩子的学习经验，也帮助他们形成更为开放和包容的世界观。通过这些经验，孩子们能够学会如何在不同的文化背景下进行沟通和合作，培养他们成为具有全球竞争力的人才。

三、现代科技在家庭教育中的应用

随着科技的快速发展，尤其是互联网、人工智能、虚拟现实等技术的进步，家庭教育的面貌正在发生显著的变化。这些变化不仅涉及教育工具和方法的革新，还包括对家庭教育理念和实践方式的深刻影响（如图2-5）：

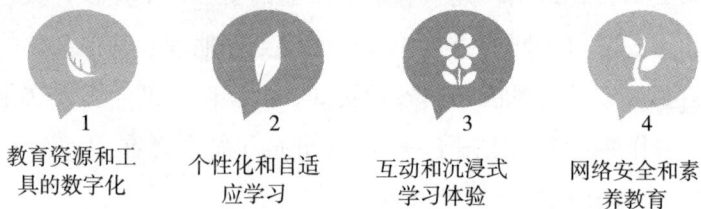

1	2	3	4
教育资源和工具的数字化	个性化和自适应学习	互动和沉浸式学习体验	网络安全和素养教育

图2-5 现代科技在家庭教育中的应用

（一）教育资源和工具的数字化

教育资源和工具的数字化为家庭教育带来了革命性的变化。它不仅使教育资源更加丰富和多元化，还提高了教育的可访问性和个性化，为孩子们打开了通往知识世界的大门，使他们能够在兴趣驱动和技术辅助下，享受学习的乐趣，发展成为终身学习者。

数字化教育资源和工具包括电子书、在线课程、交互式学习平台、教育应用程序等，这些资源的广泛可用性确保了学习不再局限于传统的教室环境。家长和孩子们可以轻松获取各种高质量的学习材料，包括国际课程、专家讲座，以及定制化学习内容，这些都是传统教育模式难以提供的。电子书的普及让家庭拥有了一个虚拟图书馆，孩子们可以根据自己的阅读兴趣选择书，无论是文学作品、科学探索还是历史知识，丰富的数字化内容满足了不同年龄段和兴趣爱好的孩子的需求。同时，这也为家长提供了一种方便的方式来跟踪和指导孩子的阅读进度和偏好。在线课程和教育平台为孩子们提供了学习新知识和技能的途径，从而促进了自主学习和终身学习的理念的形成。通过这些平台，学习者不仅能够接触到各领域的顶尖教育资源，还能根据自己的学习速度调整学习计划，从而实现真正的个性化学习。教育软件和移动应用程序通过引入互动性和游戏化的学习元素，提高了学习的趣味性和参与度。这些应用程序利用儿童的天性好奇心，通过挑战和奖励机制激励他们学习新知识。例如，语言学习应用程序通过听力和口语练习，以及互动对话，帮助孩子在沉浸式环境中学习新语言。

（二）个性化和自适应学习

现代科技的应用使得家庭教育更加注重个性化和自适应学习。人工智能和数据分析技术的应用，使得教育内容和教学方式可以根据孩子的学习进度和兴趣进行调整。智能教育软件能够根据孩子的答题情况和学习习惯，提供定制化的学习计划和推荐内容。这种个性化的学习方式有利于发掘和满足每个孩子的特殊需要和潜能。它可以帮助孩子在自己擅长和感兴趣的领域深入学习，同时在较弱的领域获得适当的支持和指导。

个性化学习体现在教育软件能够根据学生的具体需求，如学习风格、兴趣点以及理解速度，调整教学内容和难度。例如，如果一个学生在数学概念上表现出理解困难，系统便会自动调整教学计划，提供更多相关练习和解释视频，直至学生掌握这一概念。相反，对于那些在某些领域表现出色的学生，系统会推荐更高级的材料，以继续挑战和提升他们的能力。自适应学习则通过持续监测学生的学习进度和反馈，动态调整学习路径。这种方法通过识别学生的学习习惯和偏好，以及他们在特定主题上的掌握程度，来提供个性化的学习经验。这意味着学习过程是动态的，能够实时适应学生的学习状况，从而提供最适合的学习材料和活动。个性化和自适应学习平台通过提供详尽的进度追踪和报告，使家长能够紧密监控孩子的学习进展情况。这些报告不仅显示了学生的学习成果，还突出了他们的强项和需要额外支持的领域。这样，家长可以更有针对性地参与到孩子的学习过程中，提供必要的鼓励和辅导。

（三）互动和沉浸式学习体验

互动和沉浸式学习体验通过虚拟现实（VR）和增强现实（AR）技术

的融入，为家庭教育领域带来了颠覆性的变革。这些技术不仅使学习内容变得更加生动有趣，而且极大地提高了学习效率和效果。孩子们通过头戴式显示设备或智能手机与 AR 应用，能够进入由计算机生成的虚拟世界或与增强的现实世界互动，这种方式为他们提供了以前难以想象的学习体验。

虚拟现实技术让孩子们有机会身临其境地体验历史事件，比如站在罗马角斗场中观看角斗士比赛，或是坐在阿波罗 11 号飞船上亲历月球登陆的历史时刻。这种沉浸式体验使得历史知识和科学原理不再是枯燥的记忆，而是通过亲身体验成为深刻的认知，从而激发学习者的好奇心和探索欲。增强现实技术则将数字信息叠加到真实世界中，使得学习内容能够以三维形式展现在学习者眼前。例如，学习生物学时，孩子们可以通过 AR 应用观察到动物细胞的结构，甚至是分子层面的相互作用。这种直观的展示方式极大地简化了复杂概念的理解过程，同时也增加了互动性，让学习者能够通过操作和观察，从多个角度和维度深入理解学习内容。互动和沉浸式学习体验还能够通过模拟实验或设计任务，让孩子们在安全的虚拟环境中尝试和实践，不仅能够减少实际操作中的风险，也能够节省大量的材料和资源。孩子们可以自由地探索、实验和创造，这种学习方式无疑会培养他们的创新思维和问题解决能力。

（四）网络安全和素养教育

网络安全教育旨在教育孩子们认识到网络空间的潜在风险，如个人信息泄露、网络诈骗、病毒攻击等，并学会采取必要的预防措施。这包括教育他们设置复杂的密码、不与陌生人分享个人信息、识别和避免点击可疑链接以及使用安全软件等。通过这些教育，孩子们能够在享受数字世界带来的便利和乐趣时，也能保护自己不受网络威胁。数字素养教育则更加注重培养孩子们在数字环境中的批判性思维、信息筛选和处理能力。这不仅包括基础的计算机操作技能，更重要的是能够理解和评估网络信息的真实性和可靠性。在信息爆炸的时代，学会从海量信息中筛选出有价值的内容，识别假信息和误导性内容，对于孩子们形成独立思考和判断能力至关重要。数字素养教育还涵盖了如何在网络空间中表现出良好的道德行为和社交礼仪，如尊重他人隐私、避免网络欺凌和维护网络环境的正面氛围。通过这些教育，孩子们不仅能够安全、有效地使用网络和数字技术，也能成为负责任、有道德的数字公民。

四、家庭教育与国际教育理念的融合

随着全球化的加深和国际交流的增多，国际教育理念开始对中国的家庭教育产生影响。这种融合不仅改变了家庭教育的内容和方法，也促进了家庭教育目标和价值观的更新（如图 2-6）：

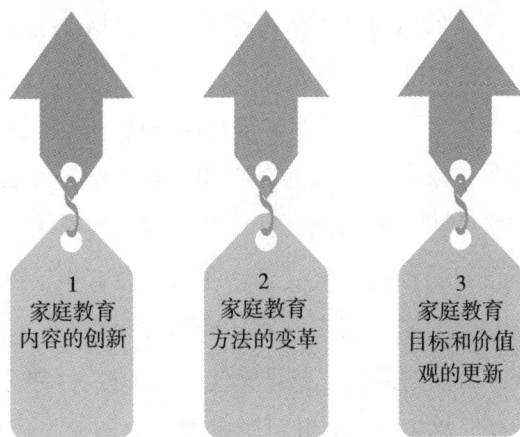

图 2-6 家庭教育与国际教育理念的融合

（一）家庭教育内容的创新

国际教育理念强调学生的全面发展，重视创造力、批判性思维和解决问题的能力，以及跨文化交流和国际理解的能力的提升。这些理念对中国家庭教育的内容产生了显著影响。传统的家庭教育更多关注学科知识的传授，而国际教育理念推动了家庭教育更多关注孩子的兴趣、创造力和综合素养的培养。家庭开始鼓励孩子参与各种兴趣和特长活动，如

音乐、艺术、科学实验等，以促进孩子多方面的兴趣和才能的发展。国际教育理念中强调的批判性思维和解决问题的能力也逐渐被中国家庭所接受。家长开始重视培养孩子的独立思考和主动学习能力，鼓励孩子质疑、探索和创新。

（二）家庭教育方法的变革

国际教育理念对家庭教育方法的变革影响深远。传统的家庭教育方法往往侧重于单向的知识传授和重复记忆，而现代国际教育理念则强调学生的主动参与、合作学习和探究式学习。

合作学习方法鼓励孩子们在学习过程中与他人合作。这种学习方式可以通过小组讨论、团队项目或家庭成员之间的共同活动来实现。合作学习不仅提高了孩子的沟通和团队协作能力，也培养了他们的社会交往技能和共情能力。在家庭环境中进行的合作学习活动，如共同完成家务、解决实际问题或参与家庭决策过程，都是运用这一教育方法的有效途径。探究式学习则着重于激发孩子的好奇心和探索欲望，鼓励他们通过自己的观察、研究和实验来获取知识。这种学习方式使孩子们成为知识的主动探索者，而不仅仅是被动的接受者。在家庭教育中，探究式学习可以通过实地考察、科学实验、探索自然环境等方式进行。例如，家长可以引导孩子进行观察自然的活动，记录天气变化，或者一起进行科学实验，以此激发孩子的探究兴趣和提升其科学思维。

（三）家庭教育目标和价值观的更新

国际教育理念的融合促使家庭教育的目标和价值观发生了显著的更新。在全球化和信息时代背景下，家庭教育不再仅仅聚焦于学业成绩，而是更加关注孩子的全面和个性化发展。

更新后的家庭教育目标更加强调培养孩子的个性发展、社会责任感和全球公民意识。家长们开始意识到，为了让孩子在全球化的世界中获得成功，仅仅掌握学科知识是不够的。孩子们还需要具备跨文化交流的能力、全球视野和对社会的责任感。因此，家庭教育开始着重于培养孩子的全球公民素养，包括对不同文化的理解和尊重、环保意识和社会责任感等。例如，在家庭教育中开始融入对环境保护的教育，教导孩子节约资源、保护环境，培养他们的环保意识。同时，家长也鼓励孩子了解和参与社会公益活动，培养他们的社会责任感和同情心。此外，家庭教育也开始注重培养孩子的国际视野，通过交流项目、国际新闻和多元文化的内容，让孩子们了解和尊重不同的文化和生活方式。

第三节　三孩儿政策：我国教育面临的新课题

三孩儿政策是我国响应人口结构变化、促进人口长期均衡发展的重要措施。这一政策的提出和实施，对家庭结构和教育资源分配带来了显著影响，引发了一系列教育领域的新课题。这要求政府、社会和家庭三方面共同努力，通过政策支持、教育资源的优化配置以及家庭教育策略的调整，共同应对新政策带来的课题，确保每个孩子都能在良好的环境中成长和发展。

一、三孩儿政策的提出

三孩儿政策是在我国面临人口老龄化加剧、劳动力市场压力增大的背景下提出的。政策旨在优化人口结构，增加劳动力供给，同时鼓励家庭生育三个孩子，以缓解未来可能出现的人口下降问题。2021 年 5 月 31日，中共中央政治局审议《关于优化生育政策促进人口长期均衡发展的决定》，并在会议上指出，实施一对夫妻可以生育三个子女政策及配套支持措施。7 月 20 日，《中共中央国务院关于优化生育政策促进人口长期均衡发展的决定》公布，就实施"三孩儿政策"，取消社会抚养费等制约措施、清理和废止相关处罚规定，并对配套实施积极生育支持措施提出要求。8 月 20 日，全国人大常委会会议表决通过，将"三孩儿政策"纳入法律。2022 年 3 月 11 日，十三届全国人大第五次会议的政府工作报告指出，完善三孩生育政策配套措施。三孩儿政策的提出是国家人口政策的重要转变，标志着我国人口和家庭政策进入了一个新阶段。

二、三孩儿政策对家庭结构的影响

三孩儿政策的实施对家庭结构产生了深远的影响，主要体现在以下方面（如图 2-7）：

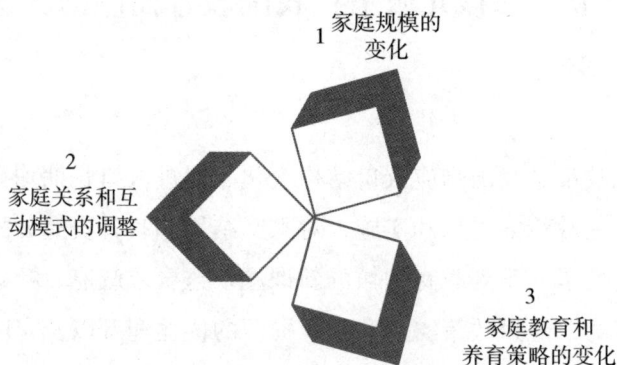

图 2-7　三孩儿政策对家庭结构的影响

（一）家庭规模的变化

随着三孩儿政策的实施，中国家庭面临着前所未有的变革。这一政策不仅标志着国家人口政策的重大调整，也预示着家庭结构和生活方式的深刻变化。

家庭规模的扩大意味着家庭内部的资源分配压力随之增大。更多的孩子意味着对家庭经济、空间、时间以及情感资源的需求相应增加。经济资源方面，家庭需要承担更多的养育成本，包括食品、衣物、教育费用等，这些都会对家庭财务状况产生重大影响。空间资源方面，原有的居住环境可能不再适应家庭成员数量增加的情况，需要更大的居住空间来满足每个人的生活需求。时间资源方面，父母必须在孩子们之间平衡自己的时间和精力，确保每个孩子都能得到足够的关爱和指导。情感资源方面，保持家庭成员之间紧密的情感联系和良好的亲子关系成了一个挑战。家庭规模的扩大也为家庭成员个人的成长提供了更为丰富的社会化环境。兄弟姐妹较多的家庭环境有助于孩子们学会社交技能、合作与分享，以及处理冲突的能力。这些社会化过程对孩子未来的人际交往和社会适应能力具有重要影响。

（二）家庭关系和互动模式的调整

随着家庭成员数量的增加，家庭内部的动态和相互作用方式不可避免地面临着重组和变化，这些调整影响到了家庭的每一个成员，以及家庭成员之间的关系。

家庭关系的核心在于成员之间的互动和沟通方式。增加的家庭成员意味着父母必须在孩子们之间分配自己的时间和注意力，这可能会导致孩子们感受到关注度的变化。在三孩家庭中，父母面临着如何公平地关注每一个孩子的挑战，尤其是当孩子们的年龄跨度较大时。父母的关注不仅仅是时间的分配，还包括情感支持、教育资源的分配以及满足孩子个性化需求的能力。兄弟姐妹之间的关系也随着家庭规模的扩大而调整。兄弟姐妹间的相互作用和竞争可能会增加，这既包括了积极的互动，如相互支持、合作学习和游戏，也包括了消极的互动，如争夺父母关注、资源竞争以及角色定位的冲突。家庭中的每个孩子都在寻找自己独特的位置，这可能导致家庭内部的互动模式发生变化，需要父母通过有效的沟通和指导来促进兄弟姐妹之间的和谐关系。

父母的角色和互动模式同样需要调整以适应家庭结构的变化。父母不仅要作为家庭的管理者，还要作为孩子们的指导者和支持者。父母的互动模式可能需要从以往的指令和引导转变为更多的协商和共同决策。随着家庭成员的增加，父母也可能需要更多地依赖彼此和其他家庭成员（如祖父母）的支持，以共同应对家庭养育和教育的挑战。

为了适应这些变化，家庭可能需要采取新的策略和方法，如建立家庭会议制度以促进家庭成员之间的沟通，定期组织家庭活动以增强家庭凝聚力，以及制定公平的家庭规则以解决家庭内部的冲突和竞争导致的问题。此外，父母需要发展和维护与每个孩子的个别关系，同时鼓励孩子们发展独立的社交圈和兴趣，以促进他们的个性化成长。

（三）家庭教育和养育策略的变化

三孩儿政策对中国家庭的教育和养育策略带来了深刻的影响。随着家庭成员数量的增加，原有的养育和教育模式需要进行相应的调整，以适应新的家庭结构和需求。这些变化不仅关乎家庭如何分配资源，还涉及如何在变化的家庭环境中促进每个孩子的健康成长和个性发展。

其一，家庭教育和养育策略的一个显著变化是对个性化教育的重视。在三孩家庭中，父母面临着满足每个孩子独特需求和兴趣的挑战。这要求父母更加关注孩子的个性和天赋，采用更为灵活和定制化的教育方法。例如，对于显示出艺术天赋的孩子，父母可能需要为其提供更多的艺术教育资源；而对于对科学感兴趣的孩子，则可能需要更多的科学实验和探索活动。这种个性化的教育策略旨在确保每个孩子都能根据自己的兴趣和能力得到适当的发展。其二，三孩儿政策下家庭的养育策略也强调了兄弟姐妹之间的相互学习和支持。在资源有限的情况下，父母鼓励孩子们共享教育资源，如共同使用图书和学习材料，参与集体学习活动等。同时，年长的孩子经常被鼓励帮助照顾和教育年幼的兄弟姐妹，这不仅减轻了父母的负担，也促进了孩子们责任感和领导能力的发展。其三，随着家庭规模的扩大，家庭教育和养育策略也越来越重视培养孩子的独立性和自我管理能力。父母通过设置适当的家庭规则和责任分配，鼓励孩子们参与家务劳动，管理自己的学习和生活，从而培养他们的自理能力。这种教育策略不仅有助于减轻父母的压力，也为孩子们将来的独立生活奠定了基础。其四，面对增加的家庭成员和相应的教育挑战，许多家庭采取了更加开放和包容的养育态度。父母认识到，与其在每个方面都追求完美，不如更加注重孩子的情感健康和家庭的整体幸福。因此，家庭教育和养育策略越来越强调情感沟通、理解和包容，以及家庭成员之间的相互支持和尊重。

三、三孩儿政策下的教育资源分配

在实施三孩儿政策的过程中，政府、教育机构、社会组织以及家庭等多方面需要共同努力，通过合理规划和资源配置，确保每个孩子都能享有公平且高质量的教育机会。三孩儿政策对教育资源分配提出了新的挑战，具体如下（如图2-8）：

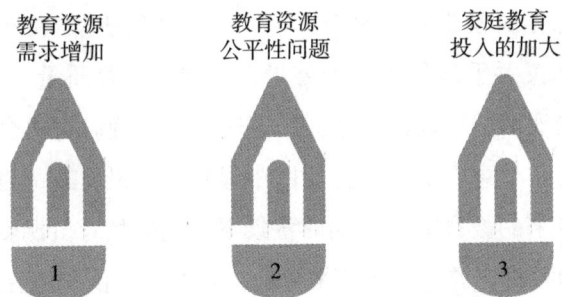

图2-8 三孩儿政策下的教育资源分配

（一）教育资源需求增加

随着三孩儿政策的实施，中国家庭结构发生了显著变化，这直接导致了对教育资源的需求显著增长。这种需求的增加不仅体现在数量上，更涉及教育资源分配的公平性和家庭教育投入的可承受性。这一变化为政府的教育政策、社会的教育资源配置以及家庭的经济规划带来了新的挑战和考量。

一方面，教育资源需求的增加迫切要求政府加大对教育领域的投入，这包括但不限于扩建学校设施、增加师资力量、提升教学质量和教育科技的应用。在学前教育、基础教育到高等教育各个阶段，都需要政府采取有效措施，确保教育资源能够满足日益增长的需求。教育资源的供给不仅要考虑数量的增加，还要确保资源分配的公平性，避免因地区、经济条件等因素导致的教育机会不均等。另一方面，教育资源的分配公平性问题成为政策实施中需要特别关注的问题。在资源有限的情况下，如何确保每个孩子都能获得公平、优质的教育机会，不仅是政府和教育部门需要解决的问题，也是整个社会共同关注的焦点。这可能涉及优化学位分配机制、提升偏远地区和弱势群体的教育条件、实施更为公平的教育补贴政策等措施。

（二）教育资源公平性问题

随着家庭规模的扩大，确保每个孩子都能享有公平的教育机会，尤其在教育资源相对紧张的情况下，这一挑战变得更加突出。教育资源的公平性问题不仅关乎学位的分配公正，还涉及教育质量的均衡发展，以及如何在不同地区、不同经济条件的家庭之间实现教育机会的公平。

学位分配是教育资源公平性问题中最直观、最具挑战性的方面之一。在人口增长带来的教育需求增加的背景下，优质教育资源变得更加紧缺。如何在有限的教育资源下实现公平分配，确保每个孩子都有机会接受良好教育，是政策制定者面临的主要问题。这要求政府在学位分配机制上进行创新，比如通过电子化抽签系统保障招生过程的透明公正，或者调整学区划分政策，缓解优质学校集中的现象，促进教育资源在更广泛区域的均衡分布。教育资源的公平性不仅仅体现在学位的分配上，更重要的是要实现教育质量的均衡发展。这意味着每个孩子都应该享有高质量教育的机会，不论他们所在的地区、家庭经济条件如何。政府需要加大对教育的投资，特别是对农村和偏远地区学校的支持，提高那里的教育质量，缩小城乡、区域间的教育差距。同时，通过引进优质教育资源、鼓励教师流动和培训、采用现代教育技术等方式，提升教育系统整体的教学水平和效率。

确保教育机会的公平，还需要特别关注不同经济条件家庭的孩子。对于经济条件较差的家庭，政府和社会应提供更多的支持和帮助，比如经济补贴、学费减免、免费教材等，以减轻这些家庭的教育负担，确保孩子们能够平等地接受教育。建立和完善奖学金制度、资助项目等，鼓励和支持有才能但家庭经济条件不足的孩子继续他们的学业，也是实现教育公平的重要措施。

（三）家庭教育投入的加大

在三孩儿政策的背景下，多子女家庭面临的教育投入显著增加，这不仅对家庭财务构成了挑战，也迫使家庭重新考虑如何在有限的资源下保障每个孩子的教育质量。教育投入包括但不限于学费、课外辅导费、教材费用以及其他与教育相关的支出。这些投入对于多子女家庭而言，无疑增加了家庭经济的压力，同时也提出了如何在教育投入与家庭其他支出之间找到平衡的问题。

随着孩子数量的增加，家庭对教育资源的需求相应增长。在追求质量教育的同时，家庭需要投入更多的资金来确保每个孩子都能接受到良好的教育。这不仅包括基础的学校教育费用，还可能包括课外活动、特殊兴趣班以及提高类课程的费用。这种投入的增加，对家庭财务规划提出了更高的要求。对于多子女家庭而言，如何在教育投入和家庭其他必要支出之间找到平衡点成为一项重要的任务。家庭需要对财务进行精心规划，优先考虑支出项目，同时寻找提高收入的方法或减少非必要支出。例如，家庭可以通过定期审视预算、利用公共教育资源、参与社区活动等方式来降低教育成本。

在有限的资源下，提高教育投入的效率成为确保每个孩子获得适当教育支持的关键。家庭需要对各种教育资源进行评估，选择性价比高的教育服务。此外，鼓励孩子们利用公共图书馆、在线学习资源等免费或低成本的教育资源，也是提高教育投入效率的有效方式。为了减轻家庭教育投入的负担，政府和社会的支持也显得尤为重要。政府可以通过提供教育补贴、税收优惠、助学金等政策来支持多子女家庭，降低他们的教育成本。社会组织和慈善机构也可以通过设立教育基金或提供免费教育资源来帮助有需要的家庭。

第三章 现代家庭教育的理论基础

第一节 心理学理论基础

现代家庭教育深受多种心理学理论的影响，这些理论为理解儿童的发展、行为和学习提供了科学的基础，同时指导父母如何有效地进行家庭教育。以下是一些现代家庭教育所需的心理学理论基础（如图3-1）：

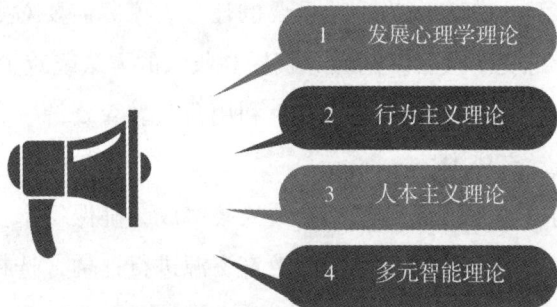

图 3-1 现代家庭教育所需的心理学理论基础

1 发展心理学理论
2 行为主义理论
3 人本主义理论
4 多元智能理论

一、发展心理学理论

（一）皮亚杰的认知发展理论

发展心理学理论为现代家庭教育提供了理解儿童发展过程的关键视

角。其中，让·皮亚杰（Jean Piaget）的认知发展理论是最具影响力的理论之一，它强调儿童在成长过程中如何逐渐建立起对世界的理解。皮亚杰将儿童的认知发展分为 4 个主要阶段：感知运动阶段、前运算阶段、具体运算阶段、形式运算阶段。第一阶段，感知运动阶段（出生至2 岁）。在这一阶段，婴儿通过感官和运动能力来探索世界。儿童学会通过物理动作如抓取、看、听来了解周围的环境。本阶段的重要成就包括形成对象永久性的概念，即使看不见物体，也知道它们仍然存在。第二阶段，前运算阶段（2 岁至 6 岁）。在此阶段，儿童开始使用符号（如言语和想象）来代表对象，但还不能执行操作性思维（逻辑思考）。儿童具有中心化思维，难以从他人视角看待事物。这一时期的特征也在于以自我为中心的思考和直观的问题解决。第三阶段，具体运算阶段（7 岁至 10 岁）。这一阶段，儿童开始发展逻辑思维，能够执行具体的操作任务，如分类、串联和数数；开始理解守恒的概念，即使物体的外观发生改变，其基本属性仍保持不变；能够进行逆向思维，理解事物可以返回到原来的状态。第四阶段，形式运算阶段（11 岁及以上）。青少年发展出抽象思维能力，能够进行假设性推理和系统化规划。能够理解抽象概念，进行逻辑推理和系统化的问题解决。开始考虑理论性和哲学性问题，对世界有更复杂的理解。

皮亚杰的认知发展理论对家庭教育具有深远的影响。它提示父母和教育者，儿童在不同的发展阶段有不同的学习和思维方式，教育方法需要适应儿童的认知水平。例如，在前运算阶段，儿童通过游戏和直观体验实现最有效的学习；而到了形式运算阶段，青少年则能够处理更抽象的概念，可以通过讨论和逻辑推理来促进学习。了解这些发展阶段，家长和教育者可以更好地支持儿童的学习和思维发展，提供适宜的学习材料和环境，鼓励儿童进行探索和提问，帮助他们建立起对世界的理解。通过这种方式，家庭教育不仅促进了儿童的认知发展，也支持了他们的整体成长和发展。

（二）维果茨基的社会文化认知理论

维果茨基（Vygotsky）是苏联著名的心理学家、教育家，他的社会文化认知理论为现代家庭教育提供了深刻的见解和指导。维果茨基认为，儿童认知发展过程中的心理机能存在低级心理机能和高级心理机能两类。低级心理机能以生物学为基础，只涉及个体对环境的基本学习和反应，如寻找食物、辨别食物等，是任何物种都拥有的机能。高级心理机能则是人类所特有的、有意的、聚焦性的认知过程。这一理论强调认知发展是通过社会互动过程中的内化机制发生的，认为学习发生在个体能力的发展区域内，即在个体独立完成任务和在他人指导下完成任务之间的区域，被称为"最近发展区"（Zone of Proximal Development, ZPD）。维果茨基的理论突出了文化工具和语言在认知发展中的中心作用，强调社会环境和文化背景对个体心理发展的影响。

在家庭教育中，维果茨基的社会文化认知理论强调父母和家庭成员在孩子学习和发展过程中的重要作用。父母和其他成人通过更有经验的引导，可以帮助孩子进入最近发展区，促进其认知能力的提升。这种引导可以是直接的教学，也可以是日常生活中的对话、游戏和社会互动。维果茨基的理论提倡家庭教育应该重视文化传承和社会参与的重要性。文化工具，如语言、书写、艺术和数学等，是社会文化遗产的一部分，通过家庭和社会互动传递给孩子，成为他们认知工具的一部分。在家庭教育中应当利用这些文化工具，鼓励孩子通过参与文化活动、阅读和表达等方式，来发展思维和语言能力。维果茨基理论也强调语言在思维发展中的作用。在家庭环境中，与孩子的对话不仅是传递信息的方式，更是推动孩子认知发展的重要手段。父母、家庭成员与孩子的日常对话，可以帮助孩子构建知识、解决问题，并促进其语言能力的发展。

二、行为主义理论

行为主义理论是在实验行为心理学的基础上发展起来的一种社会工

作理论。行为主义理论在现代家庭教育中的应用提供了一种系统的方法来理解和塑造孩子的行为。这一理论的核心观点是，行为受到其后果的影响，正面的后果会增加行为发生的可能性，而负面的后果则会减少行为发生的可能性。在家庭教育的背景下，行为主义理论强调通过奖励和惩罚来引导孩子学习期望的行为模式。

行为主义理论的重要贡献之一是其对于条件反射和操作条件作用的研究，这些研究揭示了学习过程中的基本机制。条件反射涉及自然刺激和条件刺激之间的关联学习，而操作条件作用则关注行为和其随后的强化或惩罚之间的关系。在家庭环境中，父母可以通过提供积极反馈来强化孩子的期望行为，比如对孩子的良好表现给予表扬或奖励，从而鼓励孩子重复这些行为。同样，不期望的行为可以通过忽略或适当的惩罚来减少其发生。行为主义理论还强调了环境对行为的重要性。家庭作为孩子成长的第一个社会环境，对孩子行为模式的塑造起着决定性作用。父母和其他家庭成员的行为、态度以及他们对孩子行为的反应都在不断地影响着孩子的行为学习。因此，创造一个具有积极性、支持性的家庭环境，对于促进孩子健康行为的发展至关重要。行为主义理论在家庭教育中的应用也强调了一致性和连贯性的重要性。父母在应用奖励和惩罚时的一致性，有助于孩子清晰地理解哪些行为是被鼓励的，哪些是不被接受的。此外，将行为主义原则与日常家庭活动和例行公事相结合，可以帮助孩子在日常生活中学习和实践期望的行为。行为主义理论对现代家庭教育的另一个重要贡献是提供了一种评估和修改行为的方法。通过观察和记录孩子的行为及其变化，父母可以更有效地识别哪些策略是有效的，哪些需要调整。这种基于证据的方法使得家庭教育更加科学化和系统化。

三、人本主义理论

人本主义理论认为为了促进孩子的全面发展，家庭教育应提供一个充满爱、支持和接纳的环境。这样的环境可以培养孩子的自信心和自尊心，使孩子感到自己的价值被家庭成员所认可。在这种环境中，孩子不仅被鼓励去探索和了解外部世界，同时也被支持去理解自己的内在世界，包括自己的感受、想法和兴趣。家庭成员之间的开放沟通被视为创造这种环境的关键，父母和孩子之间的对话应基于理解、尊重和真诚。人本主义理论还特别强调了个体的自主性和选择的权利。在家庭教育中，这意味着父母应尊重孩子的选择和决定，鼓励孩子根据自己的兴趣和能力做出选择。这种教育方式有助于孩子发展独立思考和自我驱动学习的能力，为终身学习奠定基础。通过这种方式，孩子学会了如何为自己的行为负责，同时也学会了如何评估和解决问题。人本主义理论还强调每个孩子都是独一无二的个体，具有独特的潜能和学习需求。因此，家庭教育应当根据每个孩子的特点和兴趣制定教育计划，而不是采取一种适用于所有人的标准化教育方法。这要求父母深入了解孩子的个性和需求，以及他们在不同发展阶段的特点。

在家庭教育中实践人本主义理论时，父母的角色转变为孩子成长过程中的引导者和支持者，而不是权威的命令者。父母通过提供选择、鼓励探索和表达情感的机会，帮助孩子发展自我认识和自我表达的能力。同时，父母也需要自我反思，确保自己的行为和态度能够为孩子提供一个积极的成长模范。

四、多元智能理论

多元智能理论由哈佛大学的心理学家霍华德·加德纳（Howard Gardner）提出，这一理论对现代家庭教育有着深远的影响。加德纳认为，传统的智力观念太过狭窄，不能全面反映人类的认知能力。他提出人类拥有多种相对独立的智能，每种智能都有其独特的工作机制和发展路径。加德纳先后提出的智能包括语言智能、逻辑数学智能、空间智能、身体运动智能、音乐智能、人际交往智能、内省智能、自然观察者智能，以及可能存在的第九种——存在智能。

多元智能理论对家庭教育的启示主要体现在如下几个方面。其一，个性化教育。加德纳的多元智能理论强调，每个人都有自己独特的智能组合和学习风格。这一观点鼓励家长和教育者认识到孩子在不同智能领域的特长和兴趣，从而提供更加个性化的学习支持和资源。家庭教育应关注孩子的特定智能，通过多样化的教育方法和活动来培养孩子的多元智能。其二，鼓励探索和实践。多元智能理论认为，智能的发展需要通过实践和探索来激发。在家庭教育中，父母可以创造丰富多彩的学习环境和体验机会，鼓励孩子积极参与音乐、艺术、运动、自然探索等多方面的活动，以促进各种智能的发展。其三，强化多元智能的认识。加德纳的理论帮助家长重新认识智力和成功的定义，理解到除了传统重视的语言和逻辑数学智能之外，其他类型的智能同样重要。家庭教育应该重视并肯定孩子在非传统智能领域的成就和潜力，如音乐、人际交往或自然观察等，帮助孩子建立自信、发展全面的能力。其四，促进情感和社会发展。通过多元智能理论的视角，家庭教育不仅关注孩子的认知发展，也注重情感、社交和道德的培养。人际交往智能和内省智能的培养有助于孩子更好地理解自己和他人，建立健康的人际关系，培养同理心和社会责任感。

第二节　社会学理论基础

社会学是探讨集体行为、社会结构及功能的科学。[①]社会学理论为现代家庭教育提供了深刻的洞察力，特别是在理解家庭在社会结构中的位置、家庭成员之间的互动以及家庭与社会其他机构之间关系的方面。现代家庭教育的社会学理论基础主要包括（如图 3-2）：

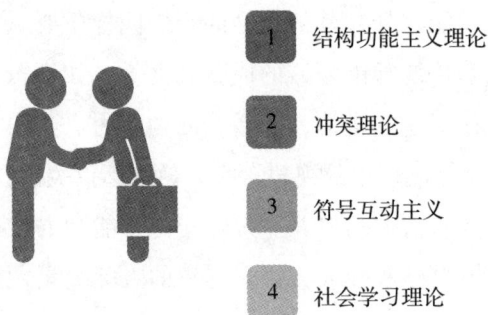

1　结构功能主义理论

2　冲突理论

3　符号互动主义

4　社会学习理论

图 3-2　社会学理论基础

一、结构功能主义理论

结构功能主义理论在分析家庭作为社会结构中的基本单元时，揭示了家庭在维持社会秩序和个体发展中的核心作用。这一理论认为，家庭不仅是个体情感依托和社会身份的起点，而且通过其社会化功能，对于

---

① 张璇．教育学理论的多维视角探索 [M]．长春：吉林出版集团股份有限公司，2022：69．

传承社会规范、文化价值和行为模式至关重要。在现代家庭教育的背景下，结构功能主义理论强调了家庭在培养社会成员、提供情感支持、维护社会稳定以及促进成员个人成长方面的多重角色。

　　家庭通过其社会化功能，是为孩子提供学习社会规范和价值观的第一手场所。父母和家庭成员通过日常生活中的互动、对话和行为示范，向孩子传递了关于如何与他人互动、如何理解社会期望以及如何在社会中定位自己的知识。这一过程不仅涵盖了基本的社会行为规范，也包括了更为复杂的文化传承和道德判断。因此，家庭教育在孩子的社会化过程中扮演着不可替代的角色。结构功能主义还强调家庭在提供情感支持方面的重要性。家庭是个体在面对外部世界挑战时可以依赖的避风港。在一个充满爱和支持的家庭环境中，孩子可以学会处理情感，建立自信和自尊，这对于他们的个人成长和心理健康至关重要。通过家庭教育，父母可以帮助孩子理解和表达情感，培养解决冲突的能力，以及学会在社会关系中建立积极的互动。家庭在确定社会身份和地位方面也起着决定性作用。家庭背景、父母的职业和社会地位，以及家庭文化和传统都对孩子的社会身份形成有着深远的影响。这些因素不仅塑造了孩子对自己的看法，也影响了他们如何被社会看待和接受。因此，家庭教育应当鼓励孩子认识和尊重自己的家庭背景，同时也教导他们理解和尊重社会的多样性。

　　结构功能主义理论为家庭教育提供了一个宏观的视角，强调了家庭在社会中的功能和责任。这一理论促使家长和教育者认识到家庭教育不仅仅是关于孩子学业成就的追求，更是关于孩子作为一个社会个体全面成长的过程。通过有效的家庭教育，可以促进孩子的社会化、情感发展、社会身份的建立和个人潜能的实现，为孩子未来在更广阔社会中的成功奠定坚实的基础。

二、冲突理论

冲突理论指出家庭内部成员之间在权力和资源分配上可能存在不平等，这种不平等可能源于经济地位、性别、年龄等因素。在家庭教育中，这可能表现为对孩子教育资源的分配不均，或者父母对孩子教育方向和方法的决定过程中存在权力差异。例如，经济条件较差的家庭可能无法为孩子提供足够的教育资源，如优质的学校教育、课外辅导等；或者在一些家庭中，父母某一方（或其他家庭成员）可能因为传统的性别角色观念而对孩子的教育有更大的决定权。冲突理论还关注家庭作为社会结构的一部分，与社会其他结构如教育系统、经济系统之间的互动和冲突。这些外部结构对家庭教育的影响体现在资源获取的机会上，以及社会价值观和期望对家庭教育目标和方法的塑造上。例如，社会上普遍的教育竞争压力可能迫使家庭不得不加大对孩子教育的投入，即使这可能超出了家庭的经济承受能力或忽视了孩子的情感和身心健康。

冲突理论对现代家庭教育的启示在于：它促使家长和教育者意识到家庭教育过程中存在的内部和外部冲突，以及这些冲突对孩子成长的影响。这要求家庭教育不仅要关注孩子的学业成就，还要关注家庭内部权力关系的平衡，努力实现家庭成员间的公平和正义。同时，家长也需要批判性地审视社会对家庭教育的影响，包括教育资源的分配不公和社会对成功的定义，寻求在维护家庭内部和谐的同时，促进孩子全面均衡发展。

三、符号互动主义

符号互动主义强调个体之间的互动是通过共享的符号和语言来进行的，这些符号和语言构成了个体的社会现实。在现代家庭教育的背景下，符号互动主义为理解家庭成员之间的沟通模式、亲子关系以及孩子的社会化过程提供了重要的理论基础。这一理论认为，家庭教育过程中的互动和沟通不仅影响孩子的行为和态度，而且在孩子的个性和身份形成过程中起到关键作用。符号互动主义理论指出，家庭成员通过日常互动中的口头语言、肢体语言和其他符号传递意义、表达情感和建立规范。例如，父母对孩子的表扬或批评，不仅传递了对孩子行为的评价，也塑造了孩子对自我价值和行为规范的认识。通过这些互动，孩子学习如何解读社会符号，理解社会期望，并在此基础上构建自己的社会角色和身份。

符号互动主义强调个体在社会互动中的角色扮演。在家庭教育中，父母和孩子根据彼此的期望和反应，扮演着教育者和学习者的角色。这些角色并非固定不变，而是在持续的互动过程中不断调整和重构。通过理解和达到家庭成员的期望，孩子不仅学习特定的知识和技能，还学习如何在不同的社会情景中适应和扮演好角色。符号互动主义对孩子自我概念的形成提供了深刻见解。理论认为，个体的自我概念是通过社会互动中对他人反应的解读而形成的。在家庭教育中，父母的期望、反馈和行为模式对孩子的自我认识有着决定性影响。积极、支持性的家庭互动可以促进孩子形成积极的自我概念，增强自信和社会适应能力。

将符号互动主义理论应用于家庭教育，意味着父母需要意识到日常沟通和互动中的符号意义，以及这些符号对孩子认知和行为的影响。父母可以通过积极的语言表达、身体语言和情感反应，与孩子建立良好的沟通和互动模式，支持孩子的社会化过程和个性发展。同时，通过共享家庭故事、文化传统和价值观念，父母可以帮助孩子理解更广泛的社会文化背景，培养孩子的社会责任感和归属感。

四、社会学习理论

社会学习理论是由美国著名心理学家、新行为主义者阿尔伯特·班杜拉（Albert Bandura）提出的。社会学习理论强调在社会环境中通过观察、模仿和模范学习行为。这一理论对现代家庭教育具有深远的影响，因为它强调了行为不仅通过直接的奖励或惩罚获得，而且通过观察他人的行为及其后果来学习。在家庭教育的背景下，社会学习理论提供了对孩子如何学习行为规范、社会技能和价值观的深刻见解。

社会学习理论的核心是观察学习，也称为模仿学习，它表明孩子通过观察父母、兄弟姐妹和其他重要成年人的行为来学习。这些观察对象被称为模范。在家庭环境中，父母的行为、态度以及他们如何响应各种情况，都成为孩子学习和模仿的对象。例如，如果孩子看到父母通过和平的方式解决冲突，他们就更有可能采取类似的策略来处理自己的冲突。社会学习理论强调，观察到的行为成为孩子自己行为的一部分，不仅取决于观察本身，还取决于行为的结果。如果孩子观察到某种行为后有积极的结果，他们就更有可能模仿该行为。相反，如果观察到的行为导致负面结果，孩子就可能避免这种行为。因此，家庭中的正面强化和适当的反馈对于鼓励期望的行为模式至关重要。社会学习理论还强调了自我效能的概念——个体对自己完成某项任务或行为的能力的信念。在家庭教育中，提高孩子的自我效能感可以通过赋予他们责任、鼓励尝试新事物以及正面反馈来实现。当孩子相信能够通过自己的努力影响结果时，他们更有动力学习和采取积极的行为。

将社会学习理论应用于家庭教育，意味着父母需要意识到自己的行为、反应以及如何处理情况对孩子有着深远的影响。父母应该作为积极的角色模型，展示希望孩子学习的行为和价值观。此外，通过提供积极的反馈、鼓励和支持，父母可以强化孩子的期望行为，同时帮助孩子建立起解决问题的自信心并形成相关能力。

第三节　生态学理论基础

生态学理论在现代家庭教育领域提供了一个全面理解个体成长环境的框架，特别是乌里·布朗芬布伦纳（Urie Bronfenbrenner）提出的生态系统理论，对家庭教育的理解和实践具有深刻影响。

布朗芬布伦纳的生态系统理论强调，个体发展是在相互作用的多层环境系统中进行的，这些系统包括微观系统、中观系统、外观系统、宏观系统和时间系统，每个系统都在不同层面上影响个体的成长和发展（如图3-3）：

图3-3　布朗芬布伦纳的生态系统理论

一、微观系统

微观系统在乌里·布朗芬布伦纳的生态系统理论中占据了核心地位，特别是在家庭教育的背景下。它涉及个体直接参与的日常环境，如家庭、学校、朋友圈，这些环境对个体的行为、信念和价值观产生直接影响。

在家庭教育中，微观系统的作用尤为重要，因为它塑造了孩子最初的社会化过程和学习模式。

家庭作为微观系统的核心组成部分，为孩子提供了学习社会规则、语言、情感表达和人际交往技能的第一课堂。父母的行为模式、教育风格、沟通方式以及对孩子的期望都深刻地影响着孩子的个性发展和社会适应能力。例如，一个充满爱和支持的家庭环境可以鼓励孩子提出问题，探索和尝试新事物，从而促进其认知和情感的发展。相反，一个过于严格或缺乏情感交流的家庭环境可能会抑制孩子的创造性发展和社会参与度提高。在学校这一微观系统中，教师的教学方法、同学之间的互动以及学校文化都在孩子的社会化过程中起着至关重要的作用。学校不仅是孩子获取知识的场所，更是他们学习社会技能、建立友谊和发展自我认识的重要环境。教师和同学的反馈、学校的规则和活动为孩子提供了一个模拟社会，帮助他们理解更广阔社会的运作方式。朋友圈作为微观系统的另一个重要方面，对孩子的社会行为和价值观有着显著的影响。通过与同龄人的互动，孩子学习如何在社会中建立和维持关系，如何处理冲突和差异，以及如何在群体中表达自己。同龄人的认可和接纳对孩子的自尊和社会身份感形成都至关重要。

二、中观系统

中观系统在乌里·布朗芬布伦纳的生态系统理论中发挥着桥梁的作用，联结着个体直接参与的不同微观系统，如家庭和学校之间的关系。这一系统的核心在于强调微观系统之间的相互作用及其对个体发展的综合影响。在家庭教育的背景下，中观系统突出了家庭与外部环境（特别是教育机构）之间的互动对孩子成长的重要性。

家庭与学校的紧密联系对孩子的教育成效至关重要。父母与教师之间的有效沟通可以确保教育目标和期望的一致性，使得家庭教育和学校教育形成互补。这种合作关系不仅包括定期的家长会议和教师反馈，也涉及父母对学校教育内容的理解和支持，以及在家庭中延续学校教育的实践。家庭对孩子教育活动的参与度也是中观系统的一个关键方面。父母参与孩子的学习过程，不仅能够提升孩子的学习动力，还能增强孩子的学习效果。这种参与可以帮助孩子完成作业，参与学校的社区活动，或者在家庭中创造学习的机会，如共读、科学实验等。通过这些活动，家庭教育与学校教育相互补充，共同促进孩子的认知和社会技能发展。中观系统还包括家庭与其他社会机构（社区中心、兴趣小组等）之间的联系。这些外部资源为家庭教育提供了丰富的学习机会和社会实践经验，帮助孩子在更广阔的社会环境中学习和成长。例如，参与社区服务项目可以增强孩子的社会责任感，加入兴趣小组则有助于发展特定的技能和兴趣。

三、外观系统

外观系统在乌里·布朗芬布伦纳的生态系统理论中揭示了个体成长环境的一个更广阔层面，它指向那些个体可能不直接参与，却能间接影响到他们的社会结构和力量。例如，父母的职业环境、工作条件、社区的服务可用性以及国家的教育和经济政策，都是外观系统的组成部分。这些因素虽然在日常生活中对个体不是直接可见或可感，但它们通过影响微观系统内的互动和资源分配，间接塑造了个体的发展环境。

父母的工作条件和工作时间对家庭生活的影响尤为显著。例如，父母的长时间工作和高压工作环境可能限制了他们与孩子的互动和参与孩子教育的时间和精力，这种情况可能导致孩子在情感支持和学习辅导方面的需求得不到充分满足。此外，父母的职业稳定性和家庭经济状况也会影响到孩子的教育机会和生活质量，例如，经济困难可能限制了家庭投资教育的资源和课外活动的能力。社区服务的质量和可用性，如图书馆、体育设施、青少年活动中心，以及安全的公共空间，都是支持孩子发展和家庭教育的重要资源。社区服务的丰富程度和可达性决定了家庭能否获取支持孩子兴趣发展和社会参与的外部资源。

四、宏观系统

宏观系统在乌里·布朗芬布伦纳的生态系统理论中代表了社会的广泛文化、价值观、法律和政策等宏观因素。这些因素构成了个体成长的社会文化背景和框架。在现代家庭教育的背景下，宏观系统的作用尤为显著，因为它深刻影响着家庭教育的理念、目标和实践方式。通过宏观系统的影响，可以看到社会文化如何塑造家庭教育的价值观和期望，以及家庭如何在更广泛的社会背景中进行教育决策和实践。

社会文化背景对家庭教育的影响体现在多个方面。不同社会和文化对教育的重视程度不同，这反映在家庭投入教育的资源、选择的教育方式和对教育成果的期望上。例如，一些文化可能更强调学术成就和书面考试的成绩，而其他文化则可能更注重全面发展、创造力和社会技能的培养。宏观系统中的价值观和信仰也对家庭教育有着深远的影响。家庭教育不仅传递知识和技能，也传递社会价值观、道德观念和文化传统。家长在教育孩子时，往往会不自觉地将自己的价值观和生活经验融入教育实践中，这些都是受到更广泛的社会文化影响的。法律和政策作为宏观系统的一部分为家庭教育设定了外部的框架和限制。不同国家和地区的教育政策、儿童权益保护法律以及家庭政策，都在一定程度上影响着家庭如何进行教育。政策对教育资源的分配、教育机会的公平性以及家庭支持服务的可用性，都对家庭教育产生影响。

在全球化的今天，宏观系统还涉及全球文化流动和信息交换。这些因素为家庭教育带来了新的挑战和机遇。全球化不仅促进了教育理念和实践的多样性，也使得家庭面临如何在保持自己文化特色的同时吸纳全球优秀教育资源的选择。

五、时间系统

时间系统在乌里·布朗芬布伦纳的生态系统理论中承认时间对个体

发展的重要作用，强调个体生活中的时间变量——包括生命事件、生活阶段变迁以及社会历史背景的变化——如何影响其成长和发展。这个概念揭示了个体不仅仅是在静态环境中发展，还在一个不断变化的时间背景中成长，这些变化既包括个人经历的变化，也包括整个社会的变迁。时间系统的核心在于认识到个体发展是一个连续过程。这一过程受到个体生命经历特定时期事件的影响。例如，家庭结构的变化（新成员的出生、家庭成员的死亡或离婚等）、父母职业变动、搬家，以及孩子教育阶段的转换等，都是时间系统中的关键因素，直接影响个体的情感、社会关系以及认知发展。时间系统还强调社会和历史背景的变化对个体成长环境的影响。不同的历史时期具有不同的社会文化特征、技术发展水平和经济条件，这些因素共同构成了个体成长的宏观背景。例如，数字技术的兴起改变了人们的交流方式、学习习惯和信息获取方式，对家庭教育策略和孩子的学习行为产生了深远的影响。时间系统对家庭教育的启示在于，家长和教育者需要认识到个体发展是在持续变化的环境中进行的，这要求家庭教育策略和实践能够灵活适应这些变化。这意味着家庭教育不能仅仅关注当前的需求和挑战，而应该考虑长远的发展目标，预见未来可能的变化，并为孩子提供适应这些变化所需的技能和知识。例如，在一个快速变化的社会和经济环境中，教育孩子成为终身学习者，具备适应变化、解决问题的能力变得尤为重要。

总体来看，生态学理论强调家庭教育不仅受到家庭内部因素的影响，还受到更广泛社会环境的影响。这要求家长在教育孩子时，不仅要关注家庭内部的互动和教育方式，还需要考虑外部环境对孩子成长的影响，并积极利用社区资源，参与他们的学校生活，关注其社会交往，以及培养孩子适应更广阔社会环境的能力。通过应用生态学理论，家庭教育可以成为一个整合多方资源、关注孩子全面发展的过程。父母和教育者可以更全面地理解孩子的成长环境，更有效地支持他们的健康发展。

第四章 家庭生活理念与儿童心理素质的发展

第一节 家长教养方式

家庭作为孩子成长的第一个环境，对其心理和行为发展起着至关重要的作用。家长的教养方式作为孩子接触最频繁、影响最深刻的行为模式之一，直接影响着孩子的自我认识、社交能力、情绪调节以及未来的生活态度。不同的教养方式会培养出不同特质的孩子，影响他们的心理健康和社会适应能力。因此，理解和选择适当的教养方式对于促进儿童的全面发展至关重要。

一、家庭教养方式的类型

家庭教养方式是指父母对子女抚养教育过程中所表现出来的相对稳定的行为方式，是父母各种教养行为的特征概括。[①]家庭教养方式的分类主要基于家长对孩子的要求程度和对孩子的响应程度，形成了几种不同

---

① 张永泽. 家庭教育与子女健康成长研究[M]. 秦皇岛：燕山大学出版社，2021：165.

的教养风格，主要包括以下几种（如图 4-1）：

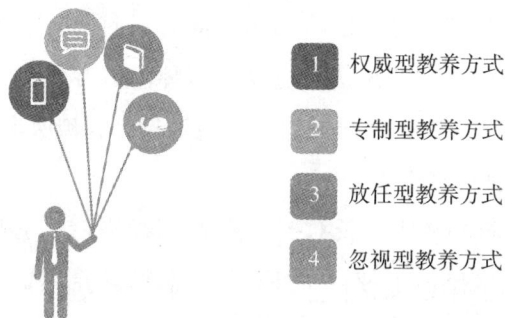

1　权威型教养方式
2　专制型教养方式
3　放任型教养方式
4　忽视型教养方式

图 4-1　家庭教养方式的类型

（一）权威型教养方式

权威型教养方式在现代家庭教育中被广泛认为是最为有效的一种方法。它在家庭生活理念与儿童心理素质发展的背景下显得尤为关键。这种教养方式特别强调家长与孩子之间的相互尊重和积极交流，旨在培养孩子的自我调节能力、社会技能和高自尊心，为孩子的全面发展奠定坚实的基础。在权威型教养方式中，家长对孩子抱有高期望，同时提供必要的支持和指导，确保孩子在遵守规则的同时也能够享有一定程度的自由。这种平衡的策略有利于孩子理解界限的重要性，鼓励他们在安全的环境中探索自我和外部世界。

权威型教养方式的特点主要有以下几个。其一，情感支持与温暖。权威型家长能够表达对孩子的爱和关怀，他们倾听孩子的想法和感受，通过积极地沟通建立起孩子的安全感和归属感。这种情感的支持是孩子自信心和自尊心发展的关键。其二，清晰的界限与期望。家长设定清晰而合理的规则和期望，帮助孩子理解家庭中的行为标准。这些规则并不是武断的，而是有助于孩子形成责任感和自我控制能力。家长也愿意根据孩子的反馈和成长情况调整规则。其三，自主性地鼓励。权威型教养方式鼓励孩子发展独立性和自主性。家长提供选择的机会，让孩子参与到决策过程中，从而培养他们解决问题的能力和自我效能感。其四，开放的沟通。家长与孩子之间的沟通是开放和双向的，家长重视孩子的意见，鼓励他们表达自己的想法和感受。这种沟通方式有助于增强家庭成员之间的理解和信任，也为孩子提供了表达自己和被听取的机会。

（二）专制型教养方式

教养方式的核心在于家长对孩子施加高度的控制，强调服从和纪律，往往忽视孩子的情感需求和自主性。在专制型教养背景下成长的孩子可能展现出不同于其他教养方式下成长的孩子的特定心理和行为特征。专制型教养方式以家长的权威和决策为中心，家长对孩子的生活和行为有着几乎绝对的控制权。在这种教养模式下，家长通常认为严格的规则和纪律是培养孩子成为有责任感和遵守社会规范个体的必要手段。家长的期望往往围绕着孩子的服从性，而非孩子的个人兴趣或自我发展。

专制型教养方式的特点主要表现在以下几个方面。其一，控制与权威的特征。专制型教养方式的一个显著特征是对孩子生活的高度控制。家长设定严格的规则，并期望孩子无条件遵守这些规则。在这种模式下，家长很少或根本不考虑孩子的意见和感受，决策过程由家长主导。孩子的自我表达和独立思考的空间被大大压缩。其二，沟通方式。在专制型教养模式中，沟通通常是从家长到孩子的单向模式，家长用命令式的语言与孩子交流，很少采用询问或讨论的方式来沟通。这种沟通模式强化了家长的权威地位，但同时也阻碍了孩子沟通技巧的发展和情感表达的能力。其三，规则与惩罚。规则在专制型教养家庭中起着核心作用。家长制定的规则往往具有绝对性，对孩子的行为进行严格限制。违反规则的后果通常是惩罚，而这种惩罚往往是为了强化规则的严肃性和不可违反性。专制型家长使用惩罚作为维持家庭纪律和权威的手段，而较少使用奖励或正向强化机制来激励孩子的行为。其四，对孩子期望的设定。专制型家长对孩子的期望通常集中在遵守规则和达到特定的成就上，如学业成绩或其他外在标准。这些期望往往是家长根据自己的价值观和标准设定的，而不太考虑孩子的个人兴趣和能力。家长期望通过严格的控制和指导使孩子达到这些目标。其五，教养方式的一致性。专制型家长在教育孩子时表现出较高的一致性，他们在实施规则和惩罚时很少改变立场。这种一致性被认为是维持家庭秩序和教育孩子的关键。然而，这也意味着家长很少根据孩子的成长和变化调整自己的教养策略。

（三）放任型教养方式

放任型教养方式的核心是家长对孩子的行为和选择给予极大的自由和宽容，很少设定界限或直接干预。这种教养模式基于对孩子自主性和独立性发展的高度信任，认为孩子应该有权根据自己的意愿做出选择，即便这意味着他们可能会犯错。放任型家长倾向于避免对孩子的行为施加控制或强加规则，相信孩子能够从自己的经历中学习并进行自我调整。

放任型教养方式可以通过几个关键特征来定义：高度的自由、缺乏界限设定、最小化的家长干预以及对孩子自我导向发展的强调。在这种教养模式下，家长很少使用惩罚或奖励来引导孩子的行为，而是采用更加宽容和接纳的态度，即使孩子的行为偏离了家长的期望。放任型教养方式的特点具体如下：其一，高度的自由。放任型家长给予孩子极大的自由，让他们根据个人意愿做出选择，无论是在日常生活中还是在更重要的决策上。孩子被鼓励探索自己的兴趣和爱好，家长很少设置固定的规则来限制孩子的行为。其二，缺乏界限设定。与权威型或专制型教养方式不同，放任型教养很少明确界限或期望。孩子可能不清楚什么是可接受的行为，因为家长很少就行为后果进行讨论或设定。其三，最小化的家长干预。在放任型家庭中，家长干预孩子生活的程度最小。家长通常认为孩子应该有机会自主解决问题，即使这意味着面对挑战或失败。这种教养方式强调孩子的自我发现和自我学习能力。其四，对孩子自我导向发展的强调。放任型教养强调孩子自我导向的发展，信任孩子能够根据自己的节奏和兴趣成长。家长相信通过这种方式，孩子可以发展出独立思考和自我调节的能力。

（四）忽视型教养方式

忽视型教养方式的核心是家长对孩子的需求和发展给予极少的关注和支持。这种教养模式下的家长可能忽视孩子的情感需求，很少参与到孩子的日常生活和学习过程中，也不为孩子设定明确的界限和期望。忽视型教养方式下成长的孩子可能会感到被遗弃和忽视，缺乏安全感和归属感。这种育儿策略对孩子的心理发展和社会适应能力可能产生长期的负面影响。

忽视型教养方式的特征主要包括以下几个方面。其一，缺乏情感关注。在忽视型教养模式下，家长对孩子的情感需求和心理状态给予很少的关注。孩子在遇到问题或需要情感支持时，往往发现父母不可能或不愿意提供帮助，这导致孩子在情感上感到孤立无援。其二，缺少参与。采取这种教养模式的家长很少参与到孩子的生活中，对孩子的学业、兴趣爱好和社交活动缺乏了解和支持。家长通常对孩子的日常需求和成长过程表现出冷漠，不参与家庭活动或学校活动，也不关注孩子的教育和发展。其三，界限设定不明确。在忽视型教养方式中，家长很少为孩子设定界限或规则，孩子可能不清楚什么是合适的行为。缺乏界限和期望会使孩子在社会适应和自我管理方面遇到困难。其四，缺乏指导和监督。孩子在成长过程中需要指导和监督来学习正确的行为模式和生活技能，但采取忽视型教养方式的家长往往不提供这种指导。孩子可能会因为缺乏适当的指导而在学校表现不佳，或在社会交往中展现出不适当的行为。

二、家庭教养方式对儿童发展的影响

家庭教养方式对儿童发展具有深远影响，从个人价值观的形成、行为习惯的培养到性格品质的塑造，每个方面都受到家庭环境和家长教育方式的显著影响。理解这些影响有助于家长采取更为有效的教养策略，促进儿童健康成长（如图4-2）：

图 4-2 家庭教养方式对儿童发展的影响

（一）形成积极向上的个人价值观

家庭作为儿童社会化的第一环境，对他们的价值观、行为准则以及对错的基本判断产生深远影响。在成长过程中，儿童通过观察、模仿以及与家庭成员的互动学习，逐步构建起自己的价值体系。因此，家长的教养方式不仅影响着儿童的日常行为，更深层次地塑造着他们的人生观、世界观和价值观。

在家庭教育中，家长通过自己的言行为孩子提供了学习和模仿的对象。例如，当家长展现出诚实、尊重他人、勤奋努力的行为时，儿童往往会内化这些行为并将其作为自己的行为准则。家长对待挫折、解决问题的方式，对待他人的态度，以及对社会责任的认知等，都会被孩子所观察并逐渐学习。在这一过程中，家长的积极态度和行为模式对儿童形成积极向上的价值观至关重要。家庭中的沟通方式和家长对儿童行为的反馈也是价值观形成的重要环节。开放、支持和理解的沟通氛围可以鼓励儿童表达自己的想法和感受，不仅有助于儿童形成独立思考的能力，还能使儿童在家庭的支持下建立起对自己价值观的信心。相反，如果家庭环境充满批评和否定，儿童可能会形成消极的自我观念，对自己的价值和能力产生怀疑。家长还可以通过日常生活中的具体实践来教育儿童认识和践行积极的价值观。例如，通过参与社区服务、家庭共读、旅行等活动，家长可以与儿童一起体验或讨论诸如公平、正义、勇敢、同情等价值观的重要性。这些活动不仅丰富了儿童的生活经验，还提供了学习和实践价值观的机会。

值得注意的是，家庭教养方式的差异对儿童价值观的影响也存在显著差异。权威型教养方式的家长通常能够在规则设定和情感支持之间找到平衡，有助于儿童形成均衡的价值观体系。而专制型或放任型的教养方式可能会导致儿童在价值观的形成上出现偏差，如过度强调服从和规则可能抑制儿童的独立性和创造力；而缺乏规则和指导则可能使儿童难以形成稳定的行为准则。

（二）形成良好的行为习惯

良好的行为习惯包括自我管理、时间管理、健康的生活方式、尊重他人以及责任感等多个方面。这些习惯一旦在儿童期形成，便会伴随他们的一生，成为其性格和命运的重要组成部分。家庭教养方式通过提供结构、示范行为、正面强化、一致性的规则和期望，以及适当的指导和监督，对儿童良好行为习惯的培养起着决定性作用。家长的行为模式、对儿童行为的响应和家庭内的日常习惯都在无形中教育着儿童，影响着他们的行为倾向。

在一个有明晰结构的家庭环境中，儿童能够了解到期望的行为标准，明白什么是被允许的行为，什么是不可接受的。家长通过设定清晰的家规和日常例程，如固定的作业时间和睡觉时间，帮助儿童形成有规律的日常生活习惯，这对于培养自我管理能力和责任感至关重要。当儿童展现出期望的行为时，家长通过赞扬、奖励或其他形式的正面反馈，可以增强儿童重复该行为的动机。这种正面强化不仅促进了良好习惯的形成，也增强了儿童的自尊和自信。儿童天生具有模仿大人行为的倾向，家长通过身体力行地展示良好的行为习惯，如按时完成工作、健康饮食、礼貌待人等，自然而然地引导儿童学习和模仿这些行为。适当的指导和监督也是形成良好行为习惯不可或缺的部分。家长需要监督儿童的行为，及时纠正不当行为，并在必要时提供指导和帮助。这种适度的干预可以帮助儿童在遇到挑战和困难时找到正确的行为方式，逐步学会自我调节和解决问题。鼓励儿童参与家庭决策和日常任务，如分配适合年龄特点的家务，不仅可以培养他们的责任感，还能增强其归属感和家庭责任感。通过这些实践活动，儿童能够在参与和贡献中学习到合作、尊重和照顾他人的重要性。

（三）养成优秀的性格品质

帮助儿童养成优秀的性格品质是家庭教养过程中的一个重要方面，这些性格品质包括责任感、同情心、韧性、诚实、自信和乐观等。这对儿童未来的个人发展、人际关系以及社会参与都有着深远的影响。家庭教养方式通过多种途径影响儿童性格品质的形成，为儿童提供了形成和实践这些品质的环境和机会。性格品质的培养不仅仅是告诉儿童应该如何行为，更重要的是通过日常生活中的实际行动、决策过程和家庭成员间的互动来示范和练习这些品质。家长的角色、行为和态度，以及他们对儿童的期望和反馈，都在塑造儿童性格品质的过程中起到了关键作用。

培养责任感开始于家庭中对儿童的基本期望，如完成家务、照顾宠物或负责自己的学习。通过给予儿童适当的责任并期待他们完成，家长帮助儿童理解行动与后果之间的联系，以及个人行为对他人的影响。同时，通过承认和奖励儿童的贡献和努力，可以强化他们的责任感。同情心的培养源于对他人感受的理解和关怀。家庭是培养同情心的首要场所，家长可以通过日常生活中的例子教育儿童关注他人的需求和感受。例如，通过讨论家庭成员或朋友的经历，引导儿童思考如何在他人遇到困难时提供帮助和支持。此外，参与社区服务或慈善活动也是培养同情心的有效方式。韧性是面对挑战和困难时不轻易放弃的能力。家长通过支持儿童尝试新事物，鼓励他们在遇到挑战时寻找解决方案，以及在失败后继续尝试，有助于培养儿童的韧性。讨论家庭历史中的挑战和成功故事，也可以增强儿童面对困难时的信心和动力。诚实是人际交往的基础，家长通过自己的诚实行为为儿童树立榜样。在日常生活中坚持诚实的原则，并在儿童撒谎时适当地讨论诚实的重要性和撒谎的后果，可以帮助儿童理解诚实的价值。重要的是,家长需要在儿童诚实时给予正面的反馈,强化诚实行为的价值。自信来源于对自己能力的信任,而乐观则是对未来持有积极态度的心理状态。家长可以通过赞扬儿童的努力和成就,支持他们的兴趣和尝试,以及提供克服困难的策略,来培养儿童的自信。同时,通过展示积极应对生活挑战的态度,家长可以教育儿童以乐观的视角看待问题。

三、正向教养策略

正向教养策略强调通过具有积极的、支持性的手段来引导儿童成长,而非依赖惩罚或严厉的管教。这些策略不仅有助于建立和谐的亲子关系,还能够促进儿童自尊、自我效能感以及社会技能的发展。以下是正向教养策略的详细论述,包括理解儿童的发展需求、建立积极的沟通、设置合理的界限与期望以及提供一致的支持和指导(如图4-3):

图4-3 正向教养策略

(一)理解儿童的发展需求

儿童在不同的成长阶段有不同的发展需求。这些需求包括身体、情感、社交和认知方面。家长的任务是识别这些需求,并提供恰当的支持,以促进儿童的全面发展。

　　儿童的情感需求包括感受到安全、被爱和被接纳。这些需求的满足对儿童建立自我价值感和信任感至关重要。家长可以通过日常的亲密互动，如频繁的身体接触、温暖的拥抱、鼓励的话语和共享的时光，来满足这一需求。这种情感联结不仅为儿童提供了必要的安全感，还帮助他们学习如何表达情感和建立健康的人际关系。随着儿童的成长，他们的社交圈逐渐扩大，学习如何与他人互动成为他们发展的关键部分。家长应该鼓励儿童参与集体活动、游戏和社交事件，这些活动为儿童提供了学习合作、分享、解决冲突以及建立友谊的机会。通过这些社交活动，儿童不仅能够学习社会规则，还能够发展同情心和形成团队精神，这对他们未来在社会中的适应与成功至关重要。儿童的认知需求包括对世界的好奇心和探索欲望。家长可以通过提供丰富多样的学习材料、游戏和活动来满足这一需求。这些活动应当旨在挑战儿童的思维，激发他们的好奇心，提供解决问题的机会。家长还可以通过日常对话、讲述故事和互动游戏来促进儿童的语言能力和逻辑思维能力的发展。提供一个充满爱、鼓励和学习机会的家庭环境，有助于儿童建立自信，培养持续学习和探索的习惯。

　　通过深入理解儿童在不同成长阶段的发展需求，家长可以更有效地实施正向教养策略，为儿童的成长提供必要的支持和资源。这种支持不仅涵盖了满足儿童的基本生理和安全需求，更重要的是关注儿童的情感健康、社交技能和认知发展。家长的目标是通过正向的互动和环境设计，帮助儿童建立健康的自我形象，增强他们的社会技能和解决问题的能力，从而为未来的成功打下坚实的基础。

（二）建立积极的沟通

　　在正向教养策略中，搭建积极的沟通桥梁是与儿童建立和维护健康亲子关系的关键。通过积极的沟通方式，家长能够促进儿童的情感发展、自尊心建立和社会技能的提升。积极沟通的实践不限于日常对话，它涉及家长如何通过言语和行为向儿童传达爱、尊重和理解。

积极沟通的基石在于开放式对话。这意味着家长鼓励儿童自由表达自己的想法和感受，无论是积极的还是消极的，并且家长在此过程中提供全神贯注的倾听和适当的反馈。这种沟通方式能够让儿童感受到自己的声音被重视和尊重，从而增强他们的自信和自我价值感。通过开放式对话，家长可以更好地理解儿童的需求、担忧和兴趣，从而提供更有针对性的支持和指导。正面反馈是另一个关键要素，它关注于强化儿童的正面行为和成就，而非过度聚焦于错误或不当行为。当儿童的行为符合期望时，通过赞扬、鼓励或其他形式的正面响应，家长可以有效地促进儿童形成积极的行为模式。这种正面强化不仅增强了儿童重复期望行为的动机，也对他们的情感和社会发展产生积极影响。在处理不当行为时，有效指导至关重要。这要求家长在纠正儿童的行为时，采用具体、清晰和建设性的方式，而非通过负面批评或惩罚。家长应解释为何某些行为是不可接受的，并提供和示范替代的、更为适当的行为方式。通过这种方法，儿童不仅学会了识别和改正错误，也在此过程中学习到解决问题的技能，而不会对自尊心造成伤害。

积极的沟通促进了一个基于信任和尊重的亲子关系的建立，为儿童的成长提供了一个充满支持和鼓励的环境。这种沟通方式教导儿童如何以积极的态度面对生活的挑战，如何在社会中以建设性的方式表达自己，并与他人建立健康的人际关系。通过日复一日的实践，积极的沟通不仅强化了亲子间的纽带，也为儿童在社会中的成功奠定了坚实的基础。

（三）设置合理的界限与期望

为儿童设置合理的界限和期望有助于儿童形成自律和责任感，还为他们提供了一个清晰的指导，帮助他们理解社会的运作方式及其在社会中的角色。通过明确的规则和一致的期望，家长可以创造一个既充满爱也充满明晰结构的环境，这对儿童的健康成长至关重要。

家庭规则的明确性和一致性对儿童来说至关重要。儿童需要清楚地知道什么行为是被期待的，什么行为是不可接受的。这种清晰性不仅帮助儿童建立起对世界的理解，还为他们的行为提供了指导。规则的一致性确保了儿童不会因为规则的不确定性而感到困惑，从而更容易遵守规则。此外，明确的规则还能够帮助儿童建立起对因果关系的理解，即他们的行为会有相应的结果。让儿童参与到家庭规则的制定过程中，可以显著增强他们遵守规则的意愿和参与感。这种参与感让儿童感到他们的意见被重视，同时也让他们理解到制定规则的过程是公平合理的。通过这种方式，儿童不仅学会了规则的重要性，还学会了协商和解决问题的技能。此外，参与制定规则的过程还有助于儿童理解规则背后的原因，从而更容易接受和遵守这些规则。对于违反规则的行为适当的后果是必要的。这些后果应该与违规行为直接相关，既公平又合理。适当的后果不仅让儿童承担起自己行为的责任，还向他们展示了行为与后果之间的直接联系。重要的是，后果应该是预先说明的，以便儿童能够预见自己行为的潜在结果。通过这种方式，后果成为形成自律和责任感的工具，而非简单的惩罚。

在设置界限和期望的过程中，保持一致性和公正性至关重要。一致性确保了规则不会随意改变，从而提供了一个稳定的成长环境。公正性确保了所有儿童都按照相同的标准来评估，有助于建立儿童对家长和规则的信任。通过这些方法，家长可以为儿童的成长创造一个既有爱又有明晰结构的环境，为他们提供健康成长的基础。

（四）提供一致的支持和指导

家长在儿童成长的每一个阶段提供的支持和指导，不仅影响儿童的个人发展，也影响他们如何与外部世界互动。通过情感支持、鼓励探索和树立积极榜样，家长可以帮助儿童建立起面对生活挑战的勇气和信心。

情感支持是儿童心理健康的基石。在遇到困难或挫折时，儿童需要知道他们不是孤单一人，父母和家人会为他们提供必要的安慰和支持。这种支持让儿童感到被爱和被保护，增强了他们的安全感。家长可以通过倾听儿童的担忧、给予拥抱和安慰的话语，来表达对儿童的支持。这种情感上的支撑帮助儿童学会如何表达自己的感受，同时也教会了他们在面对未来挑战时如何寻求和提供支持。鼓励儿童探索自己的兴趣和激情是促进他们个人成长的重要方式。每个儿童都有自己独特的兴趣和才能，家长应该支持儿童追求这些兴趣，无论是艺术、科学、体育还是其他任何领域。通过参与儿童的兴趣探索活动，家长不仅能够加深与儿童的关系，还能帮助他们建立自信和自我效能感。鼓励儿童设定并追求个人目标，可以使他们明白计划、坚持和努力的重要性。家长通过自己的行为和态度为儿童树立积极的榜样，对儿童学习如何应对生活的挑战和困难具有重要影响。家长展示的积极态度、解决问题的方法，以及如何在压力下保持冷静和乐观，都会被儿童所学习和模仿。通过观察家长如何面对挑战，儿童形成了韧性和适应性，这些品质将在他们的一生中发挥重要作用。家长的每一个选择和行为都为儿童提供了学习的机会，展示了如何以积极和建设性的方式生活。

通过提供情感支持、鼓励探索和树立积极榜样，家长为儿童的成长创造了一个充满爱、支持和指导的环境。这种环境不仅满足了儿童当前的发展需求，还为他们将来成为适应性强、心理健康的成年人奠定了坚实的基础。一致的支持和指导让儿童了解到，在面对生活的任何挑战时，他们都不是孤单一人的，而是有能力和资源去面对和克服这些挑战的。

第二节　家庭结构与家庭管理方式分析

在现代社会中，家庭结构与家庭管理方式的多样性和复杂性显著增加，这对儿童的成长环境和发展产生了深远的影响。随着社会的变迁、文化的融合以及个人选择的多元化，家庭形态经历了显著的变化。这些变化不仅反映在家庭成员的组成和关系上，还体现在家庭内部如何共同生活、解决问题，以及如何对儿童进行教育和引导上，理解这些变化对于促进儿童的健康成长和心理素质的发展至关重要。

一、家庭结构解读

家庭结构也称为家庭构成，指家庭成员的组合状况，即家庭中人与人之间相互联系的模式。家庭成员间的相互排列与组合、相互作用与影响，以及由此形成的家庭规模和类型就是家庭结构的整体形态。[①]随着社会的变迁，家庭结构呈现出多样化的趋势，不同的家庭结构对儿童成长的影响也各不相同（如图4-4）：

1	2	3
家庭结构的类型	家庭结构的发展趋势	家庭结构对儿童发展的影响

图4-4　家庭结构解读

（一）家庭结构的类型

家庭结构在现代社会中展现出前所未有的多样性，每种类型的家庭结构对儿童的成长和发展都有其独特的影响。这些不同的家庭形态反映了社会变迁、文化差异、经济条件以及个人选择的多元化。家庭结构主要包括传统核心家庭、单亲家庭、混合家庭、跨国家庭、扩展家庭等几种类型：

---

① 郝彩虹 . 家庭服务理论与实务 [M]. 武汉：武汉大学出版社，2020：5.

传统核心家庭由两位生物学意义上的父母及其子女组成，长久以来被视为社会的基本单位。这种家庭结构因其稳定性和完整性，为儿童提供了一个安全和有序的成长环境。在这样的环境中，儿童可以从父母那里获得均衡的关爱和指导，学习到性别角色内容和社会行为规范。稳定的家庭背景有利于儿童形成强烈的安全感和身份感，为他们的社交能力和情感发展奠定良好的基础。单亲家庭指的是由父母之一单独抚养子女的家庭形态，可能由于离异、丧偶或选择未婚生育等原因形成。单亲家庭的父母面临着双重角色的挑战，既要承担家庭的经济责任，又要满足子女的情感和教育需求。尽管单亲家庭可能面临更多外部压力和挑战，但许多单亲家庭通过建立紧密的亲子关系和利用外部支持网络，为儿童营造了一个充满爱和关怀的成长环境。在这种家庭结构中长大的儿童往往更早独立和成熟，但同时也可能承受更多的社会和心理压力。混合家庭是指由离异或丧偶并再婚的父母，以及各自的子女，有时还包括共同的子女组成的家庭。这种家庭结构的特点是家庭成员的多样性和复杂性，儿童可能需要适应新的家庭角色和关系。混合家庭为儿童提供了学习适应变化和处理复杂人际关系的机会，但同时也可能带来情感上的困扰和冲突。有效的沟通和管理策略，如确立清晰的家庭规则和促进家庭成员之间的正面互动，对于构建和谐的家庭关系至关重要。跨国家庭是指家庭成员因工作、教育或其他原因而居住在不同国家的家庭。这种家庭结构下的儿童可能会经历文化身份的多重构建和应对多元文化的挑战。虽然跨国家庭为儿童提供了丰富的文化经验和视野，但远距离的家庭关系也可能对儿童的情感稳定性和安全感造成影响。家庭成员需要通过定期的团聚、网络通信等方式维持亲密关系，确保儿童感受到家庭的支持和关爱。扩展家庭包括核心家庭成员外的其他亲属，如祖父母、叔叔阿姨等，他们可能共同生活或在儿童的生活中扮演重要角色。这种家庭结构为儿童提供了一个更广泛的社会支持网络，有助于儿童学习社会规则和建立人际关系。扩展家庭成员的参与为儿童的成长增添了更多的视角和资源，但也要求家庭成员之间需要有良好的沟通和相互尊重，以避免角色冲突和代际差异带来的挑战。

每种家庭结构都有其独特的优势和面临的挑战，关键在于如何利用各自的优势为儿童创造一个有利于其全面发展的环境。了解不同家庭结构的特点和对儿童成长的潜在影响，有助于家长和教育工作者更好地支持和引导儿童健康成长。

（二）家庭结构的发展趋势

家庭结构的发展趋势反映了社会经济变化、文化价值观的演进以及政策的更新对家庭生活方式的影响。传统的二代核心家庭模式正在逐渐让位于更多样化的家庭结构。随着社会的开放和包容性的增强，单亲家庭、混合家庭以及跨国家庭等非传统家庭形态得到了更广泛的认可和支持。这些家庭形态的兴起反映了个人选择自由度的提高以及社会对不同家庭形态接纳度的提升。随着性别平等观念的普及和女性在职场上的活跃，家庭中的性别角色变得更加灵活。父亲参与家务和育儿工作的比例逐渐提高，更多的母亲则需在家庭和职业发展之间寻找平衡。这种角色的转变促进了家庭成员之间责任和义务的共享，也为儿童提供了更多元性的榜样。随着平均寿命的延长和小家庭的普及，代际关系在家庭结构中的重要性日益凸显。祖父母与孙辈的互动变得更加密切，扩展家庭在儿童成长过程中发挥着重要作用。同时，家庭成员之间的关怀和支持跨越了多代，形成了复杂而紧密的家庭网络。

（三）家庭结构对儿童发展的影响

不同的家庭结构为儿童提供了不同的成长环境和经历，这些环境和经历在儿童的发展中扮演着关键角色。家庭结构对儿童的发展产生的影响主要体现在以下几个方面。第一，情感和安全感。家庭是儿童情感发展的首要场所，在一个充满爱和支持的家庭环境中，儿童能够发展出强烈的安全感和自尊。传统核心家庭由于其稳定性，通常能够为儿童提供一个安全和有序的成长环境。而在单亲家庭和混合家庭中，尽管面临更多的挑战和变动，但父母的积极参与和情感支持同样能够促进儿童情感的健康发展。跨国家庭中的儿童，由于可能面临外界的偏见和文化差异，需要家庭内部更加强化的情感支持和理解，以帮助他们建立自信和适应社会。第二，社会技能和人际关系。家庭结构直接影响儿童的社会化过程和人际关系的建立，在扩展家庭和混合家庭中，儿童有机会与更多的家庭成员建立联系，从而学习到更多的社交技能和冲突解决策略。单亲家庭的儿童可能更早地学会独立和自我倡导，但他们也可能需要额外的支持来应对来自同龄人的问题和误解。家庭成员的互动模式和解决家庭内外冲突的方式对儿童学习社会行为规范和建立健康人际关系至关重要。第三，认知和学术发展。家庭结构对儿童的认知和学术发展也有重要影响，家庭提供的学习资源、父母对教育的态度以及家庭对学习的支持都是影响儿童学术成就的关键因素。例如，家庭中书的丰富程度、共读活动的频率，以及父母对学校生活的参与度都能够促进儿童的认知发展和学习兴趣。不同家庭结构中，父母可能因为时间、资源或其他社会压力而在这些方面存在差异，这些差异最终会反映在儿童的学习成绩和认知发展上。第四，行为和心理健康。家庭结构的变化和家庭内部的关系动态对儿童的行为模式和心理健康产生影响，稳定和谐的家庭关系有助于预防儿童的行为问题和减少心理压力。反之，家庭冲突、父母的离异或重组等情况可能导致儿童面对更多的压力和不确定性，从而影响他们的情感稳定性和行为表现。然而，通过有效的家庭管理、情感支持以及外部资源的利用，即使在面临家庭结构变化的情况下，也可以最大限度地减轻对儿童的负面影响。

二、家庭管理方式分析

现代家庭教育的方式需要更加细致和全面地考虑家庭的结构和管理方式，通过对家庭决策和问题解决、家务分配和责任共担、财务管理以及规则设定和遵守这四个方面的分析，可以得出一些有益的启示并制定策略，以促进家庭成员之间的和谐与家庭整体的稳定（如图4-5）：

家庭决策 规则设定和遵守
和问题解决

家务分配
和责任共担 财务管理

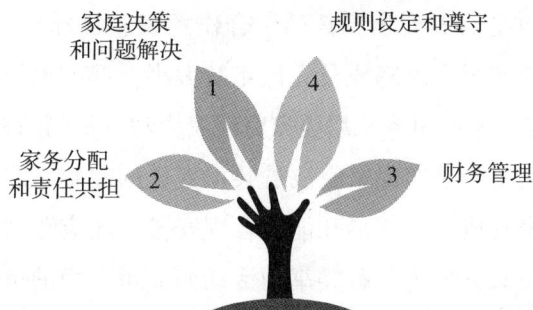

图 4-5 家庭管理方式分析

（一）家庭决策和问题解决

在处理家庭事务时，有效的管理方式倡导所有成员，包括儿童，在决策过程中的积极参与。这种做法不仅营造了家庭内部的民主氛围，还为儿童的个人成长提供了宝贵的学习机会。在这一过程中，家庭成员共同面对决策的挑战，从日常的小事到重大的生活变动，每一次的集体讨论都是对儿童责任感和决策能力的培养。儿童通过观察和领会家长如何平衡不同的意见和需求，如何在多种选择中做出最合适的决定，学习到了解决问题的方法和技巧。这不仅包括如何倾听、如何表达自己的观点，还包括如何在不同意见中寻找共识，以及如何尊重和接受最终的决策结果。家庭中的问题解决过程也是儿童学习如何处理冲突和应对挫折的重要途径。家庭生活中不可避免会遇到分歧和矛盾，通过家庭成员之间的开放沟通和共同努力寻求解决方案的过程，使儿童认识到冲突是正常生活的一部分，更重要的是如何以积极和建设性的态度面对和处理这些冲突。

通过这样的家庭管理方式，儿童不仅在技能上得到了发展，更在情感上感受到了被家庭重视和尊重的重要性。他们认识到价值观的重要性，理解了家庭是一个充满支持和爱的港湾，即使面对外部世界的挑战和不确定性，也总能在家庭中找到力量和方向。

（二）家务分配和责任共担

在家庭管理中，家务的分配和责任的共担不仅是维持家庭日常运作的必要条件，也是培养儿童责任感、合作意识和自理能力的重要途径。这种管理方式强调每个家庭成员无论年龄大小，都应承担相应的家庭责任，通过共同参与家庭事务来增强家庭凝聚力和成员间的相互理解。

公平地分配家务是实现家庭成员共担责任的基础。这意味着家务任务不仅要根据家庭成员的年龄和能力合理安排，还应考虑到他们的兴趣和偏好，从而使家务成为一种共享的活动而非单方面的负担。例如，对于年幼的儿童，可以从简单地整理玩具、帮忙摆桌子等任务开始，逐渐增加难度，以培养他们的参与感和成就感。通过参与家务，儿童不仅能学习到实际的生活技能，如清洁、烹饪和理财等，还能在此过程中认识到团队合作的重要性。家长可以通过设定家庭日或者家务轮换计划等方式，鼓励全家人共同参与家庭事务，这样的活动不仅能增进家庭成员之间的交流，还能让儿童感受到自己是家庭不可或缺的一部分。共担家庭责任的环境还有助于培养儿童的自立能力。当儿童意识到自己的行为对家庭有直接的影响时，他们会形成独立思考和解决问题的能力。家长在这个过程中的角色是支持和指导，而不是完全接管，让儿童在尝试和改正错误中学习和成长。

（三）财务管理

家庭的财务管理是家庭生活中不可或缺的一部分，不仅影响着家庭的经济状况和生活质量，还是教育儿童关于金钱管理和财务责任的重要途径。通过让儿童参与家庭的财务管理过程，父母可以有效地培养儿童的财务意识、节约习惯和规划能力，为他们将来独立生活打下坚实的基础。

在家庭财务管理中，预算制订是基础。家长通过制订并遵循家庭预算，可以向儿童展示如何根据家庭的收入和支出来规划财务，强调生活中的需要和欲望之间的区别，以及如何优先考虑开支。这种教育过程帮助儿童理解家庭资源有限，学会合理满足自己的需求和欲望。在消费决策方面，家长可以通过让儿童参与日常购物、节假日计划等活动，实际体验如何做出财务决策。例如，家长可以让儿童参与比较商品价格、选择性价比高的商品等活动，教他们如何识别真正的需要，避免不必要的开支。这不仅是对儿童金钱价值观的培养，也是提高他们实际生活技能的过程。财务规划是家庭财务管理中的高级环节，涉及长期目标的设定、储蓄和投资等。虽然这些内容对儿童来说可能较为复杂，但家长可以通过简化的方式，如设立小额储蓄目标、讨论家庭的长期计划等方式，激发儿童对未来规划的兴趣，逐渐培养他们的财务规划意识。通过参与家庭的财务管理，儿童不仅学习到了关于金钱的基本知识和技能，更重要的是，他们认识到了财务责任感和自我控制的重要性。这些经验和技能将在他们成长的过程中发挥持续的作用，帮助他们在未来的生活中做出明智的财务决策，实现财务的独立和安全。家庭作为儿童学习财务管理的第一课堂，家长的示范和引导起着至关重要的作用。

（四）规则设定和遵守

在家庭管理中，规则的设定和遵守是创建有序、和谐家庭环境的关键。明确的家庭规则不仅帮助维护日常生活的秩序，还对儿童的行为规范、价值观形成以及社会适应能力的发展起着至关重要的作用。

家庭规则的明确性和合理性是确保其有效性的首要条件。规则应当简洁明了，易于理解，且适用于家庭成员的不同年龄和发展阶段。合理的规则考虑到了家庭的实际情况和成员的具体需求，既不过于严苛，也不过于宽松，保证了规则的公平性和可执行性。规则的一致性是另一个重要方面，意味着所有家庭成员都应该遵循相同的规则，无论是父母还是儿童。这种一致性不仅体现在规则的制定上，也体现在规则的执行和监督上。家长在这一过程中扮演着模范的角色，他们的行为和态度直接影响儿童对规则的理解和遵守。

为了保证家庭规则与家庭的实际需求和价值观保持一致，家庭成员需要定期讨论和更新家庭规则。这不仅可以帮助家庭应对随时间变化的需求，也是增进家庭成员之间理解和沟通的机会。在这一过程中，儿童的参与尤为重要。让儿童参与到规则的讨论和设定过程中，可以增强他们对规则的认同感，提高遵守规则的意愿。家庭规则的遵守需要家长的持续监督和引导。这不仅包括对儿童行为的正面强化，也包括在必要时采取适当的纠正措施。重要的是，这些监督和引导应当是建立在理解、尊重和爱的基础上，而不是权威和惩罚。通过这种方式，家庭规则成为促进儿童成长、学习和社会化的工具，而不仅仅是行为限制的手段。

第三节　儿童心理素质结构与表现形式

儿童心理素质的发展是家庭教育和儿童成长中的一个关键领域。儿童心理素质是指儿童在心理发展过程中形成的一系列稳定的心理特征和能力。这些素质对儿童的个人成长、学习和社会适应能力有着重要影响。理解儿童心理素质的结构和表现形式对于家庭教育具有指导意义，可以帮助父母和教育者更有效地支持儿童的全面发展。

一、儿童心理素质结构的构成

儿童心理素质的结构可以从多个维度进行划分，其中包括情感素质、认知素质、意志素质和社会素质等几个主要方面（如图4-6）：

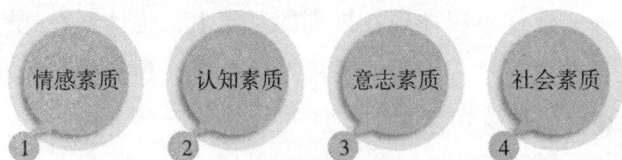

情感素质　　认知素质　　意志素质　　社会素质

1　　　　2　　　　3　　　　4

图4-6　儿童心理素质结构的构成

（一）情感素质

情感素质在儿童心理素质结构中占据了基础且重要的位置。它关乎儿童如何感知、理解以及表达自己的情绪，同时也涉及他们如何识别和响应他人的情绪。情感素质的发展对儿童的个人成长、社会适应能力以及学习效率都有着深远的影响。

儿童的情感素质首先体现在情感调节上。情感调节能力是指儿童对自己情绪的控制和管理能力，包括识别自己的情绪状态、理解情绪产生的原因，以及采取适当的方式来调节情绪，使其适应当前的环境或达到一种更积极的心理状态。良好的情感调节能力能帮助儿童在遇到挑战或压力时保持冷静，从而更有效地解决问题。情感表达是情感素质的另一个重要方面。它涉及儿童如何向外界表达自己的情绪，包括语言和非语言的方式，如面部表情、身体语言和艺术创作等。健康的情感表达不仅有助于儿童建立和维持人际关系，也是自我认同和自尊的重要基础。通过有效的情感表达，儿童能够获得社会支持，增强他们解决问题和应对挑战的能力。情感体验也是情感素质的核心组成部分。这涉及儿童对各种情感的感受深度和广度，包括能够体验和欣赏积极情绪如快乐、爱和感激，以及理解和接纳负面情绪如悲伤、恐惧和挫败。培养儿童丰富的情感体验能力有助于他们更全面地理解自己和他人，增强同理心，促进情感智力的发展。

情感素质的发展不是孤立进行的，它与儿童的家庭环境、教育经历和社会互动紧密相关。家长和教育者通过提供一个充满爱、理解和接纳的环境，以及通过示范、引导和反馈，可以显著促进儿童情感素质的健康发展。这要求家庭教育不仅关注儿童的认知发展，还要重视情感教育，帮助儿童建立起健康的情感管理、表达和体验能力，为他们的全面发展和未来的社会生活打下坚实的基础。

（二）认知素质

认知素质直接关系到儿童如何感知世界、理解信息以及如何利用这些信息来解决问题。认知素质的构成包含了一系列复杂而细致的心理过程，从基础的知识获取到更高阶的思维和创造活动，每一环节都对儿童的学习和整体智力发展至关重要。

知识获取是认知素质的基础，指儿童通过观察、听说、阅读和实践等方式获得新信息的能力。这一过程不仅涉及感官的接收，更重要的是信息的整合和内化，使得儿童能够将新知识融入已有的知识体系中。信息处理能力涉及儿童如何组织、分类和分析接收到的信息。这一能力要求儿童能够有效地利用注意力，集中精力于相关信息，同时通过记忆力保持信息的暂时存储和长期保存。此外，思维能力使儿童能够对信息进行逻辑分析、比较和推理，从而得出结论或解决问题。解决问题的能力是认知素质的高阶表现，要求儿童不仅能理解问题本身，还能策划和执行解决方案。这包括识别问题、生成解决方案的候选项、评估这些方案的可行性以及实施和调整计划。此能力的发展依赖儿童的逻辑思维、批判性思维以及创造性思维。想象力和创造力是认知素质中的重要组成部分，它们促进儿童在心理层面超越现实条件的限制，探索可能性和进行创新。想象力使儿童能够在心中构建新的想法或情景，而创造力则是将这些想法转化为现实的能力，包括通过艺术表达、科学实验及日常问题的创新解决。

在家庭教育中，培养儿童的认知素质不仅需要提供丰富的知识和信息资源，还需要创造一个鼓励探索、提问和创新的环境。父母和教育者可以通过日常对话、游戏、阅读和实践活动来激发儿童的好奇心和探索欲，同时提供适时的指导和支持，帮助儿童发展有效的学习策略和思维技巧。通过这样的过程，儿童的认知素质得以全面发展，为其未来的学习和生活打下坚实的基础。

（三）意志素质

意志素质涉及儿童在遇到挑战和困难时所展现出的坚韧不拔和努力不懈的能力。这一素质是儿童成功克服阻碍、实现个人目标的关键因素，对于儿童的整体发展具有决定性的影响。

自我控制是意志素质的核心，指的是儿童控制自己的行为、情感和欲望的能力。良好的自我控制能力可以帮助儿童在面对诱惑和压力时做出合理的决策，保持行为的适当性和社会的接受度。例如，一个具有良好自我控制能力的儿童能够在课堂上保持专注，即使周围有干扰也不轻易分心。耐心反映了儿童面对长期任务或复杂问题时的持久性和坚持性。在学习和生活中，耐心使儿童能够在不立即获得结果或满足时继续努力，从而实现长远的目标。培养耐心有助于儿童在遇到学习困难或社会挑战时保持积极态度，不轻言放弃。毅力是指儿童在遭遇挑战和失败时依然能够坚持不懈地努力，直到达成目标的能力。具备毅力的儿童在面对困难时更加坚韧，能够从失败中吸取教训，重新振作并继续前进。毅力是儿童实现学术成就和个人成长的重要驱动力。自我激励是儿童在没有外部奖励或监督的情况下，依然能够激发内在动力，主动寻求挑战和机会的能力。这一能力使儿童能够发现个人兴趣，设定个人目标，并为实现这些目标而自主学习和努力。自我激励的儿童在学习和生活中表现出更高的主动性和创造性。

整体而言，意志素质是儿童发展中不可或缺的一部分，它为儿童提供了面对生活挑战所需的内在力量。通过家庭教育和学校教育的共同努力，可以有效地培养和提升儿童的自我控制、耐心、毅力和自我激励等意志素质，为儿童的全面发展和未来的成功奠定坚实的基础。

（四）社会素质

社会素质关乎儿童在人际交往和社会环境中的适应性、互动能力和关系构建。这一素质的发展不仅影响儿童当前的社交活动，还对其长期的社会参与和人际关系发展有深远的影响。

合作能力是社会素质中的基石，指儿童与他人共同努力以达成共同目标的能力。在学校和日常生活中，合作表现为与同伴分享经验、轮流值日以及在团队任务中发挥作用。培养儿童的合作能力不仅有助于他们建立积极的同伴关系，还能促进他们的社会责任感和公民意识。沟通能力涉及儿童有效表达自己想法、感受的能力，以及理解他人观点的能力。这包括语言表达、非言语交流（如肢体语言、面部表情）和倾听技能。

良好的沟通能力是建立和维护健康人际关系的关键，也是解决冲突和增进相互理解的基础。同理心是指儿童能够理解并感受到他人情绪的能力，它是社会素质中重要组成部分。通过发展同理心，儿童学会从他人的角度看问题，体会他人的感受，这不仅有助于他们建立深厚的人际关系，也是培养社会责任感和道德观念的基础。社会责任感涉及儿童对自己在家庭、学校和更广泛社会中角色和责任的认识。这包括遵守社会规则、参与社会服务活动以及对环境和社会问题的关注。培养儿童的社会责任感有助于他们成为有贡献的社会成员，促进社会的正义和可持续发展。

儿童的社会素质的培养需要家庭、学校和社会的共同努力。提供积极的社交环境、模范示范、社交技能训练以及参与社会实践活动，可以有效地促进儿童社会素质的发展。培养具有良好社会素质的儿童，不仅能够帮助他们在童年期建立积极的人际关系，还能为他们长期的社会适应能力和个人成就奠定坚实的基础。

二、儿童心理素质的表现形式

儿童心理素质的表现形式是多样化的，反映在他们的日常行为、学习成绩、社会交往以及情感表达等方面（如图4-7）。这些表现形式不仅揭示了儿童个性的独特性，也为家长和教育者提供了评估和支持儿童发展的重要依据。

1	日常行为
2	学习成绩
3	社会交往
4	情感表达

图4-7 儿童心理素质的表现形式

（一）日常行为

儿童的日常行为提供了一个窗口，通过它可以观察和理解儿童内在的心理素质。这些行为不仅展示了儿童如何与外部世界互动，也反映了他们如何处理内在的情感和思维过程。从自我激励到情感调节，儿童的行为揭示了他们心理素质的多维度构成，这对于促进他们的全面发展至关重要。

自我激励是儿童心理素质的一个关键方面，它促使儿童在没有外部压力或奖励的情况下采取行动。表现为高度主动性的儿童往往会自发参与学习活动和家务劳动，显示出一种自发地探索和参与世界的欲望。这种自我激励源于儿童对自己能力的信心，以及对完成任务和学习新事物的内在兴趣。例如，一个自我激励的儿童可能会在课后主动阅读课外书籍，或者在家里自发地帮助做家务，这些行为不仅展现了他们的主动性，也反映了他们对个人成长和学习的积极态度。具有高社会素质的儿童在日常行为中展现出良好的合作精神和愿意帮助他人的态度。这种社会素质使得他们能够在团队中有效地工作，与同伴建立积极的关系，并在必要时提供支持和帮助。在小组活动中，这些儿童往往是团队合作的积极参与者，他们能够倾听他人的意见，提出建设性的建议，并在解决问题时发挥关键作用。此外，他们也倾向于在社区或学校中参与志愿服务活动，展现出强烈的社会责任感和对公共福祉的关注。在情感调节方面表现良好的儿童能够有效管理自己的情绪，即使在面对挑战和压力时也能保持冷静。这种能力是心理健康的重要组成部分，对于儿童建立积极的人际关系和适应各种社会环境至关重要。情感调节能力使儿童能够在遇到挫折时保持乐观，从失败中快速恢复，并以更加成熟的方式处理冲突和紧张情况。例如，一个能够有效调节情绪的儿童在与同伴发生争执时，会尝试用词语而不是愤怒的行为来表达自己的不满，从而促进问题的和平解决。

通过细致观察儿童的日常行为，家长和教育者可以获得关于儿童心理素质的深入理解。这种理解不仅有助于识别儿童在特定领域的强项和潜在的发展需求，也为提供适当的支持和干预出示了依据。另外，通过这种观察，可以揭示儿童的情感调节能力、社会互动技巧、认知发展水平以及意志力的表现，这些都是儿童心理素质的重要组成部分。

儿童的日常行为是其内在心理状态和心理素质的外在表现。例如，一个能够在遇到困难时保持积极态度的儿童显示出了强大的意志力和适应能力；而一个能够主动与他人分享和合作的儿童，则体现了良好的社会素质和同理心。这些行为的观察使得家长和教育者能够更准确地理解儿童的个性特征，以及了解他们在不同情景下的反应和处理问题的方式。通过观察儿童在不同环境中的行为表现，家长和教育者可以获得关于儿童心理发展的重要信息。这包括儿童如何在家庭和学校等不同环境中互动，如何表达情感，以及他们在遇到挑战时的应对策略。这种观察不仅限于儿童的正面行为，也包括对儿童行为问题的识别，这对于早期干预和提供必要的支持至关重要。基于对儿童日常行为的观察，家长和教育者可以采取针对性的支持和干预措施，以促进儿童心理素质的全面发展。例如，对于表现出社会交往困难的儿童，可以通过社交技能训练和小组互动活动来提高其社会技能；对于表现出情感调节困难的儿童，可以通过情绪管理工作室和情感表达活动来帮助他们更好地理解和管理自己的情绪。这些支持和干预措施应基于对儿童个性和需求的深入理解，以确保干预的有效性。

（二）学习成绩

了解儿童的学习成绩，可以提供一个宝贵的视角，以深入探讨他们的心理发展和适应能力。学习成绩并非孤立存在，而且是儿童心理素质与环境互动的综合反映。这些成绩揭示了儿童如何将个人能力应用于学术任务中，以及他们在遇到挑战时所展现的适应策略和解决问题的能力。

儿童的学习成绩超越了单纯的认知能力评估，它们是个体心理素质多维度交织的结果。例如，持续的高成绩不仅展现了儿童的学习习惯和认知能力，同时也反映了他们的自我激励、目标设定和达成目标的决心。当儿童在学习中遇到挑战时，他们的反应方式——无论是坚持尝试直到成功，还是在遇到失败后快速放弃——为我们提供了关于其意志力和情感调节能力的重要线索。

学习成绩的变化也可能指示儿童当前的情感状态和社会互动能力。例如，学习成绩的突然下降可能与学校或家庭环境中的社会关系变化有关，如同伴关系的困扰或家庭关系紧张。这种情况下，学习成绩的变化成为进一步了解儿童心理状态和社会适应过程的窗口。

对学习成绩的全面分析需要深入理解儿童的个人经历、情感需求以及他们与环境的互动模式。这种理解促使家长和教育者采取更为综合和个性化的方法来支持儿童的学习和发展，确保他们在认知、情感和社会各个维度上都能获得必要的支持和鼓励。儿童的学习成绩不仅是他们在学校的表现的反映，更是他们心理素质和个人成长过程的综合体现。通过认识到这一点，家长和教育者可以更加有效地识别儿童的需求，为儿童提供一个具有支持性的环境，帮助儿童应对挑战，促进儿童在多个维度上的健康发展。

（三）社会交往

了解儿童在社会交往中的表现对于评估他们的社会素质至关重要。这一点确实与儿童心理素质结构的构成紧密相关，但其重点在于如何将这些素质应用于实际的社交情景中，以及这些应用如何反映儿童的社会适应能力和人际关系发展。社会交往能力是儿童社会化过程的关键组成部分，影响他们的学校生活、家庭关系以及与同龄人的互动。

儿童的社会交往表现是他们社会素质的直接体现，包括如何与他人沟通、建立和维持友谊、解决冲突，以及在集体中的协作和领导能力。例如，良好的沟通能力不仅帮助儿童表达自己的想法和感受，也使他们能够更好地理解他人，从而在社交互动中建立更为积极和谐的关系。同理心的发展使儿童能够感知和理解他人的情感和需求。这是建立健康人际关系和社会责任感的基础。儿童通过同理心学会如何在社交互动中考虑他人的视角，从而做出更加负责任和敏感的行为选择。此外，社会责任感的培养不仅促进了儿童对社会规范和价值的理解，也激发了他们对社区和环境做出积极的贡献。儿童在社会交往中的表现也受到他们情感调节能力的影响。能够有效管理情绪的儿童在面对社交挑战时更能保持冷静，做出更合理的决策。这对于解决冲突、建立持久的友谊以及在社交场合中保持积极的互动至关重要。

（四）情感表达

情感表达在儿童发展中占据核心地位，是他们情感素质的直接体现，同时也是心理健康和社会适应能力的关键指标。儿童如何表达快乐、悲伤、愤怒或恐惧等基本情绪，不仅反映了他们对自身情绪的认知和理解能力，还涉及他们处理和调节这些情绪的方法。能够恰当地表达情感的儿童通常显示出更高的情绪智力，这使得他们在人际交往中能够更好地理解和回应他人的情感需求，从而建立更加积极和谐的社会关系。

健康的情感表达不仅涉及情绪的外在表现，如面部表情、身体语言和口头表达，还包括内在的情绪调节机制，即儿童如何在内部处理和理解自己的情绪。这种内在的调节能力对于儿童来说至关重要，它影响着他们的情绪稳定性、抗压能力以及面对挑战时的适应性。在日常生活中，儿童的情感表达能力受到多种因素的影响，包括家庭环境、父母的情感表达模式、同伴关系以及学校的社会氛围。一个鼓励情感开放和表达的环境可以促进儿童情感素质的健康发展，帮助他们学习有效的情绪调节策略，增强自我意识和自我效能感。相反，一个压抑或忽视情感表达的环境可能会阻碍儿童情感智力的发展，导致他们在情感管理和社会适应上遇到困难。

儿童在不同的发展阶段表现出的情感表达方式也会有所不同。随着年龄的增长，他们的情绪认知和表达能力逐渐发展，能够以更加复杂和细腻的方式理解和表达情感。这一过程中，家长和教育者的角色尤为关键，他们不仅需要通过言传身教来示范健康的情感表达和调节方式，还需要为儿童提供学习和实践这些技能的机会。儿童的情感表达能力与其心理健康密切相关。能够自由且适当地表达情感的儿童往往拥有更强的自尊、更完善的社会支持网络，以及更好的适应性。他们能够在遇到困难和挑战时，有效地利用自己的情感资源，寻求帮助和支持，从而更加积极地面对生活中的挑战。

第四节　三孩儿政策下儿童的心理健康教育

在三孩儿政策背景下，儿童的心理健康教育显得尤为重要。通过深入探讨政策对家庭心理氛围的影响、多子女家庭中儿童面临的心理健康挑战以及有效的家庭沟通与支持策略，提供具体的指导和建议，从而帮助家长理解并应对这一新政策环境下儿童成长过程中可能遇到的心理问题，培养儿童的心理韧性和自尊，促进儿童的健康发展。

一、三孩儿政策影响到家庭心理

三孩儿政策作为中国近年来重大的人口政策调整，对家庭结构和心理氛围产生了深刻影响。这项政策不仅改变了许多家庭的规模，也对家庭成员之间的关系、相互作用以及家庭整体的心理健康带来了新的挑战和机遇（如图 4-8）：

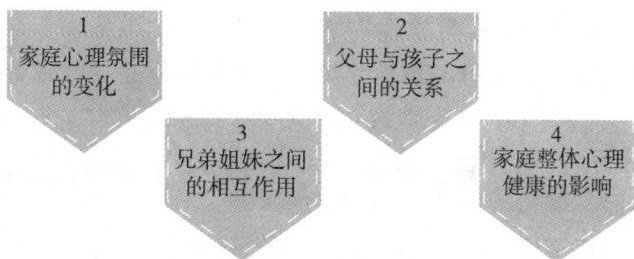

图 4-8　三孩儿政策影响到家庭心理

（一）家庭心理氛围的变化

三孩儿政策引发的家庭心理氛围的变化是深刻而复杂的。随着家庭成员数量的增加，家庭内部的动态、互动方式以及成员间的情感联系都经历了显著的转变。这些变化直接影响了家庭的心理健康和幸福感，对家庭成员，尤其是儿童的心理发展产生了深远的影响。

家庭规模的扩大带来了喜悦与挑战并存的复杂情感。一方面，更大的家庭意味着更多的欢笑和生活的活力。兄弟姐妹之间的互动增加，为儿童提供了更丰富的人际交往经验和学习机会。孩子们在相互竞争、合作和分享中学习如何与他人建立良好的关系，这对他们的社交技能和情感发展具有积极作用。另一方面，更多的家庭成员也意味着父母需要分配更多的资源，包括时间、精力和经济支持。这种资源的重新分配可能导致父母感受到前所未有的压力。特别是在平衡工作和家庭职责时，父母可能会感到更加吃力，有时甚至感到力不从心。这种压力不仅影响父母的心理健康，也会间接影响到孩子。孩子们可能感受到父母的压力和焦虑，从而影响他们的情绪稳定性和安全感。家庭心理氛围的变化还包括孩子们对家庭资源争夺的感知。随着家庭成员的增加，每个孩子获得的关注和支持可能会有所减少，这可能导致孩子们之间出现争夺父母注意力的情况。这种竞争不仅可能导致孩子间的关系紧张，还可能影响到孩子的自尊心和自我价值感。孩子们可能会因为感到被忽视而经历情感上的困扰，对他们的心理发展是不利的。

（二）父母与孩子之间的关系

在三孩家庭中，父母的角色和责任不可避免地变得更加复杂和多元。他们需要在确保每个孩子都感受到爱和关注的同时，还要管控好每个孩子的需求和期望，这无疑对父母的育儿策略和心理承受能力提出了更高的要求。

父母面临的首要任务是如何在孩子之间公平地分配时间和关注。这不仅涉及物质资源的分配，更重要的是情感关注和精神支持的平等。为了避免孩子感到被忽略或偏爱，父母需要采取更加灵活的育儿策略，确保每个孩子都能根据自己的需求获得适当的支持。这可能意味着对家庭日程进行更细致的规划，或者在特定时刻专注于与某个孩子的互动，以保证每个孩子都能感受到父母的关爱和重视。随着家庭成员的增加，每个孩子的性格、需求和兴趣也会有所不同。父母需要采用更加灵活和包容的育儿策略，对每个孩子进行个性化的教育和引导。这包括认识到每个孩子的独特性，鼓励他们追求个人兴趣，同时也要教会其如何在大家庭中与他人合作和共处。父母的这种育儿方式有助于培养孩子的独立性和社会技能，同时也增进了家庭成员之间的理解和尊重。

面对三孩儿政策带来的挑战，父母自身的心理承受能力同样重要。这不仅包括管理和应对家庭日常事务的压力，还涉及如何处理孩子之间的冲突，以及如何应对外界对于"大家庭"的各种观点和评价。父母需要掌握有效的压力管理技巧，比如通过与配偶或其他家庭成员分但责任、寻求社会支持或专业咨询等方式来缓解压力。一个心理状态健康、能够有效应对挑战的父母，更能为孩子提供一个稳定和支持性的成长环境。

（三）兄弟姐妹之间的相互作用

在三孩儿政策的背景下，兄弟姐妹之间的相互作用成为家庭教育和儿童心理发展中的一个重要方面。这种家庭结构的变化带给孩子们更多的互动机会，同时也带来了新的挑战。

随着家庭成员数量的增加，孩子们在日常生活中必须学习如何共享空间、物品甚至父母的注意力。这不仅是对他们共享和公平原则的实践，也是社会化过程的一部分，他们通过这一过程学习如何与他人合作，以及如何在集体中寻找自己的位置。父母可以通过设计共享任务和合作游戏等活动，鼓励孩子们相互合作，共同完成目标，从而增强他们的团队意识。在多子女家庭中，冲突的出现是不可避免的。不同年龄段的孩子可能会因为玩具、注意力或其他资源的分配问题而发生争执。父母的角色是至关重要的，他们需要教会孩子们如何以健康的方式表达自己的需求和不满，以及如何通过对话和协商解决问题。父母可以通过角色扮演、情景模拟等方式，帮助孩子学习解决冲突的技巧，这不仅有助于减缓家庭内部的紧张气氛，也为孩子们未来的社会交往奠定了基础。随着家庭成员的增加，竞争和嫉妒的情绪可能会在兄弟姐妹之间产生，尤其是当他们感觉到父母的关注和资源分配不均时。父母需要公平地对待每一个孩子，尽量避免在孩子们之间产生偏爱的现象。同时，父母也应鼓励孩子们欣赏彼此的独特性和成就，促进他们之间的相互尊重和支持。定期举行家庭聚会，分享每个人的新鲜事和成就，可以帮助缓解这种竞争和嫉妒情绪。虽然兄弟姐妹间可能会存在竞争和冲突，但他们之间的关系也充满了潜在的亲密和支持。父母可以通过鼓励孩子们一起参与家庭活动、共同承担家务任务，以及分享彼此的兴趣和爱好，来加深他们之间的情感联系。兄弟姐妹之间的亲密关系不仅能为他们提供情感上的支持，也能成为他们人生旅程中重要的依靠。

（四）家庭整体心理健康的影响

三孩儿政策下的家庭环境对整体家庭心理健康的影响是深远且复杂的。在这种新的家庭构成中，提升家庭成员间的沟通和协调成为维持家庭和谐的关键。一个充满支持、理解和爱的家庭环境不仅对孩子们的心理健康发展至关重要，也是成年家庭成员心理福祉的基石。

家庭和谐是确保每个成员心理健康的基础。在三孩家庭中，父母和孩子们需要通过有效的沟通策略和共同活动来加强彼此之间的理解和情感联系。家庭和谐的维护不仅有助于解决日常生活中的小冲突，还能在面对重大生活事件时提供必要的支持和安全感。随着家庭成员增加，高水平的沟通和协调变得尤为重要。有效地沟通可以帮助家庭成员表达自己的需求、感受和期望，减少误解和矛盾。家庭成员应该学会倾听彼此的声音，尊重和理解每个人的独特性和需求。通过定期的家庭会议和日常的交流，家庭可以共同制定规则、分配责任和计划活动，增进家庭成员之间的合作与和谐。

在三孩儿政策下，父母的角色和责任更加凸显。作为家庭的支柱，父母不仅需要提供物质和经济上的支持，更重要的是提供情感和心理上的引导。父母应该成为孩子们情感和心理发展的积极引导者，通过树立积极的榜样、提供恰当的教育和引导，以及建立一个充满爱和支持的家庭环境，帮助孩子建立自信、自尊和心理韧性。父母还需要关注自己的心理健康，通过适当的压力管理和寻求外部支持保持良好的心理状态，以更好地履行育儿职责。

二、多子女家庭可能出现的心理健康问题

在三孩儿政策的背景下，多子女家庭面临的心理健康问题成为家庭教育和儿童发展领域的一个重要议题。这种家庭结构变化对儿童的心理发展产生了深远的影响，尤其是在资源分配、兄弟姐妹间的相互比较以及被忽视的感觉等方面。在多子女家庭中，资源分配不均是一个显著的问题。这里的资源包括物质资源、时间资源以及情感资源。随着家庭成员数量的增加，父母的注意力和物质资源被进一步稀释。多子女家庭中每个孩子能够获得的关注和支持相比于二孩和独生子女家庭有所减少。这种资源的稀释可能导致有的孩子感受到不被充分关注，特别是在他们需要父母指导和支持的成长阶段。多子女家庭中的孩子更容易在兄弟姐妹之间发生相互比较。父母可能无意中通过对孩子成绩、行为和能力的评价，加剧了这种比较的氛围。孩子可能因此形成基于比较的自我认识，从而影响其自尊心和自我价值感。长期处于这种比较之中，有的孩子可能发展出竞争心理，甚至可能产生嫉妒和敌意，损害了兄弟姐妹间的关系和家庭的和谐氛围。随着家庭成员的增多，尤其是在父母资源有限的情况下，有的孩子可能会产生被忽视的感觉。这种被忽视感不仅仅是物质资源的缺乏，更多的是情感关注和精神支持的缺失。长期有被忽视感可能导致有的孩子产生孤独感，影响其社交能力的发展，还可能导致有的孩子出现不良社会行为，如逃学、早恋等。

上述多子女家庭中的心理健康问题,对儿童的成长产生了多方面的影响。资源分配不均和相互比较可能导致有的孩子在情感上感到不满足和不安全,影响他们的情感发展和社会适应能力。长期的被忽视感会损害有的孩子的自尊心和自信心,影响其学习动力和成就感。这些心理健康问题还可能影响有的孩子的人际关系,使其在与人交往时变得更加封闭或攻击性强。

三、家庭沟通与支持策略

在三孩儿政策背景下,家庭沟通与情感支持策略显得尤为关键。它们是维系家庭成员之间和谐关系、促进儿童心理健康发展的重要纽带。良好的沟通不仅可以缓解因资源分配不均、兄弟姐妹间的相互比较以及被忽视感等问题而产生的紧张和冲突,还能够促进家庭成员间的理解、协作,并加强情感联系。

其一,开放性对话在家庭沟通中占据着基础而重要的位置。它鼓励家庭成员分享自己的感受、想法和需求,无论是积极的还是消极的。这种对话方式能够帮助家庭成员理解彼此的立场和感受,减少误解和冲突。在三孩家庭中,由于孩子们的年龄、性格、需求可能各不相同,开放性对话成为了解和满足每个孩子个性化需求的关键途径。其二,有效地倾听是沟通不可或缺的一部分。在家庭中,每个成员都希望被听见和理解。特别是对孩子来说,他们感觉到父母愿意倾听他们的声音时,会极大增强他们的安全感和归属感。这对于他们的心理健康和自我价值感的发展至关重要。父母通过倾听孩子的分享,不仅能更好地了解孩子的内心世界,也能及时发现并解决孩子可能遇到的问题。其三,定期家庭会议是另一种促进家庭沟通的有效方式。通过定期聚集所有家庭成员,共同讨论家庭事务、计划共同活动或解决遇到的问题,可以确保每个人都有机会参与家庭决策,从而感受到自己的意见被重视。这种集体讨论的过程不仅可以增进家庭成员之间的理解和协作,还能够加强家庭的凝聚力。

其四，加强情感联系的家庭活动对于增进家庭成员之间的感情十分重要。共同参与全家人都感兴趣的活动，如户外探险、家庭游戏或共同完成一个项目，可以让家庭成员在轻松愉快的氛围中增进理解和支持。这些共享的乐趣和挑战不仅能够丰富家庭生活，还能够在无形中加深家庭成员间的情感联系，为孩子们创造出一个充满爱和支持的成长环境。其五，公开表达爱和支持在家庭中极其重要。一个简单的拥抱、一句鼓励性的话或是一张鼓励性的便条都能成为孩子心中强大的力量。这些爱的表达方式能够让孩子们感受到被家庭所接纳和珍视，对他们形成积极的自我认知和强大的内心世界有着不可估量的影响。

四、培养儿童的心理韧性和自尊

心理韧性指当一个人面对生活逆境、创伤、悲剧、威胁或其他生活重大压力时，适应良好，能从困难的经历中恢复过来。[①]自尊是指尊重自己，忠于自己的内心，不强迫自己，不指责自己。[②]这两个方面对儿童的健康成长和心理发展至关重要。心理韧性使儿童能够在面对失败和挑战时保持积极态度，学会从经历中汲取教训，进而发展出更强的适应能力和掌握解决问题的技能。在三孩儿政策带来的家庭环境变化中，儿童可能会遇到更多的竞争和资源分配问题，心理韧性能够帮助他们更好地适应这些变化，减少负面情绪的影响。自尊心是儿童心理健康的基石，它影响儿童的行为选择、人际关系以及面对困难的能力。高自尊的儿童更有可能展现出积极的社交行为，拥有更强的学习动力和生活满意度。在多子女家庭中，维护每个孩子的自尊心尤为重要，以确保他们都能感受到自己的独特价值，不因为兄弟姐妹间的比较而产生自我怀疑。儿童心

---

① 曹志涛. 构建积极家庭：教你用积极心理学轻松育儿 [M]. 天津：天津科学技术出版社，2021：160

② 马建国. 父母会沟通，孩子更合作：点醒孩子内心的沟通术 [M]. 北京：中国妇女出版社，2021：82.

理韧性与自尊的具体培养策略如下（如图4-9）：

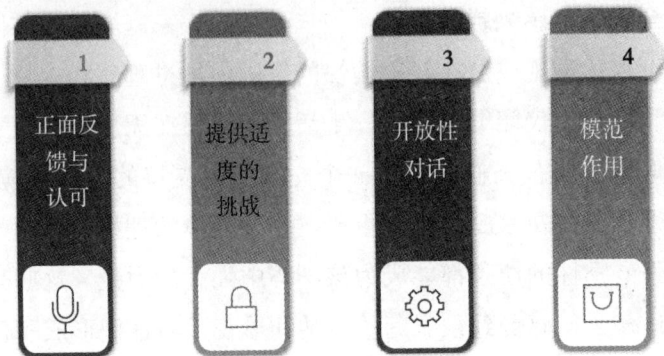

图4-9 培养儿童的心理韧性和自尊

（一）正面反馈与认可

在三孩儿政策的背景下，父母通过正面反馈与认可来强化孩子的行为和成就，是培养孩子心理韧性和自尊的重要策略。这种做法不仅能增强孩子的自我价值感，而且在孩子面对生活的挑战时，提供了必要的心理支持和鼓励。正面反馈与认可作为一种有效的育儿手段，其核心在于让孩子感受到他们的努力和进步被看见和珍视。当孩子尝试新事物、克服困难或取得成就时，父母的肯定可以巩固他们的自信心，鼓励他们继续探索和学习。这种肯定应该具体而真诚，指出孩子哪些行为是好的，为什么是好的，以帮助孩子理解和内化这些正面行为。在多子女家庭中，保证每个孩子都能得到足够的关注和认可显得尤为重要。孩子们可能会因为兄弟姐妹间的比较而感受到竞争压力，这时父母的正面反馈与认可就成了缓解孩子间竞争、建立和谐兄弟姐妹关系的关键。通过赞赏每个孩子的独特之处和成就，父母可以帮助他们建立起相互尊重和支持的家庭文化。

父母在给予认可时，也需要注意平衡。过度的赞赏可能会导致孩子形成依赖认可的心态，而不足的认可又可能让孩子感到被忽视。因此，父母需要根据孩子的实际表现和情感需求，适时适量地给予认可，既鼓励孩子积极尝试，又促进他们自主、健康地成长。

（二）提供适度的挑战

随着家庭成员数量的增加，每个孩子面对的内外部环境都可能变得更加复杂和多元。在这种情况下，通过适度的挑战鼓励孩子走出舒适区，不仅可以促进他们的个人能力和技能的发展，还能显著提升他们的自信心，为他们未来的成功打下基础。适度的挑战意味着既能够激发孩子的兴趣和动力，又不至于使他们感到过度的压力或挫败。这需要父母根据每个孩子的年龄、兴趣和能力水平来精心设计和选择。例如，对于年幼的孩子，挑战可以是完成一个简单的拼图游戏或是自己穿衣；对于年长的孩子，挑战则可以是学习一项新技能，如骑自行车、游泳或参加一个科学项目。

父母在提供挑战的同时，也应该鼓励孩子尝试新事物，培养他们面对失败的积极态度。失败并不是终点，而是学习和成长的一部分。通过失败，孩子们可以学会如何分析问题、调整策略并重试。父母的支持和鼓励在这个过程中至关重要，他们需要向孩子传达一个信息：信任孩子的能力，相信孩子能够从每次尝试中学到宝贵的经验。

（三）开放性对话

开放性对话在家庭教育中扮演着核心角色，特别是在三孩儿政策引领下的多子女家庭环境中。这种沟通方式的鼓励和实践，对于确保每个孩子的感受和想法得到父母的充分重视至关重要，有助于构建一个充满支持和理解的家庭氛围，使孩子们可以自由表达自己，增强自我认知和自尊心。

开放性对话的实践需要父母主动创建一个安全、无评判的沟通空间，让孩子们感受到他们的声音被听见并且被尊重。这意味着在孩子分享时，父母应保持耐心听取，避免中断、批评或立即给出解决方案，而是通过提问和反馈来深化理解孩子的想法和感受。这样的互动不仅促进了父母对孩子内心世界的理解，也教会了孩子们如何表达自己 \ 如何处理情感和建立自信。开放性对话还包括父母与孩子之间关于日常生活、学习、兴趣乃至挑战和困难的交流。通过这种日常的、深入的对话，孩子会产生信任感，认为家庭是一个可以分享自己的忧虑、成功和失败的安全港湾。这种信任感对于孩子建立强大的内在支持系统是必不可少的，尤其是在面对生活中不可避免的挑战时。

父母在开放性对话中的角色不仅是倾听者，也是引导者和榜样。通过分享自己的感受、想法以及如何应对个人面临的挑战，父母可以为孩子们展示如何有效地沟通和处理情感。这种模范作用强化了孩子的社会交往能力和情感智力，为他们的全面发展奠定了基础。通过培养开放性对话的习惯，家庭形成了一个促进成长、探索自我和相互支持的环境。孩子们在这样的环境中不仅能够增强自尊和自信，还能学会如何在复杂的社会关系中有效地沟通和表达自己。开放性对话因此成为培养心理韧性、自尊心以及未来社会适应能力的基石。

（四）模范作用

父母在孩子的成长过程中充当着模范角色，尤其在培养儿童面对生活挑战的心理韧性和自尊方面，这一作用更显得尤为重要。在开放三孩儿政策的家庭环境中，父母如何应对日常的困难和挑战，以及他们如何看待和评价自己的行为和成就，都直接影响着孩子的心理发展和行为模式。通过积极地面对困难、展现出坚持不懈的态度，父母不仅传递了面对生活挑战时的正确态度，同时也教给了孩子们如何在逆境中寻找成长的机会。

父母通过自己的行为和态度，展现出积极应对生活挑战的模样，这种模范效应对孩子来说是最直接、最生动的教育。当孩子们看到父母在面对挑战时不轻易放弃，能够从失败中吸取教训并再次尝试，他们自然会学习到这种不屈不挠的精神。这不仅帮助孩子们建立起面对困难时的积极态度，更是在无形中培养了他们的心理韧性。父母对自己的正面评价也能够有效地传递给孩子，帮助他们建立起自尊心。当孩子看到父母能够认可自己的努力和成果，乐于庆祝自己的小成就时，他们也会学会如何欣赏自己的价值，如何对自己的成长给予积极的肯定。这种自我认可的能力是孩子建立健康自尊心的基石。

在多子女家庭中，父母的每一次积极应对、每一句自我鼓励的话语，都为孩子提供了学习和模仿的范例。这不仅有助于孩子在面对生活中的挑战和失败时保持坚强和乐观，也为他们的人格发展奠定了坚实的基础。通过父母的模范作用，孩子们学会了如何在困难面前站立起来，如何自我肯定和自我鼓励。这些都是他们走向成熟、成为社会有用人才不可或缺的品质。

第五章　现代家庭教育的全面解析

第一节　现代家庭教育的理念创新发展

家庭教育的理念受社会文化和制度的制约与影响，并在不同的社会发展阶段和不同的国家具有不同的表现形式和内容。随着科技进步、社会变迁和价值观多元化，传统的家庭教育模式已经无法完全满足现代家庭和儿童成长的需求。因此，现代家庭教育的理念创新成为时代发展的必然要求。下面将探讨现代家庭教育中的三个关键理念创新：正确的现代家长观、正确的家庭教育目的观和正确的家庭教育过程观。这些理念的更新旨在引导家庭教育走上更加科学、合理和高效的轨道。

一、正确的现代家长观

在现代家庭教育理念之中，能否构建一个合适的家长观成为衡量家庭教育成功与否的关键因素。当代家庭教育对家长的知识、技能和品格提出了新的挑战，强调为了培育具备现代社会所需素质的公民，家长自身必须展现出现代化的品质和能力。这种对现代家长能力的期待与传统观念中的家长角色有着本质的不同。历史上，家长的角色往往是由社会传统和伦理规范所定义，孩子们对家长的听从和尊重被视为理所应当。

在这种传统观念下，家长的影响力源自其社会地位和家长权威。在现代社会中中家长的能力和魅力源于个人的自我修炼和提升，这不仅包括教育智慧和能力，也涵盖了个人的品格和魅力。家长的教育能力反映了他们在促进孩子全面成长方面的技能和素养，而家长的人格魅力关乎他们对孩子的正面影响和塑造。前者着重于家长在激发孩子成长潜能中的实际能力，后者则突出了家长通过自身的行为和品质对孩子进行的积极引导（如图5-1）：

1	2
家庭教育的实践智慧	家长的影响力和人格魅力

图5-1　正确的现代家长观

（一）家庭教育的实践智慧

家庭教育的实践智慧是家长在推动孩子全面成长的旅程中所展现的一种关键能力。这种能力超越了传统的教育知识，它不仅关注于"教什么"，更重要的是着眼于"如何教""怎样教"，以及在遇到教育难题时的应对策略。家庭教育的智慧涵盖了理论知识与实践技能的融合，体现了家长在教育过程中的洞察力、情感投入和灵活运用各种教育方法的能力。与仅仅掌握教育知识相比，家庭教育的实践智慧更加注重于知识的应用，解决了在具体的家庭教育实践中"能否有效运用"的问题。这种智慧包含了对孩子的深入了解、对教育环境的适应性调整，以及在面对挑战和困难时的应对策略，是家长根据自己的教育经验、情感理解和技能运用形成的综合性能力。它在家庭教育的各个方面都有所体现，是现代家长促进孩子健康成长不可或缺的能力。一方面，要具备洞察和了解孩子的能力。在现代家庭教育理念下，深刻洞察和理解孩子成为家长角色的一个核心能力。这种能力不旨在侵犯孩子的隐私，而是为了更好地促进他们的健康发展，确保教育的针对性。虽然观察孩子的行为相对容易，但要真正理解他们的内心世界却是一项挑战。常见的误区是，许多家长认为与孩子的日常相处就意味着充分了解他们，即便是那些认为与孩子无所不谈的家长，也可能在孩子面临重大问题时感到震惊，这揭示了真正理解孩子的复杂性。随着孩子逐渐成长，他们的行为和心理变得更加难以捉摸，这使得家长的理解任务变得更加艰巨。为了提高家庭教育的成效，家长需要采取双管齐下的策略。第一，主动接近孩子，尤其是在他们青春期独立意识增强时。这意味着参与孩子的活动，尊重他们的兴趣和选择，并通过轻松的对话来创建一个和谐的交流环境。这样，孩子在轻松的氛围中更可能表达真实的感受和观点。第二，家长应成为观察孩子行为和情绪变化的专家，注意到他们在日常生活中的微小变化，并能够将这些观察与孩子的生活经历相结合，进行深入的分析和判断，从而在问题变得更严重之前采取适当的行动。例如，当一个平日里乐于分享学校生活的孩子突然变得沉默，或是一个常常对家长有抵触情绪的孩子突然表现出异常的顺从，家长就需要警觉，深入分析可能的原因。这种基于经验的观察、分析、推理和思考，是做好家庭教育工作的重要智慧和品质。

另一方面，家长要善于抓住教育契机，提高儿童分析问题和解决问题的能力。在现代家庭教育中，将生活的经验转化为教育的智慧是家长促进孩子全面发展的关键。这种智慧包括如何在日常生活中把握教育的机会、如何深入理解孩子的内心世界，以及如何面对并解决教育过程中遇到的各种问题。家庭教育的实践智慧不仅仅是关于教育内容的选择，更重要的是关于教育方式、方法以及如何应对挑战的策略。理解和洞察孩子的能力是家庭教育智慧的核心。家长的目标不应是侵犯孩子的隐私，而是通过深入了解孩子来促进他们的健康成长并提升教育的针对性。虽然观察孩子的表面行为相对容易，但深入孩子内心的状态和情感世界则更加复杂。而随着孩子年龄的增长，他们的个性、行为和心理状态变得更加复杂，这对家长的理解能力提出了更高的要求。家长需要采取积极的措施来深入理解孩子，包括主动与孩子接近、参与他们的活动以及尊重他们的兴趣和选择。与孩子进行开放而真诚的对话，创造一个和谐、愉悦的交流环境，可以有效地降低孩子的抵触情绪和戒备心理，使他们在轻松的氛围中表达真实的感受和观点。此外，全面观察孩子的言行和情绪变化，对特殊表现进行深入分析，可以帮助家长及时发现并解决潜在的问题。家庭教育中不可避免地会遇到各种矛盾和问题，它们既是挑战也是提升家庭教育质量的契机。家长如何合理分析并有效解决这些问题体现了一种重要的教育智慧。分析问题的能力要求家长能对收集到的信息进行细致的分析和总结，找出问题的根源。例如，面对孩子学习成绩的下降，家长需要进行全面的分析，考虑所有可能的原因，而非简单归咎于孩子的不努力。提升解决问题的能力意味着家长需要在面对孩子的教育和生活问题时采取合适的措施，促使孩子思想上的转变和行为上的改善。这不仅需要家长的理性分析，还需要耐心和恒心，以及建立在深入了解孩子基础上的有效干预。家长在处理问题时应避免极端反应，既不应轻视问题，也不应过度惩罚，而是应通过理性的分析和耐心的指导帮助孩子克服困难。

（二）家长的影响力和人格魅力

家长的影响力和人格魅力是实现有效家庭教育的关键基石。这种影响力源自家长的日常行为和态度，它们在家庭生活中对孩子产生了深远的、潜在的影响。与孩子的日常、全面接触意味着家长的每一言行都对孩子的成长有着不言而喻的教育作用。尽管家长的指令和权威在某种程度上有效，但更深层次、持久的影响则来自家长的人格力量和无形的威信，这种影响基于孩子内心对家长的尊重和信任。家长的人格魅力反映在孩子对其的尊敬、爱慕和依赖，孩子能够主动听从家长的建议，并乐于理解和满足家长的期望。这种心理的服从是基于对家长良好品行和人格素养的认同,而非外在压力的强迫。家长的这种影响力和威望成为孩子内在动力的源泉,帮助他们纠正错误行为和促进个人发展。形成家长的人格魅力和威信并非基于权威的强制,而是根植于家长与孩子之间平等、民主的关系,以及基于孩子对家长的尊重和信任。为了培养这种影响力,家长需要关注几个关键方面,以确保其在家庭教育中的有效性和正面作用。

其一,转变教育方法:从命令到引导。树立权威和下命令式的教育方法尽管看似能够立竿见影地获得孩子的服从,实则效果有限,甚至适得其反。这类教育方式可能包括对孩子的过度训斥、使用物质激励促使孩子顺从,或者通过贬低配偶来建立自身威信等做法。这些行为不仅无助于提升家长威信,反而可能导致孩子的反感,从而削弱家长的影响力。其二,在日常细节中树立良好榜样。家长的人格魅力不仅体现在处理大是大非问题上,而且渗透于日常生活中的每一个细节。通过在日常生活中的点点滴滴中树立良好榜样,家长能够在不经意间形成自己的威望。这包括在孩子面前展现出良好的行为习惯、情感表达和人际交往方式。当家长在生活中不断地展现出自我要求严格的态度,并在孩子所关注的领域中给予积极的引导,孩子自然而然会对家长产生敬仰和信任,愿意听从家长的指导和建议。其三,构建与孩子间的民主平等关系。真正的家长威望并不建立在权威和强制之上,而是建立在尊重、信任和平等的基础上。家长与孩子之间的关系应该是开放、平等的,这样的关系有利于孩子的自主性和独立思考能力的培养。家长应该鼓励孩子表达自己的观点和想法,对孩子的决定给予尊重,并在可能的情况下让孩子参与到家庭决策中来。通过平等的对话和讨论,共同解决问题的过程,不仅能够增强孩子的责任感,同时也能够提升家长的威望和影响力。

二、正确的家庭教育目的观

在现代社会的快速变革中,家庭教育面临着全新的挑战和机遇。这个时代的变化不仅体现在政治、文化、经济和科技等多个领域，也对家庭教育的目标提出了更高的要求。在这种时代背景下，家庭教育需要超越传统的侧重点，从单一关注个体的适应能力和知识技能转向更加全面的教育目标，即培养具备完整人格、独立思考和自主能力的现代公民。这种教育目标的确立，不仅符合时代的要求，也为孩子未来在不确定的世界中扮演积极角色奠定了坚实的基础（如图 5-2）：

图 5-2　正确的家庭教育目的观

（一）人格发展的优先性

历史上许多成功人士都拥有丰富的人性和深厚的情感。他们具备责任感、同情心、关爱和博爱之心，展现出自我控制、奉献、分享以及与人合作的能力。这些品质，如责任、爱心、自律和合作等，都属于人格范畴而非智力范畴。21 世纪的人类社会重视科技发展，同样强调人的发展质量和层次，即"以人为本"的理念。家庭教育作为塑造社会合格成员、促进个人和社会发展的重要途径，自然应当全面体现这一时代精神。现代家庭教育的重点应该放在孩子的全面发展上，既关注孩子的即时需求，也要预见孩子的未来潜能。这包括培育孩子的自尊、自信、自爱、自立和自强，不断提升孩子的精神文化素养和生活质量，从而增强孩子的生存和发展能力，推动孩子的全面成长和完善。

因此，现代家庭教育应该将人格教育置于核心位置，强调孩子情感和人格的培养与发展，确保孩子成为不仅智力发达，而且情感丰富、人格健全的现代公民。通过这样的教育，我们不仅能够培养出适应社会变革的个体,更能够造就引领社会进步的变革者和创新者,为孩子的幸福生活和社会的美好未来奠定坚实基础。

(二)创新能力的培养

随着家庭教育从传统向现代的转变,一个显著的特征是教育焦点由强调适应性转向鼓励创新性。传统教育往往假定社会具有一定的稳定性和保守性,孩子在这一过程中被看作被动的接受者,其教育目的主要集中于掌握和吸收已有的知识与技能。然而,在信息爆炸和知识经济的现代社会,创新和变革成为社会发展的驱动力。在这一背景下,现代教育视孩子为主动的学习者和知识的创造者。他们不仅仅是学习和吸收知识,更是在思考、创新和实践中不断创造和更新知识。因此,现代家庭教育的重点应该放在激发孩子的创新思维和提升其实践能力上,通过点拨、启发和引导,鼓励孩子探索未知、挑战传统、实现自我超越。

为了实现这一目标,家长需要树立以下两种核心理念。第一,要尊重孩子的独立性。尊重孩子意味着认可他们作为独立的个体存在,理解他们拥有自己的需求、愿望和梦想。这种尊重建立在平等的人格关系基础之上,远离将孩子视为附属物或是私有财产的观念。当家长忽视孩子的独立性,试图通过强制或专制的方式影响孩子时,不仅损害了孩子的个性发展,也阻碍了对其创新能力的培养。家长在教育过程中应当致力于创建一个支持发展孩子自主性、独立性的环境。这意味着家长应当鼓励孩子表达自己的观点,做出自己的选择,同时在孩子面对挑战和做决定时提供适当的支持和引导。通过这样的教育方式,孩子不仅能够发展出独立解决问题的能力,还能养成面对未知和挑战时所需的创新思维。第二,要尊重孩子的独特性。每个孩子都是独一无二的存在,他们的成长道路应当反映出他们自身的个性和能力。家长的教育观念和方法应当基于对孩子个性差异的深刻理解和尊重,从而促进每个孩子的全面和谐发展。家长需要建立一个全面的儿童观,这不仅包括对孩子作为一个独立人格的认识,还包括对他们各自不同的发展轨迹的理解。每个家长心中都有一个对于理想儿童的形象，但重要的是要意识到这一形象不能一概而论地应用于所有孩子。孩子的个体差异是由遗传因素、个人经历和文化教育背景共同作用的结果，这些差异使每个孩子都拥有自己独特的特质和潜能。

家长在教育孩子时，应当避免将自己的期望或未实现的梦想强加于孩子身上，而是应该深入了解和尊重每个孩子的独特性。这包括认可孩子的兴趣、爱好、个性以及他们在某些领域的特殊才能。家长的任务是通过鼓励和支持，帮助孩子发现并发展自己的特长，同时也要教会孩子欣赏和尊重他人的不同。家长还应该引导孩子按照自己的节奏成长，不应该无理地将孩子与他人进行比较，尤其是将孩子的弱项与他人的强项相比较，这样的做法往往会伤害孩子的自尊心，给孩子造成压力和挫败感。相反，家长应该在尊重孩子个性的基础上，为他们创造一个积极、健康的成长环境，让孩子们能够自信地展示自己的个性，逐步发展自己的潜力。

三、正确的家庭教育过程观

在现代家庭教育中，理解和塑造父母与孩子之间的互动关系是教育过程的核心。父母的角色不仅是教育的发起者，也是孩子成长道路上的陪伴者和引导者；而孩子则是这一教育过程中的主动参与者。这种教育关系基于相互理解、相互尊重和相互支持的基础之上，强调父母与孩子之间的互动和交流。

在家庭教育的过程中，父母的责任是组织、协调和引导教育活动；而孩子则通过参与这些活动，实现自我发展和成长。孩子的学习和成长进而影响父母的教育方法和策略，形成一个动态的、双向的交互过程。因此，成功的家庭教育不仅依赖父母的教导，同样需要孩子的主动学习和参与。为了促进这种健康的教育过程，家庭教育应当建立在相互协调和支持的基础上。这意味着父母应当鼓励孩子表达自己的想法和感受，同时要倾听孩子的声音，共同探索最适合孩子的成长路径。通过这种方式，父母与孩子之间的关系将不仅仅是教与学的简单关系，更是一种共同成长、相互促进的伙伴关系。家庭教育将成为一个共同探索、相互学习的过程，既促进了孩子的全面发展，也丰富了父母的教育经验和理念。这种教育过程观不仅有助于孩子在知识、技能和人格上的成长，也为家庭成员之间建立起更深层次的理解和联结，为孩子提供一个充满温暖、支持和鼓励的成长环境（如图 5-3）：

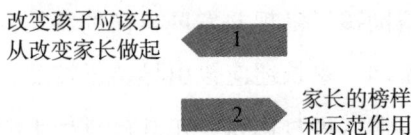

改变孩子应该先
从改变家长做起　　　　1

　　　　　　　　　　2　　家长的榜样
　　　　　　　　　　　　和示范作用

图 5-3　正确的家庭教育过程观

（一）改变孩子应该先从改变家长做起

　　正确的家庭教育过程观强调家长在教育过程中的主动性和可塑性。家长的自我教育和成长不仅是对自己负责，也是对孩子负责的表现。通过不断学习和改变，家长可以为孩子创造一个更加健康、积极的成长环境，使家庭教育真正成为促进家长和孩子共同进步的过程。这一观点不仅适用于新手父母，也同样适用于有着丰富教育经验的家长，是现代家庭教育成功的关键。

　　家庭教育的目标不应局限于孩子的知识学习，更重要的是促进孩子的全面发展和成长。这一过程要求家长不仅是教育的实施者，也是参与者和学习者。家长的教育行为和态度直接影响孩子的学习和发展。因此，当孩子在成长过程中遇到问题时，家长应首先反思自己的教育方法和态度，是否需要做出相应的调整和改变。家长作为孩子的第一任老师，其在家庭教育中的作用远远超过了传授知识的任务。在快速变化的在社会中，家长需要通过不断学习和自我提升，来适应家庭教育的新要求。现实中，很多家长在孩子成长的关键阶段感到无力，主要是因为缺乏对孩子心理成长和教育需求的深入理解。为了改善这一状况，家长必须致力于提高自己的教育素养和能力，通过阅读、研讨、参与教育讲座和工作室等方式，不断丰富自己的教育知识和技巧。

在信息和网络社会的背景下，知识更新的速度极快，孩子们往往能够通过各种渠道获取到大量新知识，有时这些新知识甚至超出家长的理解范围。这就要求家长保持开放和学习的心态，愿意从孩子那里学习新知识和新技能，这不仅能增加家长自身的知识储备，也能促进家长与孩子之间的相互理解和尊重。家长还应认识到，孩子成长的每一个阶段都有其特定的需求和挑战，家长的教育策略也应随之调整。通过不断学习和自我反思，家长可以更有效地支持孩子的成长，帮助孩子建立自信，培养其独立性和创新能力。

（二）家长的榜样和示范作用

在现代家庭教育过程中，家长的角色不仅仅是教育者，更是孩子成长道路上的引领者和陪伴者。家长通过榜样作用和示范行为，不仅能够直接影响孩子的行为习惯和价值观，还能在无形中塑造孩子的人格和世界观。家庭教育的实质是通过家长的自我提升和自我实现来促进孩子的全面发展。

家长的行为示范具有深远的教育影响，孩子天生具有模仿的本能，他们通过观察家长的日常行为、言谈举止乃至对待他人的方式，学习如何与世界互动。因此，家长的每一个动作、每一次选择、每一句话语都在教育着孩子。这种潜移默化的教育力量，远比直接的教诲更为持久和有效。家长的榜样作用体现在多个方面：从遵守社会规则、展现出的职业操守，到处理人际关系的智慧、面对困难时的态度，再到日常生活中的小细节，如节约用水电、爱护环境等。这些行为不仅营造了家庭的文化氛围，也逐渐成为孩子性格和世界观的一部分。家长作为孩子的第一任老师，需要认识到自身在孩子心理发展中的重要作用。家长的品德、价值观、生活态度等都会深深影响孩子的内心世界和人生观。因此，家长应当努力提升自己的道德修养和人格魅力，成为孩子心目中值得尊敬和学习的对象。家长以身作则的教育方式也是对自我修养和自我提升的一种追求。通过反思自己的行为，家长在教育孩子的同时也在不断学习和成长，实现了家庭教育中的教学相长。这种自我提升的过程，不仅有利于孩子的成长，也使家庭成员之间建立起更加和谐、尊重和理解的关系。

家长的以身作则不仅要求在对孩子明确的教育活动中做好榜样，更重要的是在日常生活中的每一个细节上都能做到言传身教。这不是一种表面的"表演"，而是一种深入骨髓、融入生活的教育方式。家长的人格魅力、生活态度和价值观，将通过这种方式深深地烙印在孩子的心中，成为孩子成长道路上的坚实基石。

第二节 现代家庭教育的多重原则

现代家庭教育的多重原则指导着家长如何更有效地促进孩子的全面发展，确保教育实践既能满足当前的需求，又能适应未来的挑战。这些原则反映了家庭教育的多维度性，强调了理解、尊重、支持和引导儿童发展的重要性。

一、正确导向原则

正确导向原则是现代家庭教育的基石，它要求家庭教育在内容和方法上都应遵循正确的方向，旨在培养儿童的全面发展和健康成长。通过坚持这一原则，家庭教育能够为儿童提供一个坚实的基础，帮助他们形成积极的人生观和价值观，为未来的社会生活做好准备（如图5-4）：

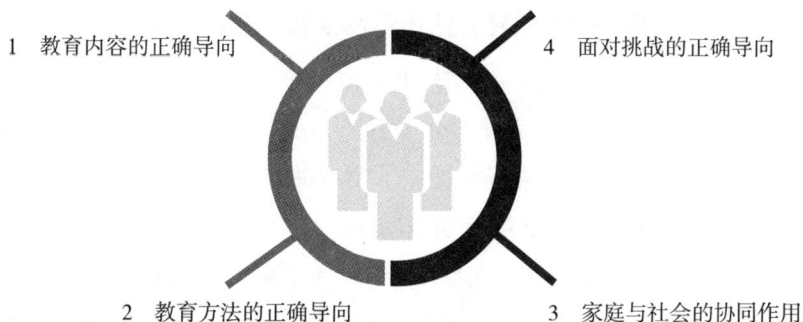

1　教育内容的正确导向　　4　面对挑战的正确导向

2　教育方法的正确导向　　3　家庭与社会的协同作用

图 5-4　正确导向原则

（一）教育内容的正确导向

在教育内容的正确导向上，现代家庭教育强调跨越传统学科界限，整合道德、文化、科学和艺术等多方面知识，以培养儿童成为全面发展的个体。这种教育内容的广泛性和多样性，旨在帮助儿童建立起对多元世界的广阔视角和深刻理解，促使他们能够在日常生活中实践和体现学到的知识和价值观。

例如，故事讲述和历史学习可以培养儿童对公正、勇敢和同情等基本道德品质的认识和尊重；科学实验和探索活动可以激发儿童的好奇心和探索欲，同时培养他们的逻辑思维和问题解决能力；艺术活动如绘画、音乐和戏剧能够丰富儿童的情感世界，提高他们的审美能力和创造力。

（二）教育方法的正确导向

在教育方法的正确导向上，家庭教育倡导采用以儿童为中心的学习方式，强调游戏、探索和体验在学习过程中的重要性。这些方法能够有效激发儿童的内在动机，使学习成为一种自我发现和自我实现的过程，而非被动接受和机械记忆的活动。通过游戏，儿童能够在轻松愉悦的氛围中学习新知识和技能；通过探索活动，儿童被鼓励主动提出问题并寻找答案，这种过程锻炼了他们的独立思考能力和自我学习能力；而通过各种体验活动，儿童能够将理论知识与实际经验相结合，加深理解并培养实践能力。正确导向的教育方法还强调家长与儿童之间的互动与合作。家长不仅是知识的传授者，更是儿童学习过程中的引导者和伙伴。家长可以通过共读、共玩和共学等形式参与到儿童的学习过程中，这种参与不仅加强了亲子关系，也为儿童提供了学习的榜样和支持。

（三）家庭与社会的协同作用

在当代社会，家庭教育与社会教育不再是两条平行线，而是紧密相连、互相促进的两个部分。正确导向原则下的家庭与社会的协同作用强调了这一点，指出家庭教育应与外部世界——包括学校、社区和各种媒体——进行有效的互动和合作。这种合作的目的在于提供一个全方位的、健康的成长环境，帮助儿童形成广阔的视野和正确的价值观。家长在此过程中起着不可或缺的作用。他们不仅需要在家庭内部营造积极的教育氛围，还需要将儿童引向外部世界，让他们参与到更广阔的社会实践中去。这包括鼓励儿童参与社区服务、文化活动和体育运动等。通过这些活动，儿童能够学习到如何与不同的人群互动、如何在多元文化环境中生活，以及如何对社会和环境负责。

（四）面对挑战的正确导向

在全球化和信息爆炸的时代背景下，儿童面临的挑战和诱惑前所未有地多样化和复杂化。因此，正确导向原则强调家长的引导作用不仅限于传授知识和技能，更重要的是教育儿童如何在这个复杂的世界中做出正确的判断和选择。

这包括培养儿童的自我保护意识，使他们能够识别网络中的不良信息和潜在风险；发展儿童的批判性思维，鼓励他们对接收到的信息进行分析和质疑，而不是盲目接受；强化儿童的道德判断能力，让他们能够在面对各种选择时，依据内心的道德标准做出判断。通过家庭和社会的共同努力，儿童将学会如何在复杂多变的环境中保持正确的方向，如何面对挑战和压力时保持冷静和理智，以及如何作为一个负责任的公民为社会做出贡献。这种全面的、积极的引导和教育，是帮助儿童成长为能够应对 21 世纪挑战的全面发展个体的关键。

二、发展性原则

发展性原则强调教育活动应与儿童的自然成长规律和个人发展阶段相协调。这一原则认可儿童发展的个体差异，主张教育应当根据每位儿童的特定需求、兴趣和能力进行个性化设计，从而促进每一位儿童的全面和谐发展。发展性原则的核心在于理解儿童成长的复杂性和动态性。它要求家长和教育者深刻洞察儿童在不同成长阶段的特点和需求。例如，幼儿期主要关注身体和感官能力的发展，注重通过游戏和探索活动促进基础能力的形成；而进入学龄期后，儿童的认知、情感和社会交往能力成为发展的重点，此时家庭教育则需要更多地关注儿童语言表达、逻辑思维和社会规则的学习。

遵循发展性原则的家庭教育对于培养儿童的自主性和创新精神尤为重要。它鼓励家长提供一个充满爱和鼓励的环境，让儿童在自我探索和实践中学习并改正错误，从而建立起解决问题的信心和形成相关能力。这种教育方式有助于儿童形成积极的自我认知，学会如何评估自己的行为，并对自己的学习和成长负责。发展性原则还强调家庭教育的灵活性和适应性。在快速变化的社会环境中，儿童面临的挑战和机遇也在不断变化。家庭教育需要不断调整教育策略，利用新兴的学习工具和资源，帮助儿童适应新环境、掌握新技能。这不仅包括传统的学科知识，还涵盖数字技能、跨文化交流能力等 21 世纪所需的关键能力。

实施发展性原则的家庭教育也意味着家长需要成为学习者，与儿童一同成长。家长应当积极参与儿童的学习过程，通过共读、共玩和共同探索等活动，建立亲子间的共学关系。这种互动不仅加深了家长对儿童发展阶段的理解，也为儿童树立了积极的学习榜样。

三、互动参与原则

互动参与原则强调教育过程应是儿童、家长、教育者以及社会其他成员共同参与的互动过程。这一原则基于理解，教育的本质不仅仅是知识的传递，更是经验的共享、情感的交流和价值观的塑造。通过互动参与，儿童不仅能够获得知识和技能，还能在交流和合作中发展社会技能、增强自信心，并培养对社会的责任感。

互动参与原则突出了教育活动的多向性和参与性。在这个框架下，儿童被视为教育过程的主动参与者而非被动接受者。家长和教育者鼓励儿童表达自己的想法和感受，参与到决策过程中来，这样不仅能够增强儿童的参与感和归属感，还能促进他们的批判性思维形成和独立性发展。互动参与原则还强调家庭、学校和社会的协同合作。家长与教育者之间的沟通和合作对于提供一致的教育支持至关重要。此外，利用社区资源、参与社会实践活动也是互动参与教育的重要组成部分，它帮助儿童将学习内容与实际生活经验相连接，从而加深理解和提升学习效果。通过互动参与，家庭教育应创造一个既富有创造性又注重实践的学习环境。这样的环境鼓励儿童通过实际操作、项目学习和团队合作等方式探索和学习，这不仅有助于知识的深化和技能的培养，还能够激发儿童的创新精神并提高其解决问题的能力。互动参与原则还关注文化和情感的交融。家庭和学校教育应致力于营造一个包容多元文化、尊重个体差异的环境，让儿童在相互尊重和理解的基础上成长。同时，通过共享家庭故事、文化传统和情感经历，儿童能够更好地理解自己和他人，培养出强烈的同理心和社会归属感。

四、尊重个体差异原则

尊重个体差异原则强调每个儿童都是独一无二的存在，拥有自己的兴趣、能力、学习风格和成长节奏。这一原则要求家长和教育者在教育过程中充分认识到儿童之间以及儿童与成人之间的差异性，并基于这种认识提供个性化的教育支持和引导。

尊重个体差异原则主张教育应该围绕儿童的实际需求展开，而不是强加于儿童的一套标准化教育方案。这意味着家庭教育的内容、方法和节奏应当根据每个儿童的特点进行调整和优化。例如，对于兴趣广泛的儿童，家长可以提供多样化的学习资源和活动以满足他们的探索欲；而对于专注度较低的儿童，则需要创造更为集中和少干扰的学习环境。认识并尊重儿童的个体差异对于促进儿童建立自尊和自信心有着至关重要的作用。当儿童感到自己的独特性被家长和教育者认可和尊重时，他们更有可能发展出积极的自我形象。这种积极的自我认知是儿童积极参与学习和社会活动的重要动力。尊重个体差异原则还有助于加强家长与儿童之间的关系。通过深入了解和关注儿童的个性和需求，家长可以与儿童建立更为紧密和谐的亲子关系。这种基于理解和尊重的关系为儿童提供了一个充满爱和支持的成长环境，有利于儿童情感和社会能力的发展。从长远来看，尊重个体差异原则能够提高家庭教育的整体有效性。个性化的教育策略更能够针对儿童的实际情况和需求，从而在儿童的学习、情感和社会发展等方面取得更好的效果。此外，这种教育方式还鼓励儿童主动探索和学习，培养了他们的自主学习能力和终身学习的意识。

五、生活化教育原则

生活化教育原则是现代家庭教育中的一个重要方向，它主张将教育与儿童的日常生活紧密结合，强调在自然和真实的生活环境中进行学习和成长。这一原则认识到，真实的生活场景能够提供丰富的学习资源和机会，使教育过程更加具有意义和吸引力，同时帮助儿童建立学习与实践之间的联系，培养他们解决实际问题的能力。生活化教育原则强调教育不应仅限于课堂内的书本知识，而应延伸到儿童的生活之中，包括家庭生活、社会实践以及与自然的互动等。通过这种方式，儿童能够在参与日常生活活动的过程中学习知识、掌握技能并形成价值观。例如，家长可以通过烹饪、购物、家务等日常活动教授儿童数学知识、理财技能和责任感；通过户外活动和旅行，引导儿童观察自然、认识社会、培养探索精神和环保意识。生活化教育原则也倡导在教育过程中注重儿童的主动参与和体验，鼓励儿童通过动手实践来学习和探索。这种体验式学习不仅能够增强儿童对知识的兴趣和记忆，还能够提升他们的观察能力、思考能力和创造力。通过参与生活化的教育活动，儿童能够更好地理解抽象概念，将理论知识应用于实际生活中，从而实现知行合一。

生活化教育原则还强调家庭教育的情感价值和文化传承作用。家庭是儿童最初的教育场所，家长是儿童的第一任教师。通过生活化教育，家长可以将家庭的文化传统、生活智慧和道德观念自然而然地传授给儿童，加深儿童对家庭和文化的认同感，促进情感的交流和亲子关系的加深。

实施生活化教育原则，需要家长具备一定的创造性和灵活性，能够在日常生活中发现和创造教育机会，也需要家长能够精心设计和引导这些教育活动，确保它们既有趣又具有教育意义。通过生活化教育，可以使儿童的学习过程更加自然和愉悦，更重要的是，可以帮助儿童形成终身学习的习惯，为他们的全面发展和适应未来的社会奠定坚实的基础。

六、积极引导原则

积极引导原则主张通过正向激励和鼓励的方式来引导儿童的行为和学习，以促进其积极性、自主性和创造力的发展。这一原则背后的理念是，积极的情感支持和正面的反馈能够激发儿童内在的动机，帮助他们建立自信，从而更好地探索世界，应对挑战。积极引导原则强调教育的目的不仅在于传授知识，更重要的是激发儿童的学习兴趣和内在动力。通过积极引导，儿童能够在探索和学习过程中体验到成就感和满足感。这些正面情绪会进一步激励他们主动学习和尝试新事物。家长和教育者应通过肯定儿童的努力和进步，而不是仅仅关注结果，来鼓励儿童不断前行。

　　实施积极引导原则需要家长和教育者共同创造一个充满爱、理解和支持的环境。在这样的环境中，儿童感到自己的情感和需求被尊重，任何错误都是成长过程中的一部分，而不会受到负面评价或惩罚。这种开放和包容的氛围有利于儿童自我表达和情感调节能力的发展，也为儿童提供了一个安全的探索空间。积极引导原则鼓励儿童探索未知、尝试创新。家长和教育者应当鼓励儿童提出问题、寻找答案，并在这个过程中进行创造性思考。通过积极引导，儿童学会如何面对挑战、分析问题并寻找解决方案。这不仅有助于知识的学习，更重要的是培养了儿童解决问题的能力和创新精神。积极引导原则还涉及对儿童积极行为的强化。这意味着家长和教育者应当认识并肯定儿童的正面行为，无论是在学习、生活还是社交方面。通过赞赏和奖励，儿童的积极行为得到强化，从而更有可能在未来重复这些行为。这种正面强化不仅增强了儿童的自我效能感，还促进了良好行为习惯的形成。通过积极引导，儿童还能够逐渐发展出自我调节的能力。家长和教育者通过设定明确的期望和规则，帮助儿童理解自己的行为与后果之间的联系，从而指导儿童如何自我管理和调节行为。这种自我调节能力是儿童个人成长和适应社会的关键，有助于他们成为独立和负责任的个体。

七、终身学习原则

　　终身学习原则强调教育是一个持续的、终身的过程，不仅限于儿童时期和学校教育。这一原则认识到，在快速变化的社会和知识经济时代，能够不断学习和掌握新知识、新技能的能力对个人的成长和发展至关重要。因此，家庭教育的目标之一就是培养儿童的终身学习意识和能力，使他们能够在整个人生过程中持续成长和自我完善。

　　终身学习原则强调从儿童早期开始培养对学习的兴趣和积极的学习习惯。家长和教育者应通过提供丰富多样的学习材料和活动，激发儿童的好奇心和探索欲。在日常生活中，家长可以引导儿童观察周围的环境、提出问题并一起寻找答案，这种互动不仅增加了学习的乐趣，也帮助儿童形成主动学习的态度。终身学习原则还要求教育具有适应性和灵活性，能够根据社会的变化和个人的成长需要进行调整。这意味着家庭教育应当鼓励儿童学会如何学习，包括如何获取和评估信息、如何有效地解决问题以及如何自我激励和管理学习过程。这些技能对于儿童未来在不同领域和环境中的持续学习至关重要。终身学习原则认为学习的内容应该是多样化和广泛的，不仅包括传统的学科知识，还应涵盖生活技能、人际交往能力、情感管理等方面。家庭教育应当鼓励儿童探索不同领域的知识，体验不同的活动和挑战。这样的广泛学习有助于儿童建立全面的知识体系和灵活适应社会的能力。为了激发儿童终身学习的动力，家庭教育需要强调学习的内在价值和个人成就感。家长和教育者应当表扬儿童的学习努力和进步，而不仅仅是成绩上的成功，帮助儿童认识到学习带来的满足感和自我实现的价值。同时，通过树立家长自身作为终身学习者的榜样，也能够有效地鼓励儿童形成终身学习的意识。

第三节　现代家庭教育的主要内容

在现代社会的快速变迁中，家庭教育承担着培养下一代的重要使命。它不仅关乎孩子的知识学习，更涉及情感培养、价值观塑造与生活技能的培训。随着科技的进步和全球化的深入，家庭教育的内容也在不断扩展和深化，要求家长们以开放的心态和创新的方法，引导孩子们在多元化的世界中找准自己的定位，发展成为具有责任感、创新精神和全球视野的现代公民。

一、培养生活自理能力

培养孩子的生活自理能力不仅是现代家庭教育的重要内容，也是赋予孩子独立生活所需技能的重要环节。生活自理能力的培养，覆盖了个人卫生、饮食、居家、时间管理等方面，这些技能的掌握，对孩子成长为一个能独立解决生活问题的成年人至关重要。生活自理能力是孩子成长过程中的一个重要里程碑，它关乎孩子的个人发展、独立性和自信心。具备生活自理能力的孩子，能更好地适应社会，面对生活的挑战与困难时，能够进行自我调节和解决问题，而不是依赖他人。培养生活自理能力是一个循序渐进的过程，需要家长的耐心指导和适时放手。以下是一些具体的建议（如图 5-5）：

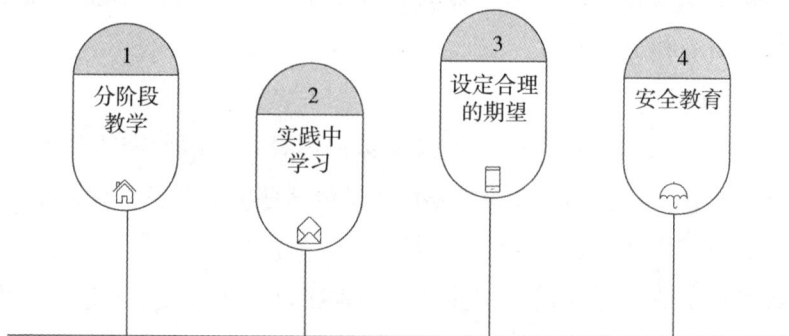

图 5-5　培养生活自理能力

（一）分阶段教学

分阶段教学考虑到了孩子的年龄和发展水平，旨在通过逐步增加的责任和技能来鼓励孩子的成长和独立。对于不同年龄段的孩子，家长应该有针对性地介绍和教授相应的生活技能，确保孩子在每一个成长阶段都能形成适合他们的生活自理能力。

对于幼儿，生活自理能力的培养可以从最基本的个人卫生习惯开始，如教会他们正确的洗手方法、自己穿脱衣服、整理玩具和个人物品等。这些基本的生活技能不仅有助于孩子养成良好的个人卫生习惯，还能增强他们的自我服务能力和独立性。随着孩子年龄的增长，家长可以逐渐引导孩子学习更多的生活技能，如自己准备简单的饮食、基本的洗衣技能、打扫和维护个人空间的清洁等。这些技能的学习不仅能让孩子在日常生活中更加自立，也能培养他们的责任感和自我管理能力。

在教授孩子这些生活技能时，家长应该根据孩子的实际情况和接受能力来调整教学方法和步骤。对于初学者，家长可以通过示范、一对一指导，以及正面的鼓励和反馈来帮助孩子掌握新技能。同时，家长也应该鼓励孩子在生活中主动尝试和练习这些技能，从中进行学习和取得进步。家长在教授生活技能的过程中还应该注意培养孩子的问题解决能力和创新思维。当孩子在学习新技能或遇到困难时，家长可以引导他们思考问题的解决方法，鼓励他们尝试不同的解决策略，从而在实践中增强孩子的自信心和适应能力。

（二）实践中学习

通过在实践中学习，孩子不仅能够掌握日常生活所需的具体技能，如烹饪、购物、清洁等，而且能够深刻理解这些活动背后的意义和价值，从而促进他们责任感和独立性的发展。

孩子在家庭日常生活中实践学习，能够学会管理自己的生活并成为负责任的成员。例如，参与做饭不仅教会孩子如何准备食物，还能让他们了解健康饮食的重要性和食物的来源；购物活动可以教会孩子如何制订预算、比较价格和理解金钱的价值；参与家庭的清洁工作，孩子能学会维护个人及公共环境的重要性。在这一过程中，家长的角色是至关重要的。家长不仅需要提供指导和支持，还需要创造一个鼓励探索和实践的环境。这意味着家长应该耐心地引导孩子完成任务，允许他们犯错误，并从中进行学习和提升。同时，家长应该通过讨论和反馈，帮助孩子理解这些活动的深层意义，如团队合作的重要性、时间管理和自我效能感的建立。通过参与家庭日常工作，孩子还可以学会如何在团队中协作、沟通和解决问题。例如，在准备一顿家庭晚餐的过程中，孩子可以学习如何分配任务、协调工作和处理突发情况。这些经验不仅对孩子目前的生活管理有益，而且对他们未来的职业生涯和社会交往也具有长远的影响。

（三）设定合理的期望

设定合理的期望旨在平衡孩子当前的能力与面临挑战之间的关系，确保孩子在学习新技能时既不感到轻松得无所用心，也不至于感到挫败。合理的期望有助于孩子认识到自己的进步和成就，从而逐步建立起自信心和自我效能感。家长在设定期望时，首先需要了解孩子的个性、兴趣和能力，确保这些期望符合孩子的实际发展水平。例如，对于刚开始学习做饭的孩子，家长可以从教他们制作简单的三明治或沙拉开始，而不是直接要求他们独立完成复杂的烹饪过程。随着孩子技能的提高，家长可以逐渐增加任务的难度，激励孩子探索更多的生活领域的技能。合理的期望还意味着家长需要对孩子的学习过程保持耐心，理解学习新技能往往需要时间和实践。家长应该鼓励孩子积极面对挑战，同时也要为他们提供必要的支持和资源。例如，当孩子在学习洗衣服时遇到困难，家长可以提供指导，讲解如何区分不同材质的衣物和选择合适的洗涤程序，而不是因为一次失败就否定孩子的努力。家长应该认识到，每个孩子的学习节奏和兴趣点都是不同的。一些孩子可能对某些生活技能表现出更大的兴趣和天赋，而对其他技能则不那么热衷。家长的任务是识别和尊重这些差异，鼓励孩子在他们擅长和感兴趣的领域中发展，同时也鼓励他们尝试和探索新的技能。

（四）安全教育

在培养孩子的生活自理能力过程中，安全教育占据了极其重要的位置。这不仅是因为安全知识是孩子生活自理能力的重要组成部分，更因为正确的安全教育能够有效地保护孩子免受伤害，无论是在家中、学校还是社会环境中。因此，当家长教授孩子如何独立完成日常任务时，必须将安全教育纳入教学计划中，确保孩子在学习新技能的同时，也能意识到潜在的风险并学会如何避免。

家长需要向孩子讲解和示范如何安全地使用各种家用电器和厨房工具。例如，当教孩子做饭时，家长应该强调刀具的正确使用方法，以及如何安全地操作炉灶和微波炉。通过实际操作演示和监督孩子的练习，家长可以帮助孩子逐渐掌握这些工具的安全使用技巧。家长还应该教授孩子如何在户外环境中保持安全，比如过马路时要注意观察交通信号，以及如何识别安全的过街地点。此外，骑自行车或滑板时佩戴安全装备的重要性，也是家长需要强调的安全知识之一。防火防盗教育也是家庭安全教育中不可忽视的一环。家长应该教孩子识别家庭中的火灾隐患，如不要随意玩弄火源，不在无人看管的情况下使用电器。同时，教孩子在遇到火灾时应采取正确的逃生措施，如使用湿毛巾掩住口鼻、滚地逃生等。对于防盗知识，家长应教孩子不给陌生人开门，以及在父母不在家时如何保证自己的安全。

二、情感和心理健康教育

情感和心理健康教育在现代家庭教育中占有极其重要的地位，特别是在迅速变化的社会环境中，它直接关联到孩子的个人发展、幸福感及其未来的适应能力。这一教育领域的核心在于帮助孩子建立积极的情感认知、有效的情绪管理策略，以及形成健康的人际交往能力。在培养孩子情感和心理健康方面，家庭教育注重为孩子创造一个充满爱、理解和支持的环境。家长在这个过程中扮演着至关重要的角色，他们不仅是孩子学习情感表达和情绪管理的榜样，更是孩子安全感和自我价值感建立的重要来源。

家庭教育强调通过日常互动和共同活动来引导孩子认识和表达情感。当孩子遇到情绪问题时，家长的倾听、理解和适当的指导至关重要。这不仅能帮助孩子学会识别和管理自己的情绪，还能教会他们面对挑战和压力时采取有效的策略。加强孩子的社会技能教育也是情感和心理健康教育的一个重要方面。通过与家人和同伴的互动，孩子可以学习如何建立和维护积极的人际关系，如何在冲突中寻求解决方案，以及如何在集体中发扬团队精神。培养孩子的自我认知和自尊也是情感和心理健康教育的关键内容。家长应鼓励孩子探索自己的兴趣和潜能，肯定孩子的努力和成就，同时帮助他们建立现实的自我期待，从而促进孩子的自我价值感和自信心的增强。安全感的建立是情感和心理健康教育不可忽视的一环。家庭应成为孩子的安全港湾，无论外部环境如何变化，都能使孩子在家中感受到稳定、安全和被接纳。通过稳定的家庭环境和一致的育儿方式，家长可以为孩子的情感和心理健康发展提供坚实的基础。

三、道德和价值观教育

道德和价值观教育旨在培养孩子的良好品德，包括正直、尊重、责任感、同情心等基本道德品质，同时帮助孩子形成积极的价值观，如对公平、正义、环保和多元文化的认同。在多元化和快速变化的社会背景下，道德和价值观教育面临新的挑战和机遇。家庭作为孩子初步接触社会价值和道德规范的第一环境，家长的言谈举止对孩子影响深远。因此，家庭教育在传递道德和价值观方面，需要采取更加深思熟虑和系统的方法。

道德和价值观教育首先要从家庭日常生活中的具体实践开始。家长通过自己的行为为孩子树立榜样，无论是在对待家庭成员、朋友还是社会大众时，都应体现出尊重、诚信、公正和爱心等基本道德态度。通过这种日常的潜移默化教育，孩子可以在实际生活中学习和内化这些道德规范。除了通过榜样的力量外，家庭还应该通过对话和讨论的方式，与孩子一起探讨道德难题和价值冲突。这不仅可以提升孩子的批判性思维能力，还能帮助他们理解不同人在不同情景下可能做出的不同道德选择，从而培养孩子对多样性选择的尊重和理解。家庭教育还应该重视培养孩子的社会责任感。通过参与社区服务、环保项目等活动，孩子能够学习到帮助他人、贡献社会的重要性。这些经历不仅能够加深孩子对社会正义和环境保护等价值观的理解，还能增强他们的行动力，使他们成为能够积极影响社会的个体。在全球化背景下，家庭教育的道德和价值观教育还应包括培养孩子的全球公民意识。家长可以通过多种方式，如阅读多元文化背景的书、观看相关影视作品、参与国际交流活动等，帮助孩子认识和欣赏不同文化背景下的价值观和生活方式，培养他们的跨文化理解和沟通能力。

四、数字素养教育

数字素养是指获取、理解与整合数字信息的能力，具体包括网络搜索、超文本阅读、数字信息批判与整合能力，可以简单地总结为从数字信息中获取价值的能力。[①] 随着信息技术的快速发展，互联网、社交媒体、智能设备成为日常生活的一部分，数字素养成为个体成功适应社会、实现自我发展的关键能力之一。数字素养教育要求家庭教育者不仅要关注孩子技能的培养，更要注重孩子在数字环境中的安全、伦理和责任感的培育。通过家庭和学校的共同努力，孩子可以在享受数字技术带来的便利的同时，成长为具有批判性思维、创新能力和高度责任感的数字时代公民。为达到这些目标，家庭教育在数字素养培养上应采取以下策略（如图5-6）：

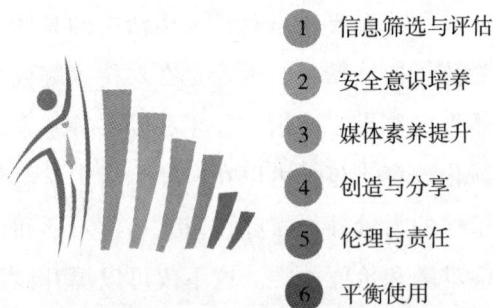

1　信息筛选与评估
2　安全意识培养
3　媒体素养提升
4　创造与分享
5　伦理与责任
6　平衡使用

图5-6　数字素养教育

---

① 李瑞.数字经济建设与发展研究[M].北京：中国原子能出版传社，2022：12.

（一）信息筛选与评估

信息筛选与评估的重点在于教会孩子识别和处理接触到的各种信息。这一过程要求孩子发展批判性思维，学会怀疑和质疑不实信息。家长可以通过实例教学，比如分析新闻报道的真实性，讨论某些广告背后的商业目的，或是评估网络上的各种观点和理论。通过这些活动，孩子可以学习如何查找和辨别信息的来源，理解作者的意图，以及评估信息的可靠性。这一能力的培养对于孩子的终身学习和成长极为重要，能够使他们在信息泛滥的时代中保持清醒的头脑，做出明智的决策。

（二）安全意识培养

安全意识培养涵盖了网络安全知识和应对网络威胁的能力。家长应教育孩子意识到网络空间的潜在风险，包括个人隐私泄露、网络诈骗、网络欺凌等问题。具体来说，家长需要向孩子传授如何设置复杂的密码，保护个人信息不被泄露，识别和避免网络诈骗等基本网络安全知识。同时，对于网络欺凌的问题，家长应教会孩子正确的应对策略，包括向成年人寻求帮助、使用技术手段阻止欺凌行为等。除了传授知识，家长还应和孩子一起建立开放的沟通渠道，鼓励孩子在遇到网络问题时主动寻求帮助。

（三）媒体素养提升

媒体素养的提升意味着孩子能够识别和分析各种媒体信息，包括解媒体的运作机制、识别媒体信息背后的意图以及评估媒体信息对自己和社会的影响。为此，家长可以与孩子一起观看新闻报道，分析其呈现的角度和可能的偏见；一起浏览社交媒体，讨论网络红人和广告背后的商业逻辑；甚至比较不同媒体平台对同一事件的报道差异，培养孩子的批判性思维。家长还应鼓励孩子主动寻找信息、提出问题并自行寻找答案，这一过程不仅可以提升孩子的信息检索能力，也可以增强他们独立思考的能力。同时，家长可以引导孩子参与到媒体素养相关的活动或工作室中，通过实践学习提高理解和分析媒体信息的能力。

（四）创造与分享

在数字化教育中，鼓励孩子利用数字工具进行创造和分享，是培养孩子创新能力和社交技能的重要途径。家长可以引导孩子利用各种在线平台和应用程序进行内容创作，比如使用绘画软件创作艺术作品、利用编程软件开发小游戏、通过视频编辑软件制作个人短片等。这些活动不仅能够激发孩子的创造力，还能教会他们如何利用现有的数字工具表达自己的想法和情感。分享是创造过程的重要组成部分，它不仅能够提升孩子的自信心，还能教会他们如何在网络社会中进行积极的互动。家长应教导孩子在分享内容时注意网络礼仪，如何保护个人隐私，以及如何尊重他人的知识产权。同时，家长还应引导孩子理解网络环境中的版权法规，教会他们在创作和分享内容时如何合法使用他人的作品。

（五）伦理与责任

数字伦理与责任教育对于孩子而言至关重要。这不仅关系到他们在网络世界中的行为准则，还涉及他们如何理解和处理网络环境中遇到的伦理问题。家长应该从小教育孩子尊重他人的隐私权，不在网络上随意分享他人的信息或照片；同时，要教育孩子识别并反对网络欺凌，鼓励他们在遇到或目击不当行为时勇于发声、提供帮助或寻求成年人援助。家庭教育中还应包括网络礼仪的教育，比如在网络交流中保持礼貌、尊重不同意见、避免使用攻击性语言等。通过这些教育，孩子可以学会在数字世界中展现出良好的道德品质和社会责任感。

（六）平衡使用

随着数字设备在日常生活中的普及，如何平衡线上和线下时间，避免过度依赖数字设备，成为家庭教育中的一项挑战。家长需要引导孩子合理安排时间，确保他们除了使用电子设备外，还有足够的时间进行人际交往、户外活动和身体锻炼。为实现这一目标，家长自身应该树立榜样，限制自己的观看屏幕时间，与孩子一起参与户外活动和体育运动，共享家庭时间。同时，家长可以与孩子一起设定观看屏幕时间规则，比如用餐时间和睡前不使用电子设备，鼓励孩子参与非观看屏幕活动，如阅读、绘画、手工艺等。

五、环境意识与可持续生活教育

随着全球环境问题的日益严峻，诸如气候变化、生物多样性减少、水资源匮乏等问题对人类生存的威胁越来越大，培养下一代的环境意识，教育他们实践可持续生活方式，对于保护地球环境和促进社会可持续发展具有至关重要的意义。环境意识教育旨在让孩子从小认识到自己的行为如何影响环境，理解自然资源的宝贵，学会珍惜和保护自然环境。通过环境教育，孩子可以学习到可持续生活的实践方法，比如节约用水、节能减排、垃圾分类、使用环保材料等，这些生活习惯的养成有助于减轻人类对环境的负担，促进生态平衡。家庭是孩子学习环境知识和培养环保习惯的第一课堂。家长可以通过日常生活中的具体行动，向孩子展示如何实践可持续生活。例如，家庭可以一起参与回收活动，减少塑料使用，选择步行或骑行代替短途驾车，使用节能灯泡和节能家电，以实际行动示范环保生活方式。此外，家庭还可以一起参与植树造林、社区清洁等公益环保活动，让孩子在参与中感受到保护环境的重要性和乐趣。教育孩子理解环保背后的科学原理也是环境意识教育的重要内容。家长可以利用科学实验、环保主题的图书和影片等资源，向孩子解释全球变暖、生态系统的工作原理、可再生能源等概念，增强他们的科学素养和环保意识。

在全球化背景下，环境问题是全球性的问题，需要全球性的解决方案。因此，培养孩子的全球视野，让他们了解不同国家和地区面临的环境挑战，以及如何通过国际合作来解决这些问题，对于培养他们成为具有全球责任感的公民至关重要。

第四节　现代家庭教育的基本方法

在现代家庭教育的实践中，采取正确的教育方法至关重要。这些方法不仅影响孩子的学习效率，还关系到他们的心理健康和人格形成。随着社会的发展和科技的进步，传统的教育方式已经不能完全满足当前家庭教育的需求。因此，现代家庭教育强调采用多元化的教育方法，以适应孩子多方面的成长需求。这些方法涵盖了从情感交流到技能培养的各个方面，旨在为孩子提供一个全面、均衡发展的环境。

一、家庭环境熏陶法

家庭环境熏陶法是指家长有意识地创设一个和谐、良好、优美的家庭生活环境，使孩子在其中受到潜移默化的影响，以培养孩子优良的思想品德、高尚的道德情操和良好的行为习惯。在现代家庭教育中，家庭环境熏陶法起着至关重要的作用，其核心在于通过营造积极的家庭环境来促进孩子的全面发展。这不仅包括物质环境的布置，更涵盖了家庭的精神文化氛围（如图5-7）：

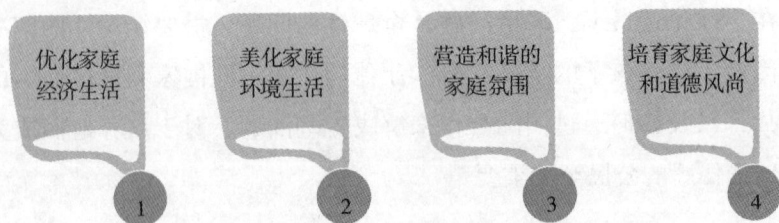

优化家庭经济生活	美化家庭环境生活	营造和谐的家庭氛围	培育家庭文化和道德风尚
1	2	3	4

图5-7　家庭环境熏陶法

（一）优化家庭经济生活

经济条件虽然不是决定孩子未来的唯一因素，但适当的物质基础是确保孩子能够顺利成长的前提。在家庭贫困的情况下，孩子可能无法获得足够的教育资源，如缺乏必要的学习材料和环境，这无疑会对其学习造成阻碍。而在经济条件较为宽裕的家庭中，如果家长能够恰当引导，孩子则有更多机会接触到丰富的学习资源，从而有助于其知识和能力的提升。然而，过度的物质满足可能会导致孩子形成依赖性强、缺乏自理能力的负面品质。因此，家长需要在保障孩子基本生活需求的同时，避免过度的物质供给，培养孩子的独立性和自我管理能力。适度的经济压力有时候反而能够激发孩子的求知欲和自立意识，成为其成长过程中的宝贵财富。

在家庭经济管理方面，家长的行为和决策对孩子具有深远的教育意义。通过勤俭持家、合理分配家庭收入等行为，家长不仅能够为孩子提供一个稳定的成长环境，还能通过榜样的力量，让孩子认识到如何理智消费、珍惜资源的重要性。让孩子参与到家庭经济管理中，不仅能够增强其责任感，还能在实际操作中锻炼其理财能力，为未来的独立生活打下坚实的基础。家长在进行家庭经济分配时，应当重视对孩子教育的投资。投资教育并不仅仅体现在物质层面，如购买图书、报刊等，更重要的是投资时间和精力，陪伴孩子成长，引导他们形成正确的价值观。家长的投资应该基于孩子的实际需求，避免盲目追求高消费，而是应注重提升孩子的内在素质和能力。

（二）美化家庭生活环境

在现代家庭教育中，营造一个良好且富有教育意义的家庭生活环境是非常重要的。这样的环境不仅能够陶冶孩子的情操，还能促进他们养成良好的生活习惯，进而影响其一生的品格与价值观。家庭生活环境的美化不仅仅是物质层面的布置，更是一种精神文化的传递。一个温馨、整洁且美观的家，可以成为孩子情感归属和心灵休憩的港湾，有利于激发他们对美好生活的向往和追求。家长的审美兴趣和文化品位在家庭环境的营造中起到重要的作用，它不仅反映了家长的个人修养，更是对孩子潜移默化的影响和教育。

家庭生活环境的美化应充分考虑到实用与美观的结合，追求简约而不简单的风格。家具的选择和布局、房间的装饰，都应遵循这一原则，既满足家庭成员的日常需求，又营造出一种和谐美好的氛围。如同德国法学家卡尔·威特的父亲所做的那样，家庭的每一处摆设都应体现出高雅的生活情趣，避免那些杂乱无章、风格不一的元素，以保持家庭环境的整体和谐。

为孩子专门设置一个学习和活动的空间是非常有益的。这个空间不仅是孩子进行学习和娱乐的地方，更是他们个性和兴趣发展的小天地。在这一空间的布置上，家长应充分考虑到光线、通风等因素，以保护孩子的视力和身体健康。同时，这个空间的布置也应充分反映孩子的个性和需求，让他们参与其中，这不仅能增强孩子的归属感，还能激发他们的创造力和自主性。家庭生活环境的美化还应该是一个包容孩子意见的过程。在布置家庭空间时，家长应鼓励孩子表达自己的想法和喜好，尤其是在他们自己的房间或学习角的布置上。通过这种方式，孩子不仅能在物理环境中找到自我表达的空间，还能从中学习到如何进行规划和组织，培养他们的独立思考和解决问题的能力。

（三）营造和谐的家庭氛围

和谐的家庭氛围不仅为孩子提供了一个积极向上的成长环境，而且是孩子学习人际交往、培养情感和处理人际关系的重要途径。和谐的家庭氛围首先来源于家庭成员之间的相互尊重和理解。父母之间的和睦相处，兄弟姐妹之间的友爱互助，都能给孩子营造出一个温馨、安全的环境，使孩子感受到爱与被爱，从而学会尊重他人、珍惜家庭的重要性。家庭中的每一次争吵或不和，都可能给孩子的心理带来负面影响。父母之间的冲突和不和谐，会直接影响到孩子的情绪和行为，甚至影响他们的学习和社交。因此，家长们需要意识到，自己的一言一行都在影响孩子。在处理家庭关系时，应努力采取和解的方式，避免在孩子面前产生激烈的冲突，以免给孩子造成心理负担。家长对孩子的爱应该是理智和有原则的。简单的溺爱并不能带来真正的教育效果。家长的爱应该包含关心、尊重、理解和适度的要求，这样的爱能够促使孩子在感受到家庭温暖的同时，也学会担负责任和自律。教育离不开爱，但这种爱必须建立在理解和尊重的基础上，才能培养出有自我控制能力、有集体意识和爱国情感的孩子。和谐的家庭氛围需要家庭中的每一个成员共同努力来维护。家庭成员之间应该相互尊重、相互理解、相互关心和相互支持，这样的家庭氛围能够促进每个成员的个性发展，同时也为孩子建立了良好的人际关系模型。通过这样的家庭教育方法，不仅能够促进孩子的全面发展，还能帮助孩子建立起正确的人生观和价值观。

（四）培育家庭文化和道德风尚

在现代家庭教育领域，强化家庭成员的文化道德素养和精神情趣显得尤为重要，它不仅是创建健康家庭环境的关键，也对孩子的性格塑造和精神追求有着不可估量的影响。一个充满正面价值观和丰富文化生活的家庭，为孩子提供了理想的成长土壤，使他们在无形中养成良好的品德和高雅的情趣。

家庭成员的行为和生活方式对孩子的成长起着潜移默化的作用。古代思想家董仲舒的观点提醒我们，人的天性、情感和欲望的发展很大程度上受到家庭环境的影响。家中的文化氛围、道德标准和生活习惯，都直接塑造孩子的世界观和价值观。因此，家庭教育的重心之一应当是通过日常生活中的点点滴滴，培养孩子的道德感和审美力。实际上，家庭教育的效果并不完全依赖家庭中的物质资源，如图书的数量或家长的学识，更重要的是取决于家长对学习和生活的积极态度。家长对知识的热爱、对生活的积极态度及其文化和道德修养，会对孩子产生深远的教育影响。家庭教育的核心在于能否营造一个充满好奇心、探索欲和对美好事物追求的氛围。

家长在生活中不仅要展现对知识的渴求和对文化的尊重，还应主动引导孩子参与到丰富的家庭文化活动中。无论是共同阅读、参与文化艺术活动，还是在日常对话中分享知识和文化见解，都是家庭教育中不可或缺的部分。这些活动不仅促进了家庭成员间的情感交流，也为孩子提供了一个模仿和学习的平台，有助于他们自然地提升个人的文化素养和道德水平。家长还应鼓励孩子表达自己的见解和创意，无论是通过艺术创作、写作还是其他形式的表达，都能有效地促进孩子的个性发展和自我认同的形成。家庭成员的每一次文化交流和道德讨论，都是对孩子价值观形成的重要熏陶。

二、说服教育法

说服教育法是通过摆事实、讲道理等方式对子女施以影响，提高他们辨别是非善恶的能力和思想认识，培养良好的道德品质，形成正确行为规范的方法。[①] 说服教育法依托于语言的力量，通过理性的对话、沟通和讨论，引导孩子理解和接受正确的价值观、行为规范和生活态度。说服教育法的核心在于尊重孩子的思考能力，通过建立在理解和共鸣基础上的沟通，使孩子自愿地接受父母的观点和建议，而不是简单地命令或强迫。在实施说服教育法时，要把握好以下几个关键点（如图5-8）：

①　周宗奎．儿童心理与教育实用百科 [M]．武汉：湖北少年儿童出版社，2003：379.

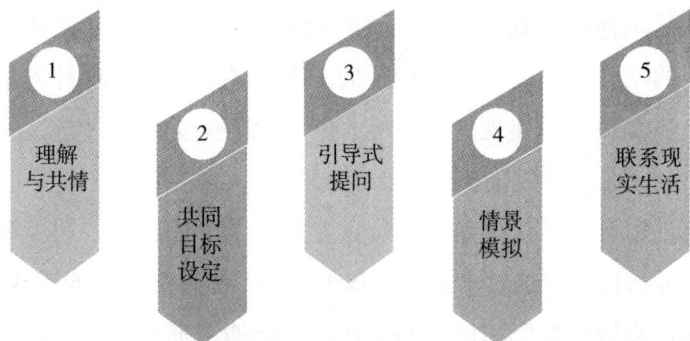

图 5-8　说服教育法

（一）理解与共情

理解与共情作为说服教育法的基石，其核心在于建立一种基于相互理解、尊重和支持的亲子关系。通过实践这一原则，家长不仅能有效地引导和教育孩子，还能促进家庭内的和谐与亲密，为孩子的健康成长奠定坚实的基础。

在理解与共情的实践中，家长应致力于创造一个充满开放且支持的家庭环境，鼓励孩子表达自己的感受和观点，无论是正面还是负面的。这意味着在孩子分享时，家长需保持全神贯注地倾听，避免中断、批评或立即给出解决方案，而是通过反馈和提问来表达理解和关心。例如，当孩子表达遇到困难时，家长可以说："我听到你感到很挫败，这件事对你来说真的很重要。"这种反应不仅传达了理解，还给予了情感上的支持，促进了亲子之间的情感联结。家长还可以通过共同参与活动或游戏来加强与孩子的情感联系，同时也是理解孩子的一个机会。在这些活动中，家长可以观察孩子的兴趣点、行为模式和解决问题的方法，从而更深入地理解孩子。这些观察成果可以在后续的教育和引导中得到应用，使家长的建议和指导更加贴合孩子的实际情况和需求。

（二）共同目标设定

在共同目标设定的环节，重点在于形成一个与孩子之间的合作框架，让孩子感受到他们的意见和感受被重视和尊重。这种方法强调了家长和孩子之间的伙伴关系，而不是传统的上下级关系。通过这种方式，孩子更容易接受和致力于实现这些目标，因为他们感觉到自己是这个决策过程的一部分，而不是仅仅被告知要做什么。

共同目标设定不仅仅是关于确定要达成的具体目标，还涉及如何达成这些目标的讨论。这要求家长和孩子一起考虑可能面临的挑战和障碍，并共同探讨克服这些障碍的策略。这种方法能够促进孩子的问题解决能力和批判性思维，同时也增强了他们对自我效能的信念。通过共同目标设定，家长还可以教会孩子如何设定现实和可达成的目标，这是一项重要的生活技能。家长可以引导孩子学习如何将一个大目标分解成小的、可管理的步骤，这样不仅可以使目标看起来更易实现，还可以让孩子在达成每一个小目标时获得成就感和满足感。

在这一过程中，重要的是保持开放和诚实的沟通，确保孩子知道他们的意见被听到，并且他们对目标的达成有实际的影响。这种互动和合作的过程本身就是一种教育，它教会孩子如何与他人合作，如何表达自己的需求，以及如何在达成共同目标的过程中承担责任。

（三）引导式提问

在引导式提问策略的实践中，家长的角色转变为引导者和倾听者，而非传统意义上的指导者或讲解者。这种方法促使孩子积极参与思考和解决问题的过程中，而不仅仅是被动接收信息。通过这种互动，孩子能够学习到如何独立思考，如何分析情况，并且如何根据情况做出最合适的决定。

在运用引导式提问时，家长应注重问题的开放性，避免是非或单选答案的问题，而是提出那些能够激发深层次思考的问题。这些问题应当鼓励孩子探索不同的可能性和解决方案，提升他们的创造性思维。例如，孩子学习上遇到困难，家长可以问："你觉得哪些方法可以帮助你更好地理解这个概念？""你认为哪部分最难理解？我们怎样才能一起解决这个问题？"

引导式提问还可以帮助孩子在情感上得到成长和发展。面对孩子的情绪问题或冲突，家长可以通过提问来引导孩子表达自己的感受，并思考如何有效地管理这些情绪。例如，如果孩子因为与朋友的争执感到沮丧，家长可以问："这次经历让你感觉怎样？""你认为有什么方式可以帮助你和朋友解决这个问题吗？"

（四）情景模拟

情景模拟在家庭教育中的应用，特别是在网络安全和素养教育方面，是极其有效的。家长可以设计与日常生活紧密相关的模拟情景，如社交媒体使用、网络购物安全、处理网络欺凌等，来教育孩子如何在网络环境中做出明智的决策。通过这种模拟，孩子们能够在没有实际风险的情况下，学习识别网络诈骗、保护个人隐私和处理不良信息的技巧。此外，情景模拟还可以帮助孩子理解和掌握数字素养的核心概念，如版权意识、数字足迹的长期影响以及网络礼仪。通过参与这些模拟活动，孩子不仅能够在安全的环境中学习和实践，还能够在家长的指导下，逐步建立起对网络世界的正确理解和健康态度。

（五）联系现实生活

联系现实生活是让教育内容生动且有效的关键方式。通过将抽象的教育理念与孩子们的日常生活联系起来，家长可以帮助孩子们更好地理解和吸收这些概念。例如，如果孩子正在学习数学中的加减法，家长可以通过让孩子帮忙计算购物时的总金额和找零来实践这一技能。同样，对于更复杂的概念，如公民责任或环保意识，家长可以鼓励孩子参与家庭的回收计划，或者在社区活动中贡献自己的力量，让孩子们通过实际行动学习和体会。这种方法的优势在于：它不仅让孩子能够在实际情景中看到所学知识如何应用，还能增强他们的问题解决能力和创新思维能力。此外，通过实践中的学习，孩子能够更加深刻地理解社会规则和个人在社会中的角色，从而培养他们的社会责任感和自我效能感。家长的参与和指导在这一过程中发挥着至关重要的作用，他们不仅提供信息的来源，更是孩子学习旅程中的伙伴和支持者。

三、学习引导法

学习引导法倡导的是一种通过家长的引导让孩子在自我发现、自我学习的过程中成长的教育理念。这种方法强调家长的角色转变，从传统的教育执行者变为孩子学习过程中的引导者和支持者。学习引导法的核心在于激发孩子的内在学习动力，帮助他们形成自主学习的能力；同时也强调了学习过程的重要性，鼓励孩子在学习中探索、实践和反思。

在实施学习引导法的过程中，家长需要具备一定的教育智慧和耐心，他们需要通过日常的互动和沟通，深入了解孩子的兴趣点和需求，从而设计出符合孩子发展阶段和兴趣的学习活动。家长在这一过程中的作用是多方面的，他们不仅是孩子学习旅程中的伙伴，更是孩子情感支持的来源。通过共同设定学习目标、讨论学习内容、分享学习成果，家长和孩子可以建立起深厚的信任和理解，这种信任和理解是学习引导法成功实施的基础。

家长在引导孩子学习的过程中，应该注重培养孩子的批判性思维和创造性思维能力。这要求家长不仅要提供给孩子丰富的学习资源，更重要的是要教会孩子如何思考，如何面对和解决问题。家长可以通过提出开放式问题，激发孩子的好奇心和探索欲，引导孩子自我寻找答案。同时，家长还应鼓励孩子对学习过程中的困惑和挑战进行反思，帮助孩子从中吸取经验和教训，促进个人成长。学习引导法还强调了家庭教育与社会实践的结合。家长应鼓励孩子将所学知识和技能应用到日常生活和社会实践中，通过实际操作和体验，加深对知识的理解和掌握。这种方法不仅能够提升孩子的学习兴趣和动力，更能够帮助孩子形成解决实际问题的能力，为将来的社会生活打下坚实的基础。

四、行为训练法

行为训练法侧重于通过具体的训练和实践活动，帮助孩子形成积极的行为模式，减少不良行为。它基于行为心理学原理，强调可观察的行为改变，通过奖励和强化等手段来增加或减少某种行为的发生。实施行为训练法时，家长需要明确和具体地设定所要训练的行为目标，这些目标应该是具体、可测量和可达到的。家长需要观察和识别孩子的行为模式，找出需要改变或加强的行为，然后通过制订计划和采取相应策略来实现这些目标。在这个过程中，家长的一致性和持续性至关重要，以确保孩子能够清晰地理解期望的行为并逐渐内化为自己的行为习惯。

在行为训练中，正面强化是一种常用的策略。它通过奖励孩子展现出期望行为来增加该行为的发生频率。奖励可以是物质的，如小礼物、零食，也可以是情感上的，如表扬、拥抱。重要的是，奖励应当紧跟在期望行为之后，以加强孩子与期望行为之间的联系。同时，家长还可以使用模仿学习的策略，通过自身的行为示范，为孩子提供一个积极行为的模型。孩子通过观察和模仿这些模型，可以学习到适当的社交技能和行为规范。除了正面强化，行为训练法还包括设置界限和后果管理。当孩子的行为不符合家庭规则或社会期望时，家长需要以一致和坚定的态度介入，提供清晰和合理的后果情况，帮助孩子理解其行为的不良结果，并引导他们学习如何做出更好的选择。在实施后果展示时，家长应确保后果与不良行为有直接联系，既公正又合理，避免过度惩罚或不相关的后果，以免引发孩子的抵触情绪。

五、实践锻炼法

实践锻炼法是一种动手实践的教学方法，它强调通过亲身体验、实际操作和参与来促进学习和理解。在现代家庭教育中，这种方法尤为重要，因为它不仅帮助孩子学习具体的技能，还促进了孩子独立思考、解决问题的能力和创造力的发展。为避免与其他章节的内容重复，我们将从新的角度探讨实践锻炼法在家庭教育中的应用，特别是如何通过日常生活中的实践活动来支持孩子的个性化学习和全面发展（如图5-9）：

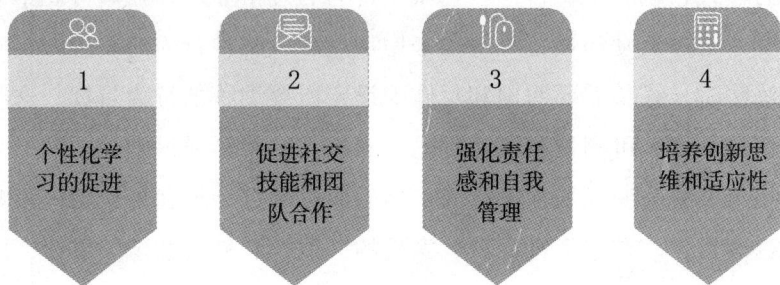

图5-9　实践锻炼法

（一）个性化学习的促进

实践锻炼法在促进个性化学习方面的成功，依赖家长的积极参与和对孩子学习过程的支持。家长需要耐心地倾听孩子的想法和感受，提供适时的反馈和鼓励。通过这种方法，孩子不仅能在他们感兴趣的领域获得知识和技能，还能在家庭的支持和鼓励下，发展成为自信、独立的终身学习者。

家庭环境提供了一个独特的平台，让孩子能够探索他们的兴趣并发展新的技能。与学校教育相比，家庭教育能够更加灵活地适应孩子的个性化学习需求。家长可以通过观察孩子在日常生活中的行为和反应，发现他们的兴趣点和强项。这种观察为设计适合孩子的实践活动提供了基础，从简单的家务劳动到复杂的项目制作，孩子都可以根据自己的兴趣和能力参与其中。通过个性化的学习路径，孩子被鼓励在他们感兴趣的领域深入学习。这不仅增强了学习的动机，还提高了学习的效率。家长可以通过提供必要的资源和支持，如访问公共图书馆、使用科技工具或查阅艺术材料，来支持孩子的探索和学习。此外，家长还可以组织家庭外的活动，如参观博物馆、探索自然或参加社区工作实践，这些活动都能够丰富孩子的学习经验。个性化学习还意味着孩子可以根据自己的学习节奏前进。在家庭教育中，没有统一的进度安排，孩子可以花更多的时间在他们感兴趣或需要额外帮助的领域。家长的任务是提供一个鼓励探索和允许失败的环境，让孩子明白学习是一个持续的过程，不断地尝试和改正错误是成长的一部分。

（二）促进社交技能和团队合作

家庭作为孩子社交技能培养的第一课堂，通过实践锻炼法提供的团队合作机会，不仅加强了家庭成员间的情感联系，还为孩子未来在更广阔的社会环境中与人交往、合作提供了坚实的基础。这种教育方法强调了家庭教育在孩子全面发展中的重要作用，体现了现代家庭教育对孩子社交能力培养的重视，确保孩子能够健康成长，成为具有良好社交技能和团队精神的个体。

家长可以设计一系列旨在增强团队合作的任务或游戏，比如家庭园艺、共同完成一个艺术项目，或者策划一场家庭聚会。这些活动要求孩子们共同规划、分配工作并协同行动，在此过程中，孩子不仅能学到具体的技能，更重要的是学会如何与他人合作，如何在团队中发挥自己的作用。通过这样的活动，孩子在享受家庭乐趣的同时，也在无形中培养了自己的社交技能。他们学会了倾听他人的意见，表达自己的想法，学会了协商和妥协，更重要的是学会了如何在团队中相互尊重和支持。这些技能不仅对孩子的个人成长至关重要，也为他们将来的社会生活打下了坚实的基础。通过团队合作，孩子还能学会如何处理冲突和不同意见，这是一项非常宝贵的生活技能。家长可以引导孩子学习在冲突中寻找共同点，寻求双赢的解决方案，从而加深他们对团队协作的理解和价值的认识。

（三）强化责任感和自我管理

实践锻炼法在现代家庭教育中发挥着重要作用，特别是在强化孩子的责任感和自我管理能力方面。通过参与实际的任务和项目，孩子不仅能学习到如何规划和执行计划，还能在实践中学习到如何评估自己的行为和结果。这对于他们的个人成长和未来的社会适应能力提升至关重要。

家长在使用实践锻炼法时，首先应该为孩子设定清晰、可达成的目标。这些目标既能激发孩子的兴趣，又能适合他们的能力水平。通过这样的目标设定，孩子能够明确自己的任务和责任，从而在完成任务的过程中逐步培养责任感。家长还应该鼓励孩子参与任务的规划和执行过程中，让他们自己做出决定，并承担相应的后果。这种参与感和控制感能够有效提高孩子的自我管理能力。例如，家长可以让孩子自己规划一次家庭野餐，包括准备食物、选择地点和安排活动等，家长则在旁边提供必要的支持和指导。

在任务执行过程中，家长的反馈也非常关键。积极的反馈可以增强孩子的自信心，即使是负面反馈，也应该以建设性的方式提出，帮助孩子从错误中学习，而不是简单地指责。这种反馈机制能够帮助孩子学会自我评估，理解自己的长处和短处，从而在未来的任务中做得更好。家长还可以引导孩子学习时间管理，比如如何合理安排时间完成作业和参与家庭及社会活动。通过实践锻炼，孩子能够学会如何平衡不同的任务和活动，提高自我管理的能力。

（四）培养创新思维和适应性

实践活动通过鼓励孩子尝试新方法、探索未知领域，促使他们从失败中学习和成长，这不仅能够增强他们解决问题的能力，还能够帮助他们建立起面对困难和挑战时的积极态度。例如，家长可以鼓励孩子参与科学实验、艺术创作、机器人编程等活动，这些活动能够激发孩子的好奇心和创造力，同时让他们在实践中学会如何分析问题、寻找解决方案。通过这些活动，孩子能够学会如何合理规划和利用资源，如何与他人协作，以及如何在失败中寻找反思和改进的机会。这些技能对于孩子未来的学习和生活都是极其宝贵的财富。

家长在提供实践活动时，应当注重活动的多样性和开放性，允许孩子自由探索，尊重他们的选择和决定，同时提供必要的指导和支持。这种教育方式有助于孩子形成独立思考和自我驱动学习的习惯，为他们未来的发展奠定坚实的基础。为了更好地实现这一教育目标，家长还可以利用日常生活中的各种机会，如家庭旅行、社区服务、参与社会实践活动等，并将这些活动转化为学习和成长的机会。通过这些丰富多彩的经历，孩子能够更好地理解周围的世界，加深自我认识，从而在实践中培养出强大的创新思维和适应性。

第五节　适合社会发展的学习型家庭的构建

在三孩儿政策背景下，构建适应社会发展的学习型家庭成为现代家庭教育的关键任务。这一政策不仅扩大了家庭规模，也为家庭教育带来了新的挑战和机遇。下面通过明确学习型家庭的基本特征、要素指标、构建原则和策略，旨在为家庭提供有效的指导，帮助家长们适应社会变化，培养能够自主学习、创新思考和适应社会的下一代。

一、学习型家庭的概念及构建重要性

（一）学习型家庭的概念解析

学习型家庭的概念源自对终身学习价值的深刻理解，突破了传统教育的边界，将学习的过程和环境扩展到家庭生活中。这一概念的核心在于认识到学习不仅是在学校进行的正式教育活动，而且是一个持续的、综合的过程，涉及个体的各个方面和生活的每一个阶段。在学习型家庭中，学习被视为一种生活方式，其目标不仅是获取知识和技能，更重要的是培养能够自我学习、适应变化、解决问题的能力。这种家庭强调学习的多样性和个性化，鼓励家庭成员根据自己的兴趣、需求和生活经验选择学习内容，采取多种学习方式，包括阅读、讨论、在线学习、手工制作、社区服务等。

（二）学习型家庭构建的重要性

在当今社会，随着知识更新的加速和社会结构的快速变化，学习型家庭应运而生，成为现代家庭教育发展的一个重要方向。学习型家庭不仅仅强调家庭成员获取知识的场所，更是强调以学习为核心，促进每个成员个性化发展、终身学习以及适应社会发展的动态过程。在这样的家庭环境中，学习不再是被动接受的过程，而是成为一种生活方式，每个家庭成员都被鼓励探索自我兴趣，发展个人潜能，并为社会贡献力量。这种教育模式突破了传统教育的限制，使得学习变得更加个性化、灵活和多元化。

学习型家庭的构建具有深远的重要性，直接关系到家庭成员，特别是儿童和青少年的全面发展。首先，它有助于培养儿童的自主学习能力，使他们能够主动探索知识，学会学习，这是在快速变化的社会中保持竞争力的关键能力。其次，学习型家庭能够培养出适应能力强、具有创新精神和批判性思维的个体，这些特征都是当今社会所急需的素质。学习型家庭还强调家庭成员之间的互动和沟通，通过共同学习的活动，加深家庭成员之间的情感联系，提升家庭整体成员的幸福感。这种以学习为纽带的家庭关系，有助于形成一个充满支持、鼓励和理解的家庭环境，为家庭成员提供了安全、稳定的后盾。在社会层面，学习型家庭的推广和实践，能够为社会培养出更多具有社会责任感、自主学习能力和创新能力的公民。这些公民能够更好地适应社会发展的需求，面对未来的挑战和机遇，为社会的可持续发展做出贡献。

二、学习型家庭的基本特征

学习型家庭是一个支持所有成员共同成长和学习的动态环境。这种家庭模式重视知识的获取、技能的掌握、情感的交流和个性的尊重，旨在为家庭成员提供一个终身学习和个人发展的基础。以下是学习型家庭的几个关键特征（如图5-10）：

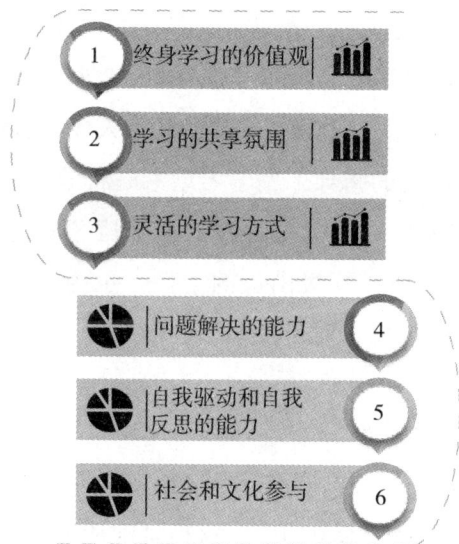

图5-10　学习型家庭的基本特征

（一）终身学习的价值观

终身学习的价值观是学习型家庭的主要特征，深刻影响着家庭成员的思维方式和行为模式。终身学习的价值观突破了传统教育的界限，强调在个人生活的各个阶段和各种场合都有学习的机会和必要。在终身学习的价值观引领下，学习型家庭成员视学习为一种生活方式。家庭成了一个学习的社区，每个成员都积极参与到学习中，无论是父母学习新的育儿策略、孩子探索新的知识点，还是全家人一起开展一个新的兴趣爱好。这种生活方式鼓励每个人对未知领域保持开放的态度，对挑战持积极的心态，将学习看作解决问题和实现个人成长的途径。终身学习的价值观还意味着学习不仅仅是为了获得知识或技能，更是为了培养一种持续自我完善和自我更新的能力。这种能力对于适应快速变化的社会和工作环境至关重要。它帮助家庭成员在面对新技术、新观念和新挑战时，能够灵活调整，不断进步。终身学习的价值观还促进了家庭成员之间的互助与合作。在学习型家庭中，家庭成员之间的关系不仅仅是亲情的联结，更是学习伙伴的关系。大人可以从孩子身上学习新技术或新观点，孩子则可以从大人那里学习经验和智慧。这种双向的、互助的学习关系，增强了家庭的凝聚力，同时也为家庭成员的个人成长提供了丰富的资源。

在终身学习价值观的指导下，学习型家庭将学习融入日常生活的方方面面，从而实现家庭成员的全面发展和家庭幸福感的提升。这种价值观不仅塑造了家庭成员积极向上的个性，也为社会培养出了能够自我驱动、终身学习的公民，对于推动社会的持续进步和发展具有深远的意义。

（二）学习的共享氛围

学习的共享氛围通过鼓励信息、知识和经验的自由流通，将家庭构建成一个互相支持和启发的学习网络。这种氛围能够有效地将家庭成员的个人学习经历转化为整个家庭的共有财富，从而促进每个成员的成长和发展。在这样的家庭环境中，学习不再是孤立和单向的过程，而是一种共享和互动的体验。家庭成员们通过分享自己的学习心得、讨论遇到的难题或一起参与学习活动，共同构建了充满好奇心和探索欲的学习文化。这种文化鼓励开放的交流和反馈，使学习变得更加生动和有效。共享的学习氛围还能够激励家庭成员对学习持有更积极的态度。看到家人的学习进步和成就，不仅能够激发他们的学习动力，还能够增强他们对学习成果的期待。此外，这种氛围下的相互鼓励和支持，对于年轻成员特别重要，可以帮助他们建立起自信和自我效能感，认识到学习能够带来正面的改变和成长。学习的共享氛围也促进了跨代沟通和理解。家庭成员之间的年龄和经验差异在共享的学习过程中成为宝贵的资源。年长的家庭成员可以传授经验和传统知识，而年轻成员则可以带来新鲜的视角和最新的信息。这种跨代的学习和交流，不仅加深了家庭成员之间的理解和尊重，也使得家庭能够在快速变化的社会环境中保持知识和观念的更新。

通过营造学习的共享氛围，学习型家庭为成员提供了一个支持性极强的环境，其中每个人都被视为既是知识的贡献者也是受益者。这样的氛围不仅加强了家庭的凝聚力，也为家庭成员提供了一个持续学习和个人成长的舞台，让学习成为联结家庭成员、丰富家庭生活的纽带。

（三）灵活的学习方式

灵活的学习方式不仅体现了家庭对成员不同学习风格的尊重和支持，而且展现了学习活动的无限可能性。通过引入多元化的学习渠道和资源，家庭成员能够根据自己的兴趣、时间和能力选择最适合自己的学习路径，从而提高学习的主动性和效果。

在线课程作为灵活学习方式的一部分，为家庭成员提供了访问各种课程和知识的便利，从学术课程到生活技能，从兴趣爱好到专业发展，涉及很多领域。这种方式的便利性和灵活性使得家庭成员能够在任何时间和地点进行学习，打破了传统教室学习的时空限制。社区活动则为家庭成员提供了实践和社交的机会，通过参与本地的文化、艺术或科学活动，不仅能够学到新知识，还能够培养社会交往能力和团队合作精神。此外，社区活动往往与家庭所在地的特色和需求紧密相关，使得学习内容更加生动和贴近实际，增强了学习的相关性和吸引力。图书阅读是最传统也是最有效的学习方式之一，它能够提供更有深度和广度的知识探索。在学习型家庭中，阅读不仅是个人静态的学习行为，也是家庭成员之间共享知识、交流思想的重要途径。家庭图书角或共享书架等设施，可以鼓励家庭成员共享阅读材料，增加家庭内的学习资源。旅行作为一种开阔视野、增长见识的学习方式，在学习型家庭中同样占有一席之地。通过旅行，家庭成员不仅可以亲身体验不同的文化和生活方式，还可以学习到历史、地理、语言等多方面的知识。这种通过亲身经历来学习的方式，往往能够留下深刻的印象，使学习效果更加持久。

灵活的学习方式特征体现了学习型家庭对于学习环境创新和个性化

需求的重视。通过提供多样化的学习选择，家庭成员能够在互动和合作的过程中，寻找到最适合自己的学习方法，使学习变得更加自主、有效和愉悦。这种方式不仅有助于培养家庭成员的终身学习习惯，也为他们提供了应对未来挑战的能力和信心。

（四）问题解决的能力

问题解决的能力在学习型家庭中被高度重视，因为它不仅是学习过程的一部分，也是家庭成员应对日常生活挑战和未来不确定性的关键技能。通过将学习与实际问题解决相结合，学习型家庭强调了理论知识与实践技能的整合，培养了家庭成员在各种情景中运用所学知识和技能的能力。在这样的家庭环境中，面对问题时不是将其看作障碍，而是作为学习和成长的机会。家庭成员被鼓励识别问题、分析问题背后的原因、探索多种可能的解决方案，并通过实践来验证这些解决方案的有效性。这一过程不仅促进了批判性思维和创造性思维的发展，也加深了家庭成员对知识的理解和应用。

批判性思维能力使家庭成员能够在面对问题时，进行深入分析，从多个角度评估情况，识别可能的偏见或错误逻辑，并提出合理的论点和证据支持自己的观点。这种能力的培养，不仅有助于在学习和工作过程中采取正确的决策，也是公民参与和进行社会互动过程中不可或缺的技能。创造性解决方案的探索则鼓励家庭成员不满足于传统的或显而易见的答案，而是寻求创新和个性化的解决方法。这种探索过程激发了家庭成员的创造力，使他们能够在面对复杂和多变的问题时，提出独特而有效的策略。问题解决过程中的合作与沟通也是学习型家庭中不可缺少的环节。家庭成员在一起讨论问题、共同寻找解决方案的过程，不仅增强了家庭内部的沟通和协作，也培养了家庭成员的团队精神和社会交往能力。通过这种对问题解决能力的重视和培养，学习型家庭不仅帮助成员应对当前的挑战，也为他们在未来的学习、工作和生活中解决遇到的各种问题提供了准备。这样的能力是个人实现自我实现和社会参与的基础，也是学习型家庭为社会培养负责任和有能力的公民的方式之一。

（五）自我驱动和自我反思的能力

自我驱动和自我反思的能力体现了家庭教育不仅关注知识的传授，更重视培养个体内在的动力和成长的自觉性。这两种能力共同作用，使得家庭成员不依赖外在的激励或监督，而是通过内在的动机和对学习过程的深入理解，推动自己的学习和发展。

自我驱动力是指能使自己不断前进、逐渐实现自我价值的动力。[①]在学习型家庭中，这种动力来源于对学习的热情、对探索未知领域的好奇心以及对实现个人潜能的追求。家庭成员被鼓励根据自己的兴趣和目标选择学习内容，自主安排学习时间和方法，这不仅使学习过程更加个性化和有效，也增强了学习的乐趣和满足感。自我反思的能力是人的一种内在人格智力，是认识自我、完善自我、不断进步的前提条件。自我反思能力能够使家庭成员在学习过程中持续评估自己的进展，识别学习中遇到的问题，反思学习策略的有效性，并根据反思的结果调整学习计划和方法。这种能力的培养有助于个体深化对学习内容的理解，提高学习效率，并增强应对挑战和困难的能力。学习型家庭通过多种方式促进自我驱动和自我反思能力的发展。例如，家庭成员可以定期分享自己的学习经历和心得，互相提供反馈和建议；家长可以通过提问和引导的方式，帮助孩子思考学习过程中的体验和感受；家庭还可以共同设定学习目标和挑战，支持每个成员追求个人的学习计划。

通过这种对自我驱动和自我反思能力的重视，学习型家庭不仅为成员提供了实现个人目标的工具和方法，也培养了他们作为终身学习者所需的关键能力。这两种能力的结合，不仅促进了个人的知识获取和技能发展，也为个人的全面成长和进行社会参与奠定了坚实的基础。

---

① 朱红梅，韩文堂.现代大学生自主学习能力的培养[J].黑龙江教育学院学报,2014(4): 26.

（六）社会和文化参与

社会和文化参与超越了传统教室内的学习，将家庭成员引入更宽广的社会和文化环境中，使他们能够直接体验和互动，从而进行更深层次的学习和理解。这种方式可以让人认识到学习不仅仅是获取知识的过程，更是一种生活的态度和方式，促进了家庭成员对社会多样性的认识和尊重。社会和文化活动为家庭成员提供了丰富的学习资源和实践平台。参与社区服务、文化交流、公民活动、艺术表演和展览等，不仅可以增进对本地社区和全球社会的了解，还能够培养对公共事务的兴趣和参与意识。这些活动使家庭成员有机会将自己的学习应用于实际问题解决中，同时也能够学习他人的经验和知识，促进了家庭成员社会技能和文化素养的发展。

通过参与社会和文化活动，学习型家庭的成员能够更好地理解社会多样性和文化差异，促进了跨文化的理解和尊重。这种理解和尊重是全球化社会中不可或缺的素质，对于建立和谐社会、促进世界和平具有重要意义。家庭成员通过这种参与，不仅能够扩大自己的视野，还能够培养全球意识，理解自己的行为如何影响全球社区。社会和文化参与还能够增强家庭成员的社会责任感。通过参与志愿服务、环保活动和社区发展计划等，家庭成员能够对社会做出积极贡献，同时感受到自己行动的价值和意义。这种经历不仅有助于培养积极的社会参与态度，也使家庭成员意识到个人责任和集体行动的重要性。

三、学习型家庭的构建原则

在构建学习型家庭的过程中，采取的原则是多方面的，旨在平衡家庭成员的长期学习目标与短期学习需求，确保学习内容的广泛性与深入性，以及学习过程的全面性与专注性。通过遵循这些原则，家庭能够创造出一个既有利于实现长期学习目标，又能满足家庭成员个性化需求的学习环境（如图5-11）：

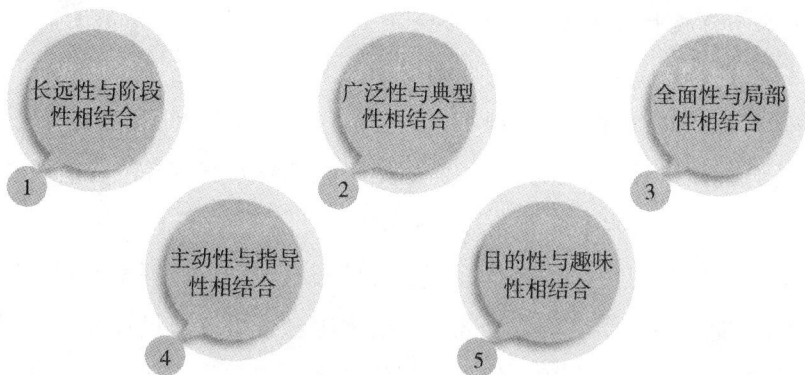

图5-11　学习型家庭的构建原则

（一）长远性与阶段性相结合

长远性与阶段性相结合的原则意味着在规划家庭成员的学习和成长路径时，既要有远见也要有实际可行的计划。这种方法不仅帮助家庭成员明确他们的学习和发展方向，也为他们提供了一个可按步骤执行的路线图，确保每一步都紧密连接着最终的目标。在实践中，长远目标可能包括掌握一门新语言、取得一个专业证书，或者是培养某种生活技能，将这些长远目标细分为可达成的短期目标，比如每天学习新语言20分钟，每周完成一个烹饪项目，或者每月阅读一本与专业发展相关的书。这样的分解不仅使目标看起来更加具体和可实现，也能够帮助家庭成员在达成每一个小目标时获得成就感，从而激发他们继续前进的动力。长远性与阶段性相结合的原则也意味着在家庭成员追求他们的长期目标过程中，需要不断评估和调整短期目标。这种灵活性不仅允许家庭成员根据自身进步和兴趣的变化调整学习计划，还能够确保学习路径始终符合他们的个人需求和发展目标。

为了有效实施这一原则，学习型家庭可以定期举行家庭会议，讨论每个成员的长远目标和近期计划，相互提供反馈和支持。通过这种方式，家庭不仅能够共同庆祝每个成员的进步和成功，也能够在遇到挑战时提供必要的帮助和鼓励。

（二）广泛性与典型性相结合

广泛性与典型性相结合的原则旨在为家庭成员构建一个既广泛又深入的学习环境。这种平衡确保每个成员不仅能够接触和了解广泛的知识领域，从而培养全面的兴趣和视野，同时也能够在感兴趣或具有重要性的领域中掌握更高水平的专业知识和技能。

为了实现学习内容的广泛性，学习型家庭鼓励成员探索不同领域的知识和技能，如文学、科学、艺术、技术等。这可以通过订阅多领域的教育资源、参与各种兴趣小组或社区活动来实现。家庭成员被鼓励保持好奇心，对新知识持开放态度，通过多样化的学习活动不断扩展自己的知识边界。注重典型性要求家庭成员在广泛探索的基础上，识别并深入学习那些具有基础性、代表性的知识点。例如，学习编程不仅要了解不同编程语言的基础，还要深入掌握至少一种语言的高级应用；学习音乐不仅要欣赏不同风格的作品，也要在特定乐器上达到一定的演奏水平。这要求家庭成员在广泛地探索后，能够根据个人兴趣或未来发展方向，选择重点领域进行深化学习。

实现这一原则的关键在于当前和未来平衡，家庭可以定期举行讨论，帮助成员反思自己的学习进程，确定哪些领域值得深入探究。同时，家长可以为孩子提供指导，帮助他们在广泛探索的基础上找到自己的学习重点，同时确保这一过程既满足个人兴趣，又符合长远发展的需求。通过广泛性与典型性相结合的原则，学习型家庭不仅能够为家庭成员提供一个丰富多彩的学习环境，促进他们的全面发展，也能够帮助他们在特定领域形成深入的理解和掌握专业技能。这种学习方法既满足了个体对知识探索的自然渴望，也为其未来的专业发展或个人成长打下了坚实的基础。

（三）全面性与局部性相结合

全面性与局部性相结合的原则反映了学习型家庭在构建学习环境时的精细平衡。通过这种原则，家庭确保教育计划既全方位覆盖各个知识和技能领域，也精准对接每位家庭成员的个性化需求。这种做法允许家庭成员在广阔的知识海洋中自由探索，同时能够在自己特别感兴趣或需要加强的领域中获得深入学习的机会。在实施这一原则时，家庭教育的内容设计旨在培养家庭成员成为全面发展的个体，这不仅包括学术知识的学习，还涉及情感智力、社交技能、身体健康等方面的培养。同时，考虑到每个家庭成员的独特性，教育计划也会根据他们的年龄、兴趣和能力进行调整，以确保每个成员都能用适合自己的节奏和方式进行学习。这种原则的实践体现在家庭如何组织日常学习活动和选择学习资源上。例如，家庭可能共同参与一些旨在增强团队合作和解决问题能力的活动，同时也会为每个成员安排一些更加专注于个人发展的学习任务，如参加特定的兴趣小组或在线课程。通过这种方式，学习型家庭不仅鼓励成员们发展广泛的兴趣和技能，还支持他们在自己选择的领域中追求卓越。这样的学习环境有助于家庭成员形成均衡发展的人格，同时也能够在他们特别关注的领域中培养出深度和专业性。

（四）主动性与指导性相结合

主动性与指导性相结合的原则在学习型家庭中扮演着至关重要的角色，旨在平衡家庭成员在学习旅程中的自我探索和外部引导。这一原则认识到，虽然自我驱动是学习过程中的关键因素，但恰当的指导和支持同样不可或缺，尤其是在面对学习挑战或探索新领域时。通过鼓励家庭成员主动参与学习，这一原则促进了他们的独立性和责任感的提升。家庭成员被鼓励根据自己的兴趣和目标，主动寻找资源、设定学习目标，并探索学习的新方法。这种主动探索不仅增强了学习的乐趣，还有助于培养解决问题的能力和自我效能感。家庭中的指导性角色尤其是家长的角色对于确保学习活动的方向和质量至关重要。家长和其他家庭成员可以通过提供资源、分享经验、设定学习框架和监督学习进度等方式，为学习者提供必要的支持和引导。这种指导不仅帮助家庭成员克服学习过程中可能遇到的障碍，也确保了学习活动能够有效地促进个人的成长和发展。将主动性与指导性相结合还意味着学习过程应当是一种双向交流和合作的过程。家庭成员可以向家长或其他成员反馈自己的学习体验和需求，而家长则根据这些反馈调整指导策略，以更好地满足个体的学习需求。这样的互动不仅加深了家庭成员之间的理解和联系，也为构建一个具有支持性和互助性的学习环境奠定了基础。

（五）目的性与趣味性相结合

目的性与趣味性相结合的原则确保学习既有明确的方向也充满乐趣。这种平衡让学习过程不仅是为了达成某个具体的目标，比如掌握一种新技能或者深入理解一个学科领域，而且确保这一过程能够吸引家庭成员的注意力，激发他们的好奇心和兴趣，提高他们对学习活动的参与度和持久性。在实践这一原则时，学习活动的设计既要具有挑战性，以满足家庭成员的成长和发展需求，又要充满创意和趣味，以维持他们的学习热情。例如，一个旨在提高数学能力的学习计划，可以通过设计游戏化的数学谜题和竞赛来实现，既明确了提高数学技能的目的性，又通过趣味性的方式增加了学习的吸引力。将学习活动与家庭成员的兴趣和生活实践相结合也是实现这一原则的有效方式。例如，如果家庭成员对烹饪感兴趣，可以通过研究不同国家的食谱和烹饪方法来学习地理和文化，这种方法不仅增长了知识，也让学习过程充满了乐趣和实用价值。家长在实施这一原则时需要发挥关键作用，既要作为引导者帮助家庭成员明确学习目标，又要作为参与者和支持者，与孩子一起探索学习的乐趣。家长可以通过分享自己的学习经历，引入创新的学习方法，或者与孩子一起参加学习活动，来增强学习的趣味性和互动性。

目的性与趣味性相结合的原则的成功实施，要求学习型家庭在设计学习活动时既考虑到学习的实际效果，又重视学习过程的享受。通过这种方式，学习不再是一项单一的、枯燥的任务，而是变成了一种富有成效且令人愉快的家庭共享经历。这不仅促进了知识和技能的获取，也加深了家庭成员间的联系，共同构建了终身学习的家庭文化。

四、学习型家庭的构建路径

学习型家庭不仅能够为家庭成员提供一个丰富的学习环境，还能够促进他们的个人成长和社会参与，为终身学习奠定坚实的基础。学习型家庭的构建路径具体如下（如图5-12）：

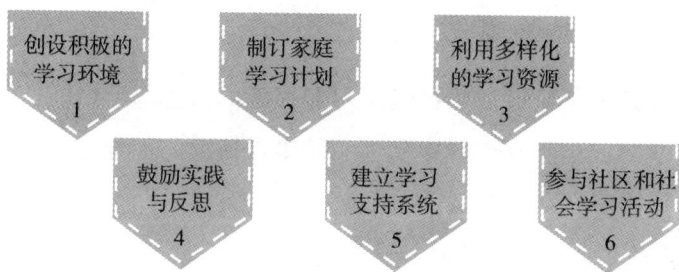

图5-12 学习型家庭的构建路径

（一）创设积极的学习环境

创设积极的学习环境对于学习型家庭的建立和维护至关重要。这种环境的构建涉及多个层面，包括物理空间的布局和心理氛围的营造，旨在促进家庭成员的学习动力，提高参与度以及持久的学习兴趣。

物理空间方面，一个适宜的学习环境应当是充满光线、通风良好且远离噪声的区域，这样的环境有助于提高家庭成员的专注力和学习效率。此外，配备必要的学习工具和资源，如舒适的桌椅、充足的书籍和文具，以及稳定的网络连接，可以让学习活动更加顺畅，减少干扰和延误。设立一个专门学习的区域，不仅明确了学习的重要性，也为家庭成员提供了一个专注学习的物理环境。积极的学习环境不只物理空间的布置，更重要的是营造支持和鼓励探索的心理氛围。这样的氛围鼓励家庭成员提出问题、探索未知领域并且不惧怕犯错。在这种环境中，发现和改正错误被视为学习过程中的自然部分，是获取新知识和技能的重要步骤。家庭成员被鼓励分享自己的学习经历和挑战，家长和其他成员提供反馈和支持，而不是批评和指责，从而增强个体的自信心和尝试新事物的勇气。

积极的学习环境还意味着家庭成员之间存在开放和尊重的沟通渠道。家庭成员能够自由表达自己的意见和感受，就学习目标、方法和进度进行讨论和协商。这种沟通促进了相互理解和支持，帮助解决学习过程中遇到的问题，同时也加强了家庭成员之间的联系和团队精神。

通过创设这样的学习环境，学习型家庭能够为成员提供一个既有充足物质条件又充满情感支持的学习空间，不仅有利于学习效率的提高，更重要的是培养了家庭成员持续学习和探索的兴趣与习惯。这种环境的建立，使学习成为家庭生活中积极、健康且持续的部分，为家庭成员个人成长和整体家庭发展奠定了坚实的基础。

（二）制订家庭学习计划

制订家庭学习计划是实现学习型家庭目标的关键步骤。这一策略考虑到每位家庭成员的个性化需求，兴趣以及学习目标，确保教育活动既能激发个人潜能，又能促进家庭整体的和谐发展。在这个过程中，家庭成员之间的沟通和合作显得尤为重要，它们是制订有效、包容且灵活学习计划的基础。

家庭学习计划的制订程起始于深入了解每位成员的兴趣和需求。这一过程可能涉及开展家庭会议，其中每个人都有机会表达自己在学习上的期望、兴趣领域以及他们想要达成的目标。通过这种方式，家庭成员不仅能够相互了解和支持，还能在计划的早期阶段建立起共同的理解和目标。在确立了家庭成员的兴趣和需求之后，接下来的步骤是将这些个人目标与家庭的整体教育目标相结合。这可能意味着需要在不同成员的学习计划之间寻找平衡点，确保每个人的需求都能得到满足，同时又能够共同促进家庭的整体学习和成长目标。例如，如果家庭中的一个共同目标是增强科学素养，那么家庭学习计划可能会包括参观科学博物馆、观看相关教育视频，以及进行家庭科学项目等活动，同时考虑到每位成员的兴趣，为他们提供专注于特定科学领域的深入学习机会。灵活性是制订家庭学习计划时必须考虑的因素。随着时间的推移，家庭成员的兴趣、需求和学习目标可能会发生变化，这就要求学习计划能够适应这些变化。定期回顾和更新学习计划，可以确保它始终反映家庭成员当前的学习需求和目标。此外，灵活的学习计划还能够适应家庭生活中的意外情况，如繁忙的工作日程、假期旅行或家庭成员的健康问题，确保学习活动既不会给家庭生活带来过大压力，又能在可能的情况下持续进行。

通过共同讨论、规划和实施既反映个人兴趣又符合家庭整体教育目标的定制化学习计划，学习型家庭能够为每位成员提供一个支持和促进个人成长的环境，同时增强家庭成员之间的联系，共同促进家庭的整体发展。这种方法不仅使学习成为家庭共享的经历，还将学习和成长融入家庭生活的每一个方面，为家庭成员构建了一个充满爱、支持和学习的温馨家园。

（三）利用多样化的学习资源

利用多样化的学习资源能够极大地扩展家庭成员的学习视野和深化学习体验。在这个信息爆炸的时代，各种学习资源触手可及，家庭成员能够通过不同的渠道和形式，接触到广泛的知识和文化内容。

图书一直是知识传递的重要媒介，家庭图书馆或定期访问公共图书馆可以让家庭成员接触到多种书，从经典文学到现代科技，从儿童图画书到成人书籍，图书为所有年龄段的家庭成员提供了丰富的学习材料。阅读不仅能够增加知识，还能够激发想象力，培养深入思考的习惯。在线课程和教育软件则为家庭成员提供了灵活的学习方式。无论是MOOC（大规模开放在线课程）平台上的大学课程，还是专为儿童设计的互动学习应用软件，这些资源都能够让家庭成员根据自己的兴趣和进度，随时随地进行学习。在线资源的多样性和可访问性极大地丰富了家庭的学习选项，使得个性化学习成为可能。

社区资源如图书馆、博物馆和社区中心等为学习型家庭提供了另一个宝贵的学习资源库。这些地方不仅有丰富的资料，还经常举办各种讲座、工作室和展览，涵盖各种主题和领域。参与这些活动，家庭成员不仅能够学到新知识，还有机会与其他学习者交流，扩大社交圈，增进对社区和文化的了解。

实践活动如家庭旅行、自然探索和社会服务也是重要的学习资源。通过这些活动，家庭成员能够将所学的理论知识应用到实际生活中，增强学习的实用性和相关性。实践活动不仅能够加深对学习内容的理解，还能够培养解决问题的能力、团队合作精神和社会责任感。

通过广泛利用这些多样化的学习资源，学习型家庭能够为家庭成员创造一个全方位、多维度的学习环境。这种环境不仅支持家庭成员的个性化学习需求，还促进了家庭成员之间的交流和合作，加深了他们对世界的理解和认知，为终身学习奠定了坚实的基础。

（四）鼓励实践与反思

鼓励实践与反思共同促进了深度学习的开展，使学习过程超越了表层的记忆，达到了应用和理解的层次。这种策略不仅强调了学习内容的实际应用，也重视了学习过程中的主动思考和自我评估，从而为家庭成员提供了持续成长和发展的机会。

实践活动是学习型家庭中不可或缺的一部分。通过将所学知识应用于解决实际问题或完成具体项目，家庭成员能够更好地理解和掌握学习内容。这种应用可以是科学实验、艺术创作、编程项目，或者是社区服务等形式，其核心目的在于将抽象的概念和理论转化为具体可见的成果。这样的实践不仅增强了知识的实用性和相关性，还能够激发家庭成员的创造力和解决问题的能力。反思则是实践之后不可分割的一环，它要求家庭成员回顾和思考自己的学习经历，包括学习过程中的选择、遇到的挑战、采取的策略以及最终的结果。通过反思，家庭成员能够更加深入地理解自己的学习方式，认识到自己的强项和待改进的地方，从而在未来的学习中做出调整。这种自我评估和批判性思考的过程对于培养自我导向的学习能力至关重要。

在鼓励实践与反思的策略中，家长的角色也尤为关键。家长不仅可以提供实践活动的机会，如安排家庭项目、支持参与外部活动等，也应鼓励和引导家庭成员进行反思，可能是通过共享自己的反思内容、提出引导性问题，或者是一起讨论学习经历和心得。这种共同参与的过程不仅增强了家庭成员之间的联系，也为年轻成员树立了学习和反思的榜样。

实践与反思的结合为学习型家庭提供了一个动态的学习模式。这种模式强调了学习的过程性和发展性，鼓励家庭成员在实际操作中学习，在反思中成长。通过这种方式，学习不再是单向的知识传递，而是变成了一个循环往复的过程。其中知识的获取、应用和评估相互交织，共同推动了家庭成员的全面发展。

（五）建立学习支持系统

建立学习支持系统为家庭成员提供了一个具有鼓励性和支持性的网络，确保学习过程中的每一个成员都不会感到孤立无援。通过实施学习伙伴制度、家庭学习分享会等策略，家庭不仅能够促进知识和技能的传递，还能够增强家庭内的沟通、理解和团结。

学习伙伴制度是一种有效的学习支持方法，它鼓励家庭成员之间建立一对一或小组的学习伙伴关系。在这种制度下，成员们可以相互教学，分享学习经验和资源，互相激励和支持。对于年幼的孩子，父母或年长的兄弟姐妹可以成为他们的学习伙伴，引导他们进行阅读、完成作业或探索新的学习领域。对于成年家庭成员，他们也可以通过共同学习一个新语言或技能来加强彼此间的联系。学习伙伴制度不仅有助于提高学习效率，还能够增进家庭成员间的亲密关系。定期举行的家庭学习分享会是另一种加强学习支持系统的有效方式。在这样的会议上，每个家庭成员都有机会分享自己的学习进展、成功经历或面临的挑战。这不仅是展示学习成果的平台，也是寻求帮助和建议的机会。通过这种方式，家庭成员可以从彼此的经验中学习，发现共同的兴趣点或解决问题的新思路。家庭学习分享会还可以增强家庭成员的归属感和成就感，让他们意识到家庭是他们学习旅程中坚实的后盾。学习支持系统还可以通过建立鼓励和奖励机制来进一步完善。家庭可以设定一些学习目标，并为达成这些目标的成员提供奖励，无论是口头表扬、小礼物，还是家庭外出活动。这样的奖励机制不仅能够激发家庭成员的学习动力，还能够为家庭生活增添乐趣和欢乐。

通过这些策略，学习型家庭能够为其成员构建一个全面的学习支持系统，这个系统不仅支持每个人的学习和成长，还加深了家庭成员之间的联系，共同创建了一个充满爱、支持和学习氛围的家庭环境。

（六）参与社区和社会学习活动

通过积极参与社区和社会学习活动，家庭成员能够拓宽视野，丰富知识，促进家庭成员之间的情感交流和合作能力的提升。

社区和社会学习活动提供了多样化的学习机会。家庭可以参加社区组织的各种讲座、研讨会和文化活动，这些活动不仅涵盖了广泛的知识领域，还能够满足不同年龄段成员的兴趣和需求。例如，社区的读书会、艺术展览、科学实验室开放日等活动，不仅能够丰富家庭成员的文化生活，还能够激发他们的学习兴趣和探究精神。参与社区和社会学习活动有助于家庭成员建立社会联系和提升社交能力。在这些活动中，家庭成员有机会结识志同道合的朋友，参与讨论和交流，增强人际交往能力。特别是对于孩子来说，参与社区活动可以培养他们的团队合作意识和领导能力，促进他们在真实社会环境中的成长和发展。

社区和社会学习活动为家庭成员提供了实践和反思的机会。通过参与志愿服务、社区项目和社会实践活动，家庭成员可以将所学知识应用于实际生活中，增强解决问题的能力和社会责任感。例如，参加环保活动、社会公益项目等，不仅能够培养家庭成员的环保意识和公益精神，还能使他们在实际行动中不断反思和改进自己的学习方法和策略。社区和社会学习活动还能增强家庭的凝聚力和向心力。通过共同参与活动，家庭成员能够分享学习成果，交流心得体会，增进彼此之间的理解和支持。这种共同的学习经历能够增进家庭成员之间的感情，还能够形成积极向上的家庭文化，激励每个成员不断进步和成长。

第六章 不同人生发展阶段的家庭教育

第一节 婴幼儿时期的家庭教育

婴幼儿时期是人生发展的初级阶段。这一时期的家庭教育对孩子的成长至关重要。在这个阶段，孩子的大脑发展迅速，他们开始探索周围的世界，形成初步的语言能力、社交技能以及个性。因此，为孩子提供一个充满爱、鼓励和支持的环境，对于促进其健康和全面发展具有不可估量的价值。这一时期的家庭教育策略需要关注培养良好的生活习惯、塑造积极的个性特质，以及早期的语言能力发展，为孩子的未来学习和生活奠定坚实的基础。具体如下。

一、良好生活习惯的养成

在婴幼儿时期对这些基本生活习惯的培养不仅有助于孩子的健康成长，也为他们将来的自我管理和独立生活能力打下了坚实的基础（如图6-1）：

睡眠习惯

1

3　排泄及卫生习惯

2

饮食习惯

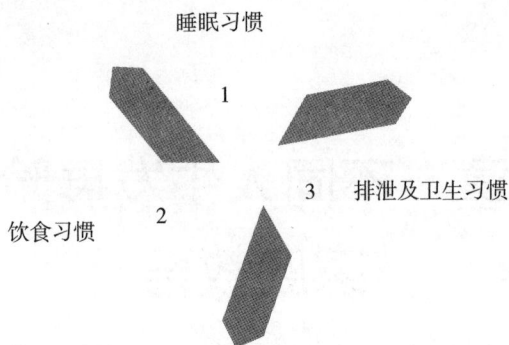

图 6-1　婴幼儿良好生活习惯的养成

（一）睡眠习惯

在婴幼儿时期，确保孩子获得充足且高质量的睡眠对于他们的健康和发展至关重要。睡眠不仅对于婴幼儿的身体成长至关重要，而且对于他们的大脑发展和情绪调节能力的形成也有着不可忽视的作用。根据孩子的不同年龄阶段，睡眠需求会有所变化。例如，2 个月大的婴儿需要 16 ～ 18 个小时的睡眠；2 岁时，孩子一天的睡眠需求减少到 12 ～ 13 个小时。

养成独自睡眠的习惯对孩子的独立性和自我安抚能力的培养非常关键。如果条件允许，让婴幼儿单独睡在一个房间可以帮助他们从小就学会独立入睡。这对于孩子长期的睡眠质量和家庭的整体睡眠环境都大有裨益。避免睡前过度依赖家长的抱抚、哄抚等辅助入睡的方式，可以促使孩子学会自我安抚，更容易进入自然睡眠。在孩子睡前播放舒缓的音乐是一种促进孩子平静入眠的有效方法，有助于建立积极的睡前例行程序。选择适合婴幼儿的睡姿也极为重要。推荐的右侧卧姿势不仅能够促进婴幼儿的消化和减少对心脏的压迫，还有利于肝脏的血液供应和新陈代谢的活跃，从而支持孩子的身体健康。同时，建立遵循自然昼夜节律的睡眠习惯，让孩子在白天保持活跃，在晚上享受深度休息，是促进大脑发展和确保充分休息的关键。培养良好的睡眠习惯还包括创建一个适宜的睡眠环境，这意味着保持睡眠区域的安静、舒适和适宜的温度。避免过度刺激的活动和环境光源，特别是在睡前，可以帮助孩子更容易地进入睡眠状态。

（二）饮食习惯

在婴幼儿时期，培养健康的饮食习惯是确保孩子身心发展的基石之一。这个阶段，孩子的味蕾和饮食偏好开始形成，为家长提供了塑造和引导孩子健康饮食行为的关键时机。良好的饮食习惯的培养不仅影响孩子的生长发育，还对其长期的饮食选择和生活方式产生深远影响。婴幼儿时期是营养需求高速增长的时期，适当和均衡的营养摄入对于支持孩子的正常生长发育至关重要。这也是培养孩子健康饮食行为的黄金时期，良好的饮食习惯一旦在此时期建立，便可能伴随一生。

饮食习惯不仅包括食物的选择，还涵盖饮食的时间、进食的环境以及进食行为等多个方面。具体如下：其一，多样化的食物选择。从婴幼儿时期开始，就应该让孩子接触和尝试各种各样的食物，包括不同类型的蔬菜、水果、全谷物、蛋白质来源等。多样化的食物选择不仅能够满足孩子日益增长的营养需求，还能帮助他们建立广泛的食物偏好，避免偏食。家长可以通过创造性地准备食物，如使用各种颜色的蔬菜进行有趣的餐盘布局，来吸引孩子的兴趣，增强他们尝试新食物的意愿。其二，规律的饮食时间。为孩子建立规律的饮食时间对于培养健康的饮食习惯至关重要。固定的用餐时间不仅可以帮助孩子形成良好的生物钟，还能促进家庭成员之间的交流和互动。共餐时刻为家长提供了展示健康饮食行为的机会，家长的饮食选择和用餐行为对孩子有着直接的影响。其三，积极的饮食环境。创造一个积极、无压力的饮食环境对孩子养成健康饮食习惯至关重要。避免在餐桌上进行批评或强迫孩子吃他们不愿意吃的食物。相反，应当鼓励孩子尝试新食物，但也尊重他们的偏好和饱足感。在餐桌上与孩子进行轻松的对话，让用餐成为一个享受的过程，而非任务。其四，让孩子参与食物的选择和准备过程可以提高他们对食物的兴趣和接受度。即使是很小的孩子也可以进行简单的任务，如清洗蔬菜和水果。这种参与感让孩子感到自己在饮食方面有一定的控制权和选择权，从而更愿意尝试他们参与准备的食物。其五，教育与沟通。通过日常对话，家长应该向孩子传达健康饮食的重要性，解释不同食物对身体的好处。这种教育不应该仅限于用餐时刻，而应该融入日常生活的各个方面，如购物时讨论食物的营养价值，或者在看书时提到食物和健康的关系。

（三）排泄及卫生习惯

在婴幼儿时期培养良好的排泄及卫生习惯对孩子的健康成长至关重要。婴幼儿阶段的家庭教育不仅涉及孩子生理发展的需要，也是其自我管理和社会适应能力初步形成的重要时期。良好的排泄和卫生习惯的培养，不仅有助于预防感染和疾病，还能为孩子日后的独立生活奠定基础。

婴幼儿时期是通过观察和模仿进行学习的关键时期，家长的角色变得尤为重要。家长的行为、态度以及对孩子排泄行为的反应都会对孩子产生直接影响。因此，创造一个具有积极性、支持性的学习环境是培养这些习惯的第一步。家长需要展示耐心，通过正面鼓励和适时的指导帮助孩子学习和掌握这些基本的卫生习惯。从小培养孩子定时上厕所的习惯是很有帮助的。即使在孩子还穿着尿布的时期，家长也可以开始教育孩子认识和表达自己的排泄需求。这可以通过定时带孩子去厕所尝试，即使没有实际的排泄行为，也可以作为一种习惯来培养。随着孩子逐渐长大，家长可以引导他们认识到使用马桶的重要性，并鼓励他们独立完成排泄过程。卫生习惯的培养也同样重要。洗手是最基本也是最有效的卫生习惯之一，可以有效预防细菌和病毒的传播。家长应该在孩子很小的时候就开始教育他们认识到在饭前、厕后洗手的重要性，并通过示范和一起洗手的方式来加深孩子的印象。随着孩子的成长，家长还可以教育孩子如何正确地刷牙、洗脸以及进行其他个人卫生活动。

除了日常的排泄和卫生习惯外，家长还应该注重孩子睡前和起床后的卫生习惯，比如清洁面部、更换干净的衣物等。通过建立这样的日常卫生例程，孩子可以逐渐形成自我照顾的能力，为将来的独立生活打下坚实的基础。

　　培养良好的排泄及卫生习惯不是一蹴而就的，需要家长的持续关注和引导。通过建立固定的卫生例程、提供积极的反馈和鼓励，以及作为良好榜样，家长可以有效地帮助孩子养成这些重要的习惯。这一过程不仅有助于孩子的身体健康，也是其自我管理能力发展的重要组成部分，对孩子的整体成长和发展具有深远影响。

二、良好个性的塑造

　　在婴幼儿时期塑造良好个性的过程中，考虑孩子的气质类型对于家庭教育尤为关键。每个孩子天生带有独特的气质，这决定了他们对外界刺激的反应方式、适应新环境的速度以及情绪变化的模式。家庭教育策略应当根据孩子的气质特点进行调整，以促进其积极个性的发展（如图6-2）：

图 6-2　良好个性的塑造

（一）理解气质的多样性

　　孩子从出生起就展现出独特的行为和情绪反应模式。这些模式深深根植于他们的生物学特质中。气质的不同表现形式对父母如何与孩子互动、如何支持他们的成长发挥着关键作用。气质多样性意味着每个孩子对外部世界的适应方式和他们所需的支持类型都是独一无二的。有些孩子可能对新环境和新遇到的人表现出开放和好奇的态度，而另一些孩子可能显得更为谨慎和需要更长时间来适应。这种差异要求父母采用不同的策略来满足每个孩子的个别需求。

在家庭教育中，理解孩子气质的多样性首先需要父母观察和识别孩子在日常生活中的行为模式。例如，一些孩子可能在面对新的活动时立即表现出兴奋和积极参与的态度，这类孩子往往对变化和新挑战有较高的容忍度；而另一些孩子对于同样的情景可能表现出犹豫和退缩，他们在接受新事物时需要更多的时间和鼓励。父母还需要认识到，气质多样性也意味着在家庭教育中需要灵活运用不同的沟通方式和纪律策略。对于一些孩子来说，积极的鼓励和奖励可能是激发他们最佳行为的有效手段；而对于其他孩子，可能需要更多的界限设定和一致性来帮助他们建立安全感和行为规范。

理解和尊重每个孩子的气质多样性，对于促进孩子的健康发展和积极个性的塑造至关重要。这不仅能帮助父母更有效地支持孩子的成长，也为孩子提供了一个充满爱和理解的环境，让他们感到自己的独特性被珍视和尊重。通过这样的教育实践，父母能够培养出自信地面对世界的孩子，为孩子未来的成功和幸福奠定坚实的基础。

（二）针对不同气质婴幼儿的教育策略

理解和适应每个孩子的气质类型，能够为他们提供一个更加有利于成长的环境，同时帮助其学会如何有效地与世界互动。在家庭教育中，这要求父母和照护者不仅深刻理解婴幼儿的气质，还要根据这些气质制定和调整教育方法。第一，对于活跃型气质的婴幼儿。这类婴幼儿通常充满能量，难以静坐，家长应提供足够的空间和机会让他们通过身体活动来消耗能量。例如，安排定期的户外活动，如游乐场游玩、散步或轻松的追逐游戏。也可以通过音乐和舞蹈等活动，引导孩子以健康的方式使用他们的能量。此外，为这些孩子设置明确的规则和界限，有助于他们学习如何控制自己的行为。第二，对于缓慢适应型气质的婴幼儿。这类孩子面对新环境或新情景时可能表现出谨慎和犹豫。为了帮助他们适应，家长可以采取渐进式地介绍新事物的方法，避免强迫孩子立即接受。在孩子面临新环境或新活动时，提供额外的安慰和支持，鼓励他们表达自己的感受，并给予积极的反馈。创建一个稳定、可预测的日常生活结构，也有助于这类孩子感到更加安全和自在。第三，对于高反应型气质的婴幼儿。这类孩子对情绪刺激反应强烈，他们可能需要更多的帮助来管理自己的情绪。家长可以通过情绪教育，帮助孩子识别和命名不同的情绪，以及使用适当的表达方式。提供一些冷静下来的策略，如深呼吸、拥抱安抚玩具或静静地坐一会儿，可以帮助孩子学会自我安抚。同时，充足的睡眠和健康的饮食也可以帮助缓解孩子的情绪反应。第四，对于低反应型气质的婴幼儿。这类的婴幼儿可能对外界刺激的反应较为迟钝，他们可能不容易表现出兴奋或强烈的情绪。家长可以通过增加互动性强的游戏和活动来激发他们的兴趣和参与度，如互动式读书或参与家庭日常活动。鼓励孩子探索环境，并为他们的探索提供积极的反馈，可以帮助他们提高对环境的敏感性和参与感。

三、语言能力的培养

语言能力的培养是儿童早期发展的关键组成部分，对孩子的认知发展、社会交往能力以及未来学习成就具有深远的影响。不同年龄阶段的孩子在语言学习上有着不同的需求和能力，因此，家长和教育者需要采取有针对性的策略来支持孩子的语言发展。

（一）0～3岁幼儿语言能力的培养

理解和支持0～3岁幼儿在这一关键期的语言能力培养，对于他们的整体发展至关重要。在这一时期，孩子们经历从最初的非语言交流，如啼哭和牙牙学语，到逐步能够使用单词和简单句子进行自我表达的转变。对于父母和照护者而言，创造一个内容丰富且具有支持性的语言学习环境，不仅能够促进孩子的语言发展，还能增强他们的社交技能、情感发展和认知能力。具体策略如下：其一，日常对话。通过不断与孩子交流，哪怕是在孩子还未能形成回应的早期阶段，父母就开始了语言教育的第一步。这种日常的、看似简单的交流，实际上是在教孩子如何倾听和理解语言，同时也是在向他们展示如何使用语言来表达思想和感受。描述正在进行的活动（比如："妈妈现在正在给你换尿布"）、孩子看到的物体（比如："看，这是一只小狗"），以及对孩子行为的回应（比如："你把球扔得真远！"），都能有效地增加孩子的词汇量，并帮助他们构建起对世界的理解。其二，定期阅读。通过挑选图画丰富、故事内容简单的书籍，父母可以吸引孩子的注意力，同时引入新的词汇和句式。在阅读时，指向并命名图片中的物体，鼓励孩子模仿，不仅可以增强他们对语言的理解，也鼓励了孩子的主动学习和参与。故事时间成为一种互动的学习经历，让孩子在愉悦的环境中探索语言的奇妙世界。其三，唱歌和押韵游戏。这类游戏因其重复性和节奏感，对于孩子的语言学习尤为重要，不仅能够吸引孩子的注意力，还能帮助他们学习语言的韵律，增强记忆力。简单的歌谣和押韵游戏对孩子记忆新词汇特别有效，因为音乐和韵律深化了孩子对语言模式的认识，同时也增加了学习的乐趣。其四，鼓励模仿。在 0～3 岁的婴幼儿阶段，模仿是孩子学习语言的一个自然途径。父母可以通过鼓励孩子模仿动物声音、日常用品的名称和简单的日常用语，来促进孩子的语言发展。这种模仿不仅限于口头语言，还包括面部表情和手势，为孩子提供了一种全面的语言学习方式。通过游戏化的学习方法，使孩子能在轻松愉快的氛围中掌握新词汇和表达方式。

（二）3～6 岁幼儿语言能力的培养

当孩子进入 3～6 岁这个阶段，他们的语言能力会经历显著的成长，这个时期对于语言学习来说至关重要。孩子开始使用更复杂的句子结构，能够表达更加丰富和细腻的思想和情感。因此，在这个阶段家长和教育者的任务是通过多种方式促进孩子语言能力的发展，特别是在词汇量的扩展、语言表达能力的提升，以及理解和使用复杂语言结构的能力方面。具体策略如下：其一，扩展词汇。通过扩展词汇和理解及使用复杂语句，孩子能够在表达思想、情感和创意方面取得显著进步。以下是关于如何在这两个方面支持孩子语言发展的详细讨论。日常生活充满了学习新词的机会。通过在与孩子的日常对话中自然地引入新词汇，父母可以有效地扩展孩子的词汇量。这种方法的关键在于利用孩子对周围世界的好奇心，以及他们对所讨论话题的兴趣。父母可以描述正在做的事情、孩子观察到的物体或场景，并在适当的时候引入与之相关的新词汇。例如，在公园散步时，可以指着一只鸟并介绍它的种类，或者在做饭时讲解不同食材的名称。这样的互动不仅增加了孩子的词汇量，还促进了他们对语言的理解和兴趣。选择主题多样、图文并茂的书可以激发孩子的想象力，同时增加他们的词汇量。在阅读时，父母应该指向并命名书中的物体和场景，鼓励孩子模仿读到的词汇。此外，讨论书中的内容和新词，鼓励孩子在日常生活中使用这些新学到的词，可以加深他们对词的理解和记忆。参与户外运动或科学实验等探索性活动，可以利用孩子对新事物的好奇心引入专业术语或与活动相关的新词。例如，参观植物园时介绍不同植物的名称，或在家进行简单的科学实验时解释实验用品和进行实验过程中使用的术语。这样的活动不仅扩展了孩子的词汇量，还增强了他们对学习的兴趣和动力。其二，理解和使用复杂语句。随着语言基础的逐渐巩固，孩子能够开始理解并使用更加复杂的句子结构，这对于他们表达复杂概念和情感是必不可少的：通过讲述包含因果关系和条件句的复杂故事，以及组织角色扮演游戏，孩子可以在实践中学习这些复杂的语言结构如何使用。这类活动不仅提供了语言学习的情景，还激发了孩子的创造力和想象力。父母可以鼓励孩子在角色扮演或讲故事时使用复杂句子来描述情节、表达角色的想法和情感。鼓励孩子创作自己的小故事或画画，并为其配上文字描述，是另一种促进复杂语句使用的有效方法。这种活动允许孩子自由地表达自己的想法，同时练习使用更复杂的语言结构来组织和描述他们的故事。父母可以通过提问和讨论孩子的作品，引导他们进一步思考和完善他们的语言表达。其三，提问和思考。通过使用开放式问题，孩子被激励去思考，使用自己的话语来表达思想和感受。这种互动方式不仅促进了孩子语言表达能力的提升，还激发了他们的好奇心和探索欲，为他们提供了主动学习和思考的机会。在与孩子的日常交流中，父母和教育者应当努力提出那些能够引导孩子描述、解释和反思的问题。例如，不要简单地问"你今天玩得开心吗"，不妨改问"你今天都做了哪些有趣的事情"这样的问题鼓励孩子提供更多信息，分享他们的经历和感受，从而促进他们的语言表达和思维能力的发展。也可以在阅读故事时提出关于情节、角色和可能的结局的问题，帮助孩子深入理解故事内容，同时鼓励他们运用想象力和批判性思维。通过询问孩子对故事中角色行为的看法，或是如何预测故事的发展，父母和教育者可以促进孩子更深层次地思考，以及学习如何使用语言来表达复杂的想法。其四，参与社交活动。社交活动为孩子提供了使用和练习语言的真实场景，对于他们语言社交技能的发展至关重要。通过与同龄人和成人的互动，孩子能够学习有效沟通的技巧，理解并适应社会的交流规则。鼓励孩子参与小组游戏或活动能够提供宝贵的语言使用和社交技能学习机会。这些活动要求孩子们相互沟通、分享想法、解决冲突，并协作完成任务。通过这样的互动，孩子不仅能够练习语言技能，还能学习到如何进行团队合作和社交礼仪。还可以通过参与表演活动或剧目演出的形式为孩子提供展示其语言能力和创造力的平台。这种活动能够增强孩子的自信心，同时提供与众不同的社交互动经验。在准备和表演过程中，孩子需要理解剧本内容，记住台词，以及学会如何通过口头语言和身体语言来表达角色的情感和动机。这些都是对他们语言能力和社交技能的重要锻炼。

第二节　童年时期的家庭教育

童年时期通常指的是儿童从幼儿园到小学这一阶段。这一时期是儿童生理和心理快速成长的关键阶段，家庭教育在这一时期扮演着至关重要的角色。正确的家庭教育不仅能够促进儿童的全面发展，还能帮助他们形成积极的人生观和价值观。

一、童年时期儿童的身心发展特点

（一）生理特点

童年时期覆盖了儿童从幼儿园到小学的成长阶段，是身体和大脑发展的关键时期。尽管这一时期的身体发育相对平稳，但仍然蕴含着复杂和细微的生长变化。这一阶段的生理特点不仅影响儿童的健康状况，也为其学习能力和社会交往打下基础。

童年时期的身体发育以其平稳性为特点，表现在身高和体重的逐年均衡增长上。在这一阶段，儿童的身高平均每年增长 4.5 ～ 5 厘米，体重年增长约 2.5 千克。这种稳定的生长速率为儿童提供了进行各种身体活动和学习的基础。然而，尽管儿童骨骼发育迅速，但其许多软组织如肌肉和韧带仍在成熟过程中，容易出现疲劳和损伤。因此，家长和教育者需避免让儿童承担过重的物理负担，以免影响其正常发育。童年时期儿童大脑的重量和结构都有显著变化。6 岁时，儿童大脑重量约为 1200 克，到 9 岁时增至约 1350 克，12 岁时更是达到成人水平的 1400 克。特别值得注意的是大脑额叶的显著增大，这一变化与儿童认知能力的提高密切相关。神经髓鞘化的完成为儿童的条件反射、记忆和学习能力提供了生理基础。此外，儿童在这一时期的兴奋和抑制过程趋向平衡，有利于形成更多的认知联系和更精确的行为控制。家长在这一阶段应重视儿童的睡眠，足够的睡眠时间对于支持儿童大脑发育和神经系统健康至关重要。此外，适当的体育活动和营养均衡的饮食也是促进儿童身体和大脑健康发展的关键因素。

在童年时期，家长和教育者需要综合考虑儿童的生理发展特点，采取适宜的教育和生活方式支持儿童的全面成长。这包括提供丰富的营养、确保充足的休息和睡眠、鼓励适度的体育活动，以及创造一个具有安全性、支持性的环境。这一时期的身体和神经系统发展特点，尽管可能不如其他时期那样显著，但它们为儿童的认知能力、情感发展和社会交往能力的提升提供了基础。因此，家庭教育的策略需充分考虑到这些生理变化，以促进儿童的健康发展。健康的生理发展为儿童的学习和探索提供了必要的物理基础。稳定增长的身高和体重反映了儿童良好的营养状态和健康状况，而大脑和神经系统的成熟则直接关系到儿童的认知能力和情绪调节能力。因此，童年时期的家庭教育应关注儿童的生理健康，为其提供一个有利于身心发展的环境。家长和教育者还应认识到，童年时期的身体活动不仅对于促进身体健康重要，也是儿童社会技能和情感能力发展的重要途径。适当的体育活动能够提高儿童的身体协调性和团队合作能力，也有助于儿童情绪的释放和调节。

（二）心理特点

童年时期是儿童心理发展的关键阶段，涉及认知、情绪情感、自我意识与性格以及言语各个方面。家长和教育者应提供一个具有支持性的环境，鼓励儿童探索、表达和自我反思，从而促进他们全面而均衡地成长。

具体来讲，这一阶段的儿童具有以下心理特点。其一，认知发展。童年时期是儿童认知发展的关键阶段，他们的思维能力、观察力、注意力、记忆力和想象力都在这一时期内经历了显著的发展和变化。家长和教育者在这一时期的教育中应充分认识到儿童认知特点的这些变化，通过创造丰富的学习环境和提供适当的指导和支持，帮助儿童充分发挥他们的潜能，促进他们全面而均衡的发展。这一时期儿童的思维能力由最初的形象思维逐步过渡到抽象逻辑思维。尽管这种抽象逻辑思维在很大程度上仍然与直接经验和感性经验紧密相连，具有较多的具体形象性，但概括能力的发展成了儿童思维过程中的一个显著特点。从整体看，儿童的概括能力从对事物的外部感性特征的简单概括，逐步发展到对事物本质属性的深入概括，表现出从简单到复杂的发展过程。除了思维的发展外，童年时期儿童的观察力、注意力、记忆力和想象力也与幼儿时期相比有了显著的进步。具体表现在：观察的精确性显著提高，目的性增强；注意力由无意注意逐步转向有意注意，表现出对抽象逻辑性强的事物的兴趣；记忆能力从以无意记忆、具体形象记忆、机械记忆为主发展到以有意记忆、抽象逻辑记忆和意义记忆为主；想象力的有意性迅速增长，创造性成分增多，想象更具现实性。其二，情绪情感发展。随着年龄的增长，儿童的情绪和情感逐渐呈现出新的特点。生活经验的积累和生活范围的扩大使得儿童的情绪情感内容更加丰富。与幼儿时期相比，童年时期儿童的情绪情感更稳定、深刻，并且学会了更好地调节和控制自己的情绪情感，表现出明显的内隐性。例如，他们能在遇到不愉快的情况时，抑制自己的情绪，选择合适的时机和方式表达。此外，童年时期也是社会情感如道德感、同理心、美感等高级情感逐步发展的阶段。其三，自我意识与性格发展。童年时期的儿童自我意识变得更加丰富和整体，自我评价能力逐渐发展。从对自己的笼统评价逐步转向对不同能力方面的具体评价，儿童开始形成独立的自我观点，并能对自己的内在品质进行初步评价。通过集体活动和同伴交往，儿童的性格逐渐稳定，集体观念和团队合作意识开始萌芽。其四，言语发展。童年时期的儿童已经掌握了基本的言语交际能力，能够使用较为丰富的口头词汇表达自已的思想。然而，他们的语言逻辑性和连贯性仍在发展中，书面语言和内部言语（无声言语）的能力也在此期间快速发展。通过日常对话、阅读和写作活动，儿童学习如何更准确、逻辑和连贯地使用语言表达自己。

二、童年时期家庭教育的具体策略

家庭教育策略应综合考虑培养孩子的学习习惯、正确对待学习成绩、创造性思维和良好个性等多个方面。通过这些策略的实施，家长可以为孩子的全面发展提供坚实的支持，帮助他们成为具有创造力、责任感和良好社会适应能力的人（如图6-3）：

1 培养学习兴趣

2 养成良好的学习习惯

3 正确对待学习成绩

4 培养创造性思维

5 培养良好个性

图6-3 童年时期家庭教育的具体策略

（一）培养学习兴趣

培养儿童的学习兴趣是家庭教育中的一项重要任务，尤其在童年时期，孩子对周围世界充满好奇心，这为激发他们的学习兴趣提供了自然的契机。孩子的学习兴趣不仅影响其学习态度和学习效果，还会对其终身学习的习惯产生深远影响。因此，如何在家庭环境中有效地培养和维持孩子的学习兴趣，成为每位家长和教育者需要认真考虑的问题。

理解孩子的兴趣和需求是培养学习兴趣的前提。每个孩子都有自己独特的兴趣点，家长应通过观察和交流，发现并了解孩子的兴趣所在。

一旦发现了孩子的兴趣点，家长就可以通过提供相关的学习材料和活动，来进一步激发和培养孩子的学习兴趣。例如，如果孩子对恐龙感兴趣，家长可以提供与恐龙相关的书、玩具，甚至组织参观自然历史博物馆的活动，通过这些与兴趣相关的活动，孩子的学习动力会得到显著提升。创造一个富有启发性的学习环境对于激发孩子的学习兴趣同样至关重要。家庭作为孩子最初的学习场所，其学习环境的设置应当能够激发孩子的好奇心和探索欲。这不仅包括提供丰富的学习资源，如图书、教育游戏和科学实验套件，还包括家长的态度和行为。家长应该鼓励孩子提出问题，并一起探索答案，通过这种共同探索的过程，孩子的学习兴趣将被进一步激发。正面的鼓励和认可对于培养孩子的学习兴趣至关重要。当孩子在学习过程中取得进步时，家长的赞扬和鼓励不仅能增强孩子的自信心，还能增加他们继续学习的动力。家长应该关注孩子的努力和进步，而不仅仅是成绩。通过赞扬孩子的努力，家长可以帮助孩子建立起积极的学习态度，从而培养出持续的学习兴趣。

（二）养成良好的学习习惯

在童年时期培养良好的学习习惯，关键在于塑造孩子内心对学习的积极态度，而非单纯强调具体的学习行为。这一过程涉及激发孩子的内在动机，让他们理解学习的价值以及如何在生活中主动寻找学习的机会。为此，可以采用一种更加细腻和情感化的方法来重新思考这一目标的实现。

首先要从孩子的自然好奇心出发，家长可以引导孩子观察日常生活中的现象，并将其与学习内容联系起来。比如，通过用厨房里的烹饪过程解释数学中的比例概念，或者在家庭园艺活动中讲解植物的生长过程，从而帮助孩子认识到学习不限于书本，而是与生活紧密相连的。这种方法能够让孩子感受到学习的趣味性和实用性，从而激发他们对知识的渴望。还要鼓励孩子基于个人兴趣进行探索性学习。每个孩子都有自己独特的兴趣和天分，家长应该积极发现并支持这些兴趣点，无论是音乐、艺术、科学还是体育。通过参与相关的活动和项目，孩子可以深入探索自己的兴趣领域，这不仅能够增加学习的乐趣，还能促进孩子自主学习和创新思维的发展。让孩子对自己学习的过程进行认识和反思也是培养良好学习习惯的重要一环。家长可以通过定期讨论孩子的学习体验、分享学习故事和经验，引导孩子思考自己在学习中遇到的挑战和收获。这种反思过程不仅有助于孩子总结学习经验，更重要的是能够帮助孩子建立起对自我学习能力的信心和认同。

（三）正确对待学习成绩

正确对待学习成绩是家庭教育中的一项复杂而细致的任务，要求家长不仅要有正确的学习观念，还需要具备理解、同情和支持孩子的智慧和耐心。通过树立正确的学习观、合理解读学习成绩、培养孩子的自我管理能力，以及营造积极向上的学习氛围，家长可以帮助孩子形成健康的学习态度，养成终身受益的良好学习习惯。在童年时期，孩子开始在学校接受正式教育，学习成绩逐渐成为衡量学习效果的一项重要指标。家长对待孩子学习成绩的态度和方法，将直接影响孩子对学习的态度、自我价值感以及面对挑战和失败时的心理承受能力。

在传统观念中，学习成绩往往被视为评价孩子智力和努力程度的直接标准。这种单一的评价标准忽视了个体差异、学习兴趣和多元智能的存在，容易导致孩子过分关注成绩，忽略了学习过程中的探索和体验。长此以往，孩子可能会形成一种功利主义的学习观，即只有取得好成绩才是学习的唯一目的，这不仅限制了孩子认知和能力的全面发展，还可能削弱他们面对学习挑战的勇气和信心。正确对待学习成绩，首先要从树立正确的学习观念开始。家长应该向孩子传达一个核心信息：学习是一个探索知识、培养能力、发展个性的过程，学习成绩只是这一过程中的一个方面，而不是唯一的目标。孩子在学习过程中的积极探索、思考和努力，比单一的成绩更具价值。通过这种方式，孩子可以学会欣赏学习过程中的每一个进步，即使是小小的进步，也值得被认可和庆祝。家长还应当学会从孩子的学习成绩中读取信息，而不是简单地以成绩论英雄。每一次考试或评估都是了解孩子学习状态、掌握程度和遇到的困难的机会。当孩子取得好成绩时，家长应该鼓励孩子分享学习经验，强化成功的学习策略；当孩子成绩不理想时，更应该耐心倾听、共同分析原因，帮助孩子找到改进的方法，而不是一味责备或施加压力。这种理性、平和的态度有助于孩子建立起面对挑战和失败的正面心态，学会从错误中学习，不断进步。培养孩子自我评价和自我激励的能力也是正确对待学习成绩的重要方面。家长可以引导孩子自己设定学习目标，自我监督学习进程，自我评价学习成果。通过这种自我管理的学习方式，孩子不仅能更清楚地认识到自己的学习状况，还能逐渐培养起自主学习的能力和责任感。同时，家长应该教会孩子如何为自己的努力和进步找到内在的动力和奖励，而不是依赖外界的评价和奖励。

（四）培养创造性思维

创造性思维不仅是解决问题的关键能力，也是孩子个人发展和未来适应社会变化的重要基石。与培养学习兴趣、学习习惯、对待学习成绩的态度以及良好个性的塑造相比，创造性思维的培养更加注重激发孩子的想象力、创新能力和探索精神。这一过程要求家长为孩子提供一个充满好奇和探索的环境，鼓励孩子提出问题并寻找解决方案，从而发展其创造性思维。

创造性思维的培养并不依赖严格的学科训练，而是通过日常生活中的互动和体验来实现。家庭教育在这一过程中起到了至关重要的作用。家长可以通过多种方式激发孩子的创造力，如提供多样化的学习资源、创造有利于创新的家庭环境、鼓励孩子尝试新事物以及通过游戏和实践活动促进孩子思维的发展。在激发孩子创造性思维的过程中，让孩子接触到多种多样的思维方式和问题解决策略至关重要。家长应鼓励孩子从不同的角度思考问题，探索问题的多种可能解决方案。这不仅能够增强孩子的思维灵活性，还能促进其批判性思维的发展。家长还应该鼓励孩子的好奇心和探索欲。好奇心是驱动创造性思维发展的重要动力。通过提问、实验和探索，孩子能够对周围的世界进行更为深入的理解，这对于创造性思维的培养是非常有益的。家长可以通过设置问题、设计实验或者一起探索新的知识领域等方式，来激发和满足孩子的好奇心。家庭环境的创造性也对孩子创造力的培养至关重要。一个开放、自由、充满爱的家庭环境能够激发孩子的创造潜能，让孩子感到安全，敢于表达自己的想法和创意。在这样的环境中，孩子不会因为担心失败或受到批评而压抑自己的创新思维。相反，家长的支持和鼓励会让孩子更加自信地表达自己的创造性想法。对失败的正确态度也是创造性思维培养中不可或缺的一部分。在探索和尝试的过程中，失败是不可避免的。家长应该教会孩子正确看待失败，将其视为学习和成长的机会。通过分析失败的原因，孩子不仅可以从中学到宝贵的经验，还可以认识到坚持和不懈努力的重要性。

（五）培养良好个性

在童年时期培养良好个性是家庭教育中的核心任务之一，它要求家长深刻理解个性培养的多维度和复杂性，同时也需要将其创造性地融入生活的各个方面。良好个性的培养不仅关乎孩子的内在品质，如诚信、勇敢、责任感等，还包括对外界的适应能力、解决问题的能力以及与人交往的能力。这一过程要求家长在日常生活中通过具体行动和无形的家庭文化来进行引导和塑造。培养良好个性的过程，是一种全方位、无时无刻不在进行的教育。它不仅仅体现在家长对孩子的直接教育中，更渗透于家庭的日常对话、决策过程、解决冲突的方式以及家庭成员之间的相互尊重和理解中。这种教育方式强调了榜样的力量，尤其是家长的言行对孩子个性形成的深远影响。

家庭作为孩子认识世界的第一站，其提供的模型对孩子有着潜移默化的影响。家长的每一个行为、每一次决策、每一句话语都在向孩子展示如何与人为善、如何面对困难、如何面对失败与挑战。因此，家长需要具备高度的自我意识，确保自己的行为能够成为孩子学习的积极范例。在这个过程中，最为关键的是家长如何处理家庭中的冲突和挑战。家长在解决问题时展现出的耐心、决断力、公正性以及对孩子意见的尊重，都能有效地帮助孩子学习到如何在未来的生活中应对类似情景。这种学习远远超出了简单的道德讲授，它让孩子在实际生活中体验到了这些品质的价值和意义。家长对孩子成就的认可和对失败的包容也对孩子个性的形成起着决定性的作用。通过赞扬孩子的努力而非仅仅是成果，家长可以培养孩子的内在动机和对挑战的积极态度。同时，当孩子面对失败和挫折时，家长的支持和鼓励可以帮助孩子形成抗压能力和恢复力，这些都是良好个性不可或缺的组成部分。在这一培养过程中，家长的自我成长同样重要。家长需要不断地进行自我反思和学习，以确保自己能够应对孩子成长过程中出现的新挑战和解决问题。这种自我成长不仅能够帮助家长更好地支持孩子的发展，也能够为孩子提供一个不断进步、积极向上的家庭环境。

第三节　青少年时期的家庭教育策略

青少年时期是孩子从童年向成年过渡的关键阶段。这一时期的家庭教育对于孩子的个人成长、社会适应能力及未来发展至关重要。家庭作为青少年情感支持和价值观塑造的基石，扮演着不可或缺的角色。因此，家长需要采取有效的教育策略，在支持青少年身心发展的同时，帮助他们建立自信、培养独立性，以及发展良好的社交和学业、职业规划能力。

一、沟通技巧的培养

良好的沟通技巧不仅能帮助青少年建立和维护积极的人际关系，还能促进他们的情绪健康和个人成长。具体培养策略如下（如图6-4）：

1 建立信任与开放的沟通环境

2 发展有效的倾听技巧

3 提升表达和沟通的能力

4 解决冲突与协商技巧

图6-4　青少年沟通技巧的培养

（一）建立信任与开放的沟通环境

建立一个充满信任与开放性的沟通环境，不仅对于维护亲子关系的和谐至关重要，更是支持青少年心理健康发展的基石。在这样的环境中，青少年能够感受到自己的价值和被接纳，这对于他们建立自信、探索自我和发展社会技能都有着不可估量的积极影响。为了营造这样一个环境，家长需要做到几点。其一，家长要展现出无条件地支持和接纳，让青少年知道，无论他们面临什么问题或困难，家庭都是他们的避风港。这种无条件的支持是建立信任的基础，青少年因此而更加愿意与家长分享他们的内心世界。其二，有效的沟通是建立在理解和尊重的基础上的。家长应当努力理解青少年的观点和感受，即使他们不同意孩子的某些想法或行为。通过展示对青少年观点的理解和尊重，家长可以教会他们如何以成熟和建设性的方式与他人交流。其三，家长应该鼓励青少年表达自己，同时也教会他们如何进行有效沟通。这意味着除了言语表达，还包括非言语交流的理解和应用，如肢体语言、面部表情等。家长可以通过日常对话、共同活动和家庭会议等方式，提供多种表达和沟通的机会与场景，从而增强青少年的表达能力和沟通技巧。其四，处理冲突和不同意见时的态度和方法对于维护开放的沟通环境同样重要。家长需要展现出处理分歧的成熟方式，包括冷静讨论、共同寻找解决方案和愿意妥协。通过这种方式，青少年不仅学会了如何处理冲突，更重要的是，他们学会了即使在意见不合时，也可以维持尊重和理解的沟通态度。

（二）发展有效的倾听技巧

有效倾听远超过简单地接收声音，它涉及对说话人言辞背后情感和意图的深刻理解，以及通过反馈表达理解和同情的能力。培养这种技巧对青少年来说意义重大，它能够帮助他们在日后的学习、工作和个人生活中更好地与他人沟通和协作。

家长在培养青少年倾听技巧的过程中可以采取多种策略。家长首先需要通过自己的行为示范来展现有效倾听的价值。这意味着在与青少年交流时，家长应该全神贯注，避免在对话中分心或打断，通过眼神接触、肢体语言和言语回应来表明自己正在倾听和理解对方的言辞。通过这样的示范，青少年能够学习到有效倾听的重要性及其实践方式。家长还可以通过角色扮演和日常对话练习等互动活动，教会青少年如何在实际沟通中应用倾听技巧。例如，在家庭聚会时，可以安排一个活动，让每个人分享自己的一天，其他人则需要用倾听到的信息来提问或总结，这样的练习不仅能够提升青少年的注意力，还能增强他们从对话中捕捉关键信息的能力。教授青少年如何识别并理解非言语信号也是非常重要的。非言语信号，如面部表情、肢体语言和语调，往往能传达说话人未能言明的情感和意图。家长可以通过观察和讨论日常生活中的例子，帮助青少年学习如何解读这些非言语线索，从而更全面地理解对方的沟通内容。在教授倾听技巧的过程中，家长还应该强调倾听的主动性。主动倾听不仅是静静地听对方说话，更包括通过提问、反馈和总结来主动参与对话，展现出对对方言辞的深刻理解和关心。通过这种方式，青少年可以学习如何在沟通中建立更深层次的联系，增强与他人的情感共鸣。

（三）提升表达和沟通的能力

在青少年时期，提升表达和沟通的能力是帮助他们建立自信、发展人际关系以及未来职业取得成功的关键。家庭教育在这方面起着至关重要的作用。通过多样化的活动和实践，家长可以为青少年创造丰富的机会，以练习和提升他们的表达能力。

日记写作是一种有效的自我表达方式，不仅可以帮助青少年整理和反思自己的思维，还能提高他们的写作技能和情感智力。家长可以鼓励孩子定期写日记，记录自己的日常生活、情感体验和个人想法。这种习惯的培养有助于青少年更好地理解自己，同时也能够增强他们用文字表达情感和想法的能力。艺术创作包括绘画、音乐、舞蹈和戏剧等，提供了另一种强有力的自我表达渠道。这些活动能够激发青少年的创造力，帮助他们以非言语的形式表达复杂的情感和想法。家长应该鼓励孩子探索不同的艺术形式，发现最能表达自己内心世界的那一种，并提供必要的资源和支持，让青少年在艺术创作中找到自我表达的自由和乐趣。公开演讲是提升口头表达能力的有效方式。家长可以通过组织家庭会议或讨论时刻等形式，鼓励青少年在家庭成员面前分享自己的观点和想法。此外，参加学校的辩论队、演讲比赛或其他公共演讲活动也是提高演讲技巧的好方法。这些活动不仅能够提升青少年的语言组织能力和逻辑思维能力，还能增强他们在公众面前自信表达的能力。在家庭中创造表达机会同样重要。家长可以定期组织家庭会议，讨论家庭事务、计划未来的活动或解决家庭中出现的问题。在这些会议中，每个家庭成员，包括青少年，都应该有机会平等地表达自己的意见和建议。这种做法不仅促进了家庭成员之间的沟通和理解，也为青少年提供了实践和提升表达能力的机会。

（四）解决冲突与协商技巧

处理冲突和进行有效协商是青少年在成长过程中必须面对的挑战。这些技能不仅对于他们的个人发展至关重要，也是建立和维护健康人际关系的基石。通过学习如何在争议中寻找共赢的解决方案，青少年能够更好地与他人沟通，避免矛盾和冲突，从而在社会中更加顺利地进行交往。

家长在教育青少年处理冲突和协商的过程中，可以采取一系列有策略的方法来培养青少年提升这些能力。其一，模拟冲突情景。家长可以创造一些与青少年日常生活相关的模拟情景，如学校生活中的同伴关系问题、家庭内部的分工协作问题等。在这些模拟情景中，青少年可以实践不同的解决策略，通过角色扮演来体验和理解不同立场的感受和需求。这种方法不仅能增强青少年的同理心，还能帮助他们在实际冲突中更加冷静和高效地寻找解决方案。其二，提供具体的解决冲突的策略和技巧。包括学会倾听对方的观点、用正确的方式来表达自己的感受和需求，而不是指责对方，需要寻找双方都能接受的妥协方案。家长可以通过日常的家庭对话或在解决冲突的过程中实际展示这些技巧，让青少年在观察和参与中学习。其三，教育青少年如何表达自己的立场和保持对他人的尊重。青少年需要学会如何在坚持自己的需求和观点的同时考虑到对方的感受和立场。家长可以通过引导青少年进行自我反思和情感管理练习，帮助他们在紧张或对抗的情景中保持冷静和尊重。其四，采取主动和积极的态度。包括鼓励他们在冲突发生时勇于表达自己的看法，同时也寻求家长或其他成年人的指导和帮助。通过这样的实践，青少年能够逐渐建立起自信，学会在各种社交情景中有效地处理冲突和进行协商。

二、自我认同的支持

在青少年时期，家庭教育中对自我认同的支持尤为关键。这一阶段的青少年正经历着身心的快速发展和变化，他们开始探索和质疑自己在家庭、学校和社会中的角色与地位。这个过程中，青少年对自身的认识、价值观的形成以及对未来的展望都在形成和演变之中。因此，家庭教育需要为青少年提供一个稳固的平台，使其能够在探索个人身份的旅程中找到支持和指引。家长和家庭成员通过自己的言谈举止，无形中为青少年塑造了一个模型，展示了如何理解自我、如何与他人建立关系以及如何面对生活的挑战。因此，家庭教育策略需要围绕如何通过日常互动和沟通来支持青少年的自我认同发展。

家庭中的每一次对话、每一次互动都是支持青少年自我认同发展的机会。通过鼓励青少年表达自己的想法和感受，家长可以帮助他们发展自信和自尊。这种表达不仅限于日常的小事，还包括对生活、梦想、挑战和失败的看法。家长通过倾听和理解，可以向青少年展示他们的观点是被尊重的，他们的感受是被重视的。支持青少年自我认同的发展也意味着鼓励他们探索和尊重多样性。在全球化的今天，青少年接触到来自不同背景的人和文化的机会大大增加。家庭教育可以通过鼓励青少年了解不同文化、信仰和生活方式，来帮助他们建立起对多样性的尊重和理解。这种理解不仅能够帮助青少年形成更加开放和包容的世界观，也能够促进他们对自身多元身份的认同和接受。面对青少年的自我探索过程，家庭教育应该提供一个安全的环境，让青少年能够自由地探索不同的角色和身份，而不必担心被批评或拒绝。这包括尊重他们的兴趣、朋友选择，甚至是对未来职业的规划给予支持。家长应该是提供指导和反馈，而不是强加自己的期望或限制。支持青少年自我认同的发展也需要家长自身具备自我反思的能力。家长应该意识到自己的价值观、偏见和期望如何影响了对青少年的教育和指导。通过自我反思，家长可以更好地理解青少年的需求和挑战，从而提供更加有效的支持。需要注意的是，家庭教育中支持青少年自我认同的发展是一个持续的过程，要求家长持续地学习、适应和反思。随着青少年逐渐成长为独立的个体，家庭教育的内容和方法也需要随之调整。家长的最终目标是帮助青少年建立起稳固的自我认同感，使他们能够自信地面对未来的挑战，激发个人的潜能。

三、独立生活技能的培养

这个阶段的青少年正逐渐从依赖父母向自我独立过渡，因此，掌握一系列独立生活技能对于他们的成长至关重要。这些技能不仅包括日常生活中的基本技能，如个人卫生、饮食准备、家务完成等生活自理能力，还涵盖了决策制定、时间管理、财务管理等更为复杂的能力。通过学习这些技能，青少年能够为未来的独立生活做好准备，同时也能增强他们的自信心和自我效能感。青少年时期家庭教育中对独立生活技能的培养可以从以下几个方面入手（如图6-5）：

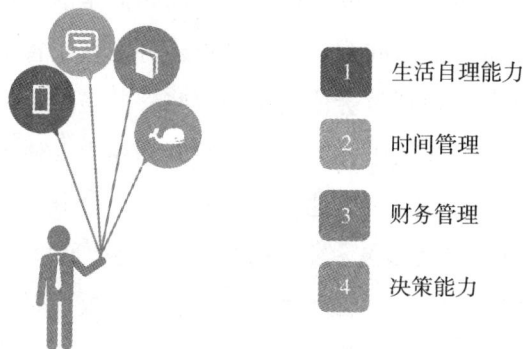

1　生活自理能力

2　时间管理

3　财务管理

4　决策能力

图6-5　独立生活技能的培养

（一）生活自理能力

生活自理能力是青少年走向独立生活的基石，这些能力包括个人卫生、饮食准备、衣物清洗和整理等。在培养这些技能的过程中，家长的角色是至关重要的。通过实践，青少年能够逐步学会如何照顾自己和管理日常生活。例如，家长可以引导青少年学习制作简单而健康的餐点，这不仅能培养他们的烹饪技能，还能教会他们关于营养和健康饮食的重要知识。家长可以一起与青少年规划菜单，选购食材，从而使青少年在实践中学习食品的选择、处理和烹饪方法。这样的活动不仅增强了青少年的自理能力，还促进了家庭成员之间的互动和沟通。在衣物清洗和整理方面，家长可以教授青少年如何区分不同材质的衣物、选择合适的清洗方式和洗涤剂，以及如何正确地熨烫和存放衣物。这些技能的学习使青少年能够更好地管理自己的物品，培养责任感和自主性。

（二）时间管理

良好的时间管理能力不仅能帮助青少年应对学业压力，还能确保他们有足够的时间参与社交和休闲活动，从而保持生活的平衡。家长可以通过制定家庭规则和时间表来引导青少年学习时间管理。例如，家庭可以一起制订一个周计划，其中包括学习时间、家务时间、休息和娱乐时间等。这样的计划不仅能帮助青少年形成规律的生活习惯，还能教会他们如何合理安排自己的时间和任务。家长还可以教授青少年设置任务的优先级的重要性。这包括教会他们识别哪些任务是最重要和紧急的，以及如何根据任务的优先级来分配自己的时间和精力。通过学习设置任务的优先级，青少年能够更有效地完成学业和个人任务，减少拖延和减轻压力。家长还应鼓励青少年进行自我反思，定期回顾自己的时间管理方法，了解哪些方法有效，哪些需要改进。这种反思过程有助于青少年不断完善自己的时间管理技能，为将来的学习、工作和生活打下坚实的基础。

（三）财务管理

在青少年的成长过程中，培养财务管理能力是帮助他们准备好迎接未来挑战的关键步骤。家庭教育在这方面起着至关重要的作用，它不仅关乎于教育青少年如何管理自己的零用钱，更广泛地涉及教授他们关于金钱的价值、如何规划财务以及如何为未来做出储蓄和投资等重要的生活技能。通过实践进行学习是培养财务管理能力的有效途径之一。家长可以通过给予青少年一定数量的零用钱开始这一过程，这不仅提供了一个实际操作的机会，还能激励青少年学习如何规划和控制自己的开支。为了让这个过程更加高效，家长可以引导青少年设定自己的预算，记录收入和支出，从而帮助他们更好地理解金钱的流动。讨论家庭的财务决策对于青少年学习财务管理同样重要。通过这些讨论，青少年不仅可以学到财务规划的基本原则，还能理解节约和投资的重要性。家长可以分享家庭如何设定预算、如何为大件购物做计划以及如何应对经济上的不确定性等，这些都是宝贵的学习机会。在教育青少年关于财务管理的内容时，强调长期目标的重要性也非常关键。家长可以鼓励青少年为长远目标进行储蓄，如接受高等教育、开展旅行或是培养特殊的兴趣爱好等，这不仅能帮助他们学会规划未来，还能培养他们的耐心和毅力。

（四）决策能力

青少年时期是塑造独立思考和决策能力的关键阶段。在这一时期，青少年通过日益复杂的社会互动和个人经历，开始形成自己对世界的理解和对未来的规划。因此，家庭教育在培养青少年决策能力方面扮演着至关重要的角色。

家庭是青少年学习决策技巧的第一个实验室。通过参与家庭决策，青少年可以学习如何收集信息、分析问题、权衡利弊，并最终做出理智的选择。例如，家长可以邀请青少年参与讨论家庭度假地点的选择、家庭预算的分配或是日常购物的决定。这些活动不仅让青少年感受到自己的意见被重视，也锻炼了他们的决策能力。参与解决家庭问题为青少年提供了一个学习决策过程的绝佳机会。面对家庭内外的问题时，家长可以引导青少年一起探讨可行的解决方案，鼓励他们提出自己的见解和建议。通过这一过程，青少年不仅能学会如何面对问题，还能理解决策的后果，并为自己的选择承担责任。

四、社交能力的培养

社交能力的培养远远超出了基本交流技巧的范畴，与青少年的内在成长紧密相连，影响着他们的情感发展、价值观形成和社会适应能力。家庭教育在这一过程中发挥着不可替代的作用，家长可以通过为青少年提供支持、引导和机会，帮助他们形成强大的社交能力，为应对未来的挑战和机遇做好准备。

青少年时期的社交互动是自我认识过程的重要组成部分。通过与同龄人的交往，青少年开始对自己性格、兴趣和能力进行认识。家庭教育在这个过程中的作用是双重的。一方面，家长需要通过日常互动鼓励青少年积极探索自我，通过参与不同的社交活动让青少年有机会体验多样的社交角色，从而更好地理解自己；另一方面，家长还需要提供反馈和指导，帮助青少年从社交经验中学习，引导他们建立正面的自我形象。社交能力的培养也与青少年的情绪调节能力密切相关。在青少年时期，个体面临的社交场景复杂多变，这不仅是社交技巧的考验，也是情绪管理能力的挑战。家庭教育应重视帮助青少年发展有效的情绪调节策略，如教会他们如何在遇到社交挑战时保持冷静，如何处理社交失误所带来的尴尬或挫败感。通过这些学习，青少年能够更好地应对社交中的不确定性和压力，建立起健康的社交态度。

随着青少年对自我和社会的认识加深，他们开始形成个人的价值观和责任感。在这个过程中，社交能力的培养扩展到了如何作为社会成员参与社会活动，如何在团队中承担责任，以及如何对社会和他人做出贡献。家庭教育可以通过鼓励青少年参与社区服务、组织公益活动等方式，培养他们的社会责任感和团队合作精神。这些活动不仅能够提升青少年的社交技能，更重要的是帮助他们建立起与社会的联结和形成归属感。在不断变化的社会中，社交能力的培养是青少年终身学习过程的一部分。家庭教育应该培养青少年的开放心态和学习态度，鼓励他们对社交技能的学习保持好奇和热情，不断地在新的社交场景中学习和成长。这种终身学习的态度对青少年未来的职业生涯和个人发展都具有重要意义。

五、学业和职业规划

学业规划是帮助青少年确定学习目标、选择适合自己的学习路径以及提高学习效率的过程。在这一过程中，青少年能够更好地了解自己的兴趣、能力和潜力，从而做出更加明智的学习决策。对于家长而言，支持青少年的学业规划意味着与孩子一起探讨其学习兴趣，鼓励他们设定学习目标，以及提供必要的资源和指导来帮助他们达成这些目标。职业规划则是帮助青少年根据自己的兴趣、能力以及价值观来探索未来可能的职业道路，并制定实现职业目标的策略。这一过程对于青少年的自我认识、自信心建立以及未来职业成功都具有重要意义。家长在这一过程中可以通过提供信息、分享经验和鼓励探索等方式，帮助青少年更全面地了解不同的职业领域，以及如何为自己希望从事的职业做准备。在家庭教育中，学业和职业规划应当被视为一个连续的过程，而不是两个孤立的部分。这一过程应该始于青少年早期，随着他们的成长而逐渐深入。具体如下（如图6-6）：

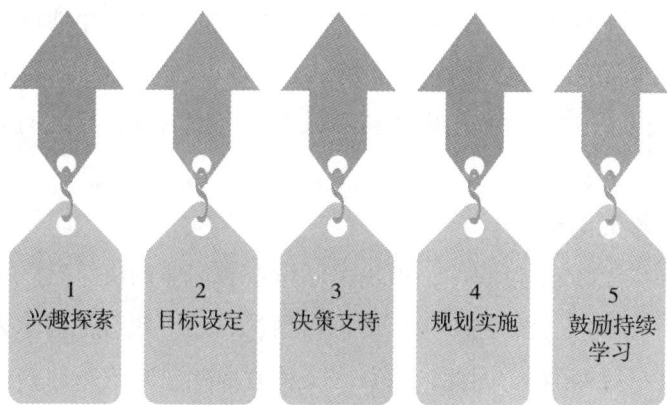

图6-6　青少年学业和职业规划

（一）兴趣探索

对青少年而言，兴趣的探索是认识自我、理解世界的重要途径。家长可以通过日常生活中的互动，识别并支持青少年的兴趣爱好。例如，如果青少年对科学表现出浓厚的兴趣，家长可以为他们提供科学实验条件，鼓励他们进行探索性学习；如果青少年对艺术有独特的见解，参加与绘画或音乐相关的课外活动将为他们提供宝贵的实践机会。家长还应鼓励青少年跳出舒适区，尝试多样化的活动。这不仅可以帮助青少年发现新的兴趣领域，还能促进他们的全面发展。通过这些探索活动，青少年能够逐步建立起自己的兴趣图谱，为未来的学业和职业规划奠定基础。

（二）目标设定

家长应与青少年一起，基于他们的兴趣和能力，设定具体、可行的短期和长期目标。这些目标可以是学业成就、技能掌握或是参与特定的社团活动等。家长在这一过程中的作用是多方面的。他们需要倾听青少年的想法，理解青少年的期望，并提供实际的建议和方向。家长还应帮助青少年将这些目标细化为可操作的步骤，明确每一步的预期结果，帮助他们实现目标。家长还应鼓励青少年定期回顾和评估自己的目标，以适应他们成长过程中的变化和新的认识。目标设定不仅是对未来的规划，也是一种自我驱动的过程。通过设定和实现目标，青少年能够体验到成就感，增强自信心，这对青少年的个人成长和未来职业生涯都有着积极的影响。家长在这一过程中的支持和鼓励，将成为青少年迈向成功的重要力量。

（三）决策支持

在青少年的成长过程中，做出关于学业和职业的决策是一项极其重要的任务。这不仅会影响到他们的即时情况，还可能对他们未来的长远发展产生深远的影响。因此，家长在支持青少年进行决策时扮演着至关重要的角色。通过提供信息资源、分享个人经验以及鼓励独立思考，家长可以帮助青少年建立起一套有效的决策机制，这将成为他们自我发展的重要资产。

在信息时代，获取信息比以往任何时候都要容易，但同时也面临着信息过载的问题。家长可以帮助青少年筛选和获取有价值的信息，指导他们如何从各种渠道获取关于学术领域和职业路径的知识。例如，家长可以引导青少年使用可靠的在线教育平台，参与职业介绍会，或是阅读与其兴趣相关的行业报告。通过这种方式，青少年不仅能够获得所需的信息，还能学会如何在海量信息中筛选对自己有用的内容。家长的个人经验是青少年无法从书本或网络上获得的宝贵资源。通过分享自己的职业发展历程、面临的挑战以及如何做出重要决策的经历，家长不仅能为青少年提供实际的指导，还能加深他们对未来可能选择道路的理解。这些经验分享可以帮助青少年看到成功之路并非一帆风顺，面对挑战和失败时需要勇气和韧性。鼓励青少年独立思考也是支持他们做出决策的关键。家长应该鼓励青少年探索自己的兴趣、评估自己的能力，并基于个人的价值观来考虑未来的可能性。家长可以通过提问和讨论的方式，引导青少年思考不同选择的利弊，鼓励他们做出既符合自身兴趣又实际可行的选择。同时，家长还应该支持青少年在做出选择后为之付出努力，即使这些选择最终可能会发生变化。最终，家长的目标是帮助青少年培养出适合自己的决策能力。这包括学会如何收集和分析信息，如何基于逻辑和直觉做出判断，以及如何在面对不确定性时做出选择。家长应该鼓励青少年看待问题的多个方面，考虑长远的后果，并学会从错误中学习。

（四）规划实施

将学业和职业规划落实到实际行动中，对于青少年来说是一个挑战，同时也是一个重要的成长机会。这个过程需要家长的积极参与，通过具体的指导和支持，帮助青少年将他们的梦想和目标转化为可行的计划和践行步骤。实施规划的过程不仅涉及选择合适的教育和培训路径，还包括积极参与各种实践活动，以及通过建立有益的人脉网络为未来的职业生涯打下基础。

对青少年而言，理解自己的兴趣所在并将其与未来的学业和职业选择相对接是规划实施过程的第一步。家长在这一过程中的角色是多方面的。首先，家长需要与青少年共同探讨和识别他们的兴趣点，然后提供有关如何将这些兴趣转化为具体学习计划和选择职业道路的指导。例如，对于对科学领域感兴趣的青少年，家长可以帮助他们了解不同的科学领域（如生物学、化学、物理学等），并根据他们的兴趣选择相关的课程和活动。参与相关的实践活动是实现学业和职业目标的重要一环。这些活动不仅能够加深青少年对特定领域的了解，还能够提供宝贵的实践经验，增强他们的实际操作能力。家长可以鼓励和支持青少年参加科学俱乐部、夏令营或实习项目，这些都是探索兴趣、提升技能的良好机会。通过这样的参与，青少年不仅能够更清晰地了解自己的兴趣和职业倾向，还能在申请大学和就业时增强自己的竞争力。建立对未来职业有益的人脉网络对于青少年的职业发展同样重要。家长可以通过自己的社会网络帮助青少年接触相关领域的专业人士，如安排职业访谈、参与行业交流会等。这些活动不仅能够帮助青少年扩展视野，了解行业动态，还能够让他们建立起自己的职业网络，为未来的求职和职业发展奠定基础。面对具体的学习或职业准备挑战时，家长的支持和鼓励至关重要。家长应与青少年共同探讨解决问题的策略，如寻找辅导资源、参加专业的培训课程或工作室。这些策略不仅能够帮助青少年克服当前的困难，还能够培养他们面对挑战时的解决问题能力。

（五）鼓励持续学习

在当前社会，终身学习的概念已经变得越来越重要。对于青少年而言，培养持续学习的能力是他们应对未来挑战、实现个人目标的关键。在这个过程中，家庭教育起着不可或缺的作用，家长通过自身的行为、态度和提供的资源，能够极大地鼓励和促进青少年的持续学习习惯养成。在面对快速变化的世界时，青少年需要学习的不仅是具体的知识点，更重要的是学会如何学习。这包括了解如何获取信息、如何分析和批判性地思考信息，以及如何将新知识应用于实际问题解决中。这种能力的培养对于青少年未来无论是在学术还是职业发展中都至关重要。

家长可以通过多种方式鼓励青少年的持续学习。家庭本身就是一个学习的环境。通过日常对话，家长可以和青少年讨论各种主题，从新闻事件到科学发现，从文学作品到艺术欣赏，这些都是激发青少年好奇心和学习兴趣的良好契机。在这些讨论中，家长可以引导青少年学会提问，鼓励他们去寻找答案，从而培养他们的自主学习能力和批判性思维。家长还可以通过提供资源和机会来支持青少年的学习。这包括为青少年提供访问图书馆、博物馆、科技中心等地方的机会，以及鼓励他们参加各种课外活动和兴趣小组。这些活动不仅能够扩展青少年的知识面和视野，还能帮助他们建立起自己的学习网络，与有相似兴趣的同龄人交流和合作。鼓励青少年将学习与实践相结合也是持续学习的重要方面。通过实践活动，青少年能够将理论知识应用于实际问题中，这种经验对于深化理解、提高问题解决能力极为重要。

第四节　成年时期的家庭教育

随着家庭成员步入成年，他们在职业、个人兴趣以及家庭责任方面的需求和目标也发生了变化。在这一时期，家庭教育不仅关注支持成员的持续学习和发展，还扩展到如何平衡工作与家庭生活、加强代与代之间的沟通与理解、进行有效的财务规划、维持健康的生活方式，以及适应家庭角色的变化等方面。成年时期的家庭教育强调了家庭作为一个相互支持和共同成长的平台的重要性，促使每个家庭成员都能在变化的生活阶段中找到自己的定位，同时为家庭的整体福祉做出贡献。

一、终身学习和自我发展

终身学习和自我发展强调了在整个生命周期中持续学习和成长的重要性。对于家庭而言，不仅是提供经济支持或基本生活需求的场所，更是促进每个成员个人成长和发展的温床。在当今社会，技术的快速发展和知识更新的速度要求个体不断地学习新技能，以适应工作和生活的变化。接受家庭教育的角色不应限于青少年或儿童，成年人同样需要在家庭的支持下，追求终身学习，实现自我发展。家庭环境提供了一个独特的平台，通过相互鼓励和支持，可以帮助成员实现这一目标。

终身学习和自我发展的核心在于认识到学习是一个持续的过程，涵盖了职业技能的提升以及对个人兴趣和爱好的探索。这种学习可以通过多种形式实现，包括但不限于参加专业培训课程、研讨会、在线课程或自我指导的学习。家庭成员应鼓励并支持彼此参与这些活动，无论是通过经济支持，还是通过提供学习时间和空间的灵活性。在职业技能提升方面，家庭教育可以帮助成员识别未来职业发展的潜在领域，并提供资源和指导以掌握必要的技能。例如，如果家庭成员希望转行或晋升到更高的职位，家庭可以共同探讨可能的学习路径，并帮助寻找相关的课程或认证计划。通过这种方式，家庭不仅支持成员的职业发展，也增强了家庭内部的联系和理解。对个人兴趣和爱好的探索同样重要。家庭可以创建一个鼓励探索和实验的环境，无论是学习一门新乐器、绘画、编程还是其他任何兴趣课程。家庭成员可以共享自己的学习经历和资源，相互启发，共同进步。通过这种方式，家庭成为促进创造力提升和个人兴趣发展的温室。家庭教育在应对快速变化的工作环境和社会需求方面发挥着关键作用。家庭成员可以一起讨论行业趋势、技术进步以及社会变革，从而更好地准备面对未来的挑战。这种对话有助于建立一个共同学习和成长的家庭文化，其中每个人都被视为学习者，无论年龄大小。

家庭作为支持网络，在鼓励终身学习和自我发展的过程中起到了不可替代的作用。通过提供情感支持、分享资源和经验，家庭帮助成员克服学习过程中的困难，实现个人目标。在这样的家庭环境中，学习成为一种生活方式，而不仅仅是达到某个具体目标的手段。通过将终身学习和自我发展纳入家庭教育的核心，家庭不仅为成员提供了实现职业成功和个人需求满足的途径，也促进了家庭成员之间的紧密联系和相互理解，为应对生活中不断出现的挑战打下了坚实的基础。

二、家庭与工作的平衡

平衡职业生涯和家庭生活是当代社会中成年人面临的一大挑战。随着工作需求的增加和家庭角色的多样化，寻找两者之间的和谐成为实现个人及家庭幸福的关键。有效的时间管理策略、灵活的工作安排、共享家庭责任，以及家庭成员间的沟通与理解及自我关怀，是实现这一目标的重要途径（如图6-7）：

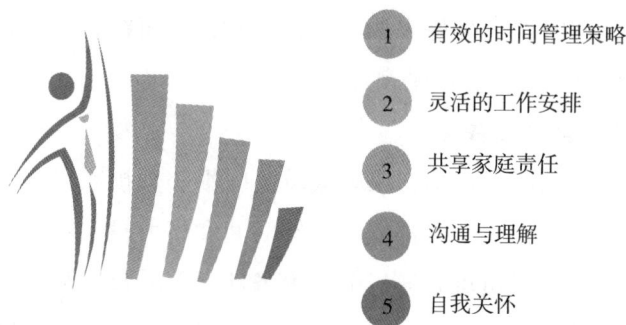

1　有效的时间管理策略

2　灵活的工作安排

3　共享家庭责任

4　沟通与理解

5　自我关怀

图6-7　家庭与工作的平衡

（一）有效的时间管理策略

时间管理不仅是一种技能，更是一种艺术。它要求我们在繁忙的生活和工作中找到一条合理的道路。在时间管理中，设定管理内容的优先级是关键。这意味着我们需要识别出哪些任务对达成我们的长期目标和日常幸福最为关键。这可能包括紧急的工作项目，抑或是家庭中不可或缺的时刻，如孩子的学校活动或家庭聚会。为了更有效地进行时间管理，个体可以采用诸如时间块划分等方法，将一天划分为几个专注于特定活动的时间段。例如，早上的几个小时可能专注于最重要的工作任务，而晚上的时间则留给家庭互动和个人休息。此外，技术工具，如日程管理应用程序可以帮助个体跟踪任务和活动，确保重要的事务不会被忽视。

在设定管理内容的优先级时，重要的是要识别并剔除那些低价值的任务。这可能意味着要学会说"不"，避免参加那些消耗时间却对个人目标贡献甚微的活动。同时，委托或外包某些家务或工作任务也可以释放出宝贵的时间，供我们专注于那些更加重要的事项。

（二）灵活的工作安排

随着工作环境的不断变化，灵活的工作安排已成为许多人追求工作与生活平衡的一种方式。这种灵活性可以以不同的形式出现，比如远程工作、灵活的工作时间，甚至是工作分享。这些安排使得员工可以根据自己的家庭需求和个人偏好来调整工作模式，从而在职业发展和家庭责任之间找到一个更加和谐的平衡点。

（三）共享家庭责任

随着双职工家庭的增加，家庭成员之间平等分担家庭责任不仅是公平的体现，也是确保每个人都能有足够时间和精力投入职业和个人兴趣的有效方式。家庭成员可以通过分担家务活、照顾孩子和老年家庭成员等方式来实现这一目标。例如，制订轮流做饭、家庭清洁或接送孩子上下学的计划，可以确保家庭中的每个人都能在家庭责任和个人职业发展之间找到平衡。利用技术工具，如共享的日程表或家庭管理应用程序，可以帮助家庭成员跟踪和协调家庭任务，确保每项任务都能得到妥善安排和执行。通过这种方式，家庭成员不仅能够共同承担家庭责任，还能促进家庭内部的合作与和谐。

（四）沟通与理解

有效沟通不仅有助于家庭成员之间建立共识，还能促进相互支持，从而共同应对生活中的挑战。在家庭关系中，开放和诚实的对话是增进理解和深化关系的关键。

家庭会议是促进有效沟通的方式之一。这些会议提供了一个平台，让家庭成员可以定期聚在一起，分享他们的生活体验、工作进展、个人感受以及面临的挑战。在这些交流中，每个成员都有机会表达自己的需要和期望，同时了解到其他成员的情况和需求。这种相互的理解和尊重有助于减少家庭冲突，加强家庭成员之间的联系。除了家庭会议，日常生活中的即兴对话也同样重要。家庭成员应该被鼓励在任何时候都可以分享他们的想法和感受，无论是在餐桌上、共享休闲时光，还是在开车送孩子上学的路上。通过这些日常交流，家庭成员能够在忙碌的生活中保持联系，彼此关心。为了确保沟通有效，家庭成员需要培养良好的倾听技巧，确保在交流时给予对方充分的注意和尊重。主动倾听不仅意味着聆听对方的言语，也包括理解对方的非言语信息，如肢体语言和表情。这样的沟通方式能够促进深层次的理解和共鸣。

（五）自我关怀

长期的工作压力和家庭责任可能导致个人感到疲惫和压力重重，对身心健康产生不利影响。因此，定期投入时间进行自我关怀活动是非常必要的，这些活动可以是运动、阅读、绘画、烹饪或任何其他能够带来快乐和放松的爱好。自我关怀不仅有助于缓解压力，还能提升个人的整体幸福感和生活质量。例如，定期运动不仅能增强体质，还能释放压力，提高愉悦感；而沉浸在个人爱好中能够让人暂时忘却日常的烦恼，重焕活力。自我关怀还包括保持健康的生活习惯，如保证充足的睡眠、健康饮食和适度放松。重要的是，家庭成员应该相互支持对方进行自我关怀。家庭可以共同创建一个具有支持性的环境，鼓励彼此发展个人兴趣和爱好，共同参与家庭活动或运动，以此增进家庭成员间的情感联结，同时也照顾到每个家庭成员的身心健康。

三、代际交流和支持

代际交流和支持在现代家庭教育中占有重要位置，尤其是在开放三孩儿政策背景下，家庭结构和成员之间的互动变得更加复杂和多样。随着家庭成员年龄的增长，不同代与代之间的沟通与支持变得尤为重要。它不仅涉及日常生活的相互帮助和情感交流，还包括价值观的传递、生活经验的分享以及面对挑战时的相互扶持。这种代际交流和支持对于强化家族联结、共同应对生活中的变化和挑战具有不可估量的价值。

在多代共存的家庭环境中，促进不同代与代之间的理解和尊重是进行良好家庭教育的基础。每一个家庭成员，无论年龄大小，都拥有自己独特的生活经验和智慧，这些都是家庭共有财富的重要组成部分。老一辈可以通过讲述自己的人生故事、工作经历和面对挑战的方式，向年轻一代传授宝贵的生活智慧和价值观。同样，年轻一代也可以向长辈分享新知识、科技发展以及现代社会的新观念，帮助他们更好地适应快速变化的世界。代际交流不仅限于知识和信息的传递，更重要的是情感上的支持和理解。在家庭中，每个人都可能面临各种挑战和困难。这时候，家庭成为最重要的避风港。通过相互倾听、共享感受和提供情感支持，家庭成员可以感受到彼此的关爱和支持，增强面对生活挑战的勇气和信心。特别是在遇到重大生活事件（如生病、失业或家庭成员离世）时，家庭的支持尤为关键，可以帮助成员更快地恢复和重建生活。

代际交流和支持并不总是顺畅无阻。不同代与代之间由于成长背景、价值观念和生活方式的差异，可能会产生误解和冲突。因此，在家庭教育中应注重培养成员之间的沟通技巧和理解能力，鼓励开放和诚实地对话，尊重彼此的差异，寻找共同点，减少代沟。例如，通过家庭聚会、共同参与家庭活动或项目，可以为不同代与代之间提供交流和理解的机会，增强家庭凝聚力。除了日常生活中的交流和支持，家庭教育还应涵盖如何共同应对家庭中出现的各种变化，比如家庭成员的老龄化、孩子的成长和独立等。面对这些变化，家庭成员需要学会调整自己的角色和期望，通过共同讨论和规划，为家庭成员的不同生活阶段做好准备，确保每个家庭成员的需求和幸福得到满足。

四、财务管理和规划

在开放三孩儿政策下，成年时期的家庭教育对财务管理和规划的重视尤为关键。这不仅关乎家庭的经济安全，也涉及每位家庭成员的未来发展和生活质量。具体如下（如图6-8）：

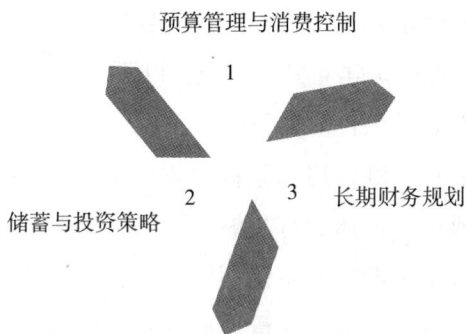

预算管理与消费控制

1

2　　　3　　长期财务规划

储蓄与投资策略

图6-8　财务管理和规划

（一）预算管理与消费控制

在实施预算管理与消费控制时，家庭首要面对的挑战是如何在多样化的需求和有限的资源之间找到平衡点。有效的预算管理策略通常包括明确家庭的收入来源和支出项目，从而制订出既实际又可持续的月度或年度预算。这一过程中，对家庭支出进行分类，如必需支出（住房、食品、教育、医疗等）和可选支出（娱乐、旅游），有助于更清晰地识别和优先考虑家庭的财务需求。

在消费控制方面，采取主动而明智的消费决策至关重要。家庭成员应当学会区分欲望和需求，避免冲动购物带来的财务压力。例如，通过比较购物、利用折扣和促销活动，以及选择性能价格比高的产品和服务，可以在不牺牲生活质量的前提下减少不必要的支出。此外，定期审视和调整家庭预算，以反映收入、支出和生活条件的变化，是确保家庭财务健康运行的重要步骤。预算管理与消费控制还应涵盖教育孩子关于财务责任的重要性。通过家庭会议讨论财务规划、设定储蓄目标，以及鼓励孩子参与家庭预算的制订和管理，可以帮助他们从小培养良好的金钱管理习惯。这不仅有助于孩子们理解家庭财务的重要性，也为他们将来独立管理个人财务打下坚实的基础。

（二）储蓄与投资策略

家庭首先需要确定其财务目标。这些目标可能包括短期、中期和长期目标。短期目标可能是建立紧急基金，以覆盖 3～6 个月的生活费用，为家庭提供在面对意外事件时的财务安全网。中期目标可能涉及为子女的教育储蓄或为购买家庭住房积累首付款。长期目标则往往与退休规划相关，确保家庭成员在退休后有足够的资金维持生活质量。储蓄策略的一个关键组成部分是定期将一定比例的收入转入储蓄账户。这种"先储蓄后消费"的方法有助于家庭成员养成良好的储蓄习惯，避免不必要的开销，确保为重要的财务目标积累资金。紧急基金的建立尤为重要，不仅能帮助家庭应对如突发疾病、失业或其他意外事件的财务冲击。

在投资策略方面，家庭应考虑到成员的风险偏好，选择合适的投资渠道。年轻家庭成员可能更倾向于风险较高、回报潜力更大的投资，如股票或股权投资，而接近退休年龄的家庭成员可能更偏好债券、定期存款等低风险投资。多元化投资组合可以有效分散风险，包括股票、债券、房地产和其他资产类别，以适应不同的市场条件和个人财务目标。除了传统的储蓄和投资选项，家庭也可以考虑投资教育和个人发展，这些投资虽然不直接反映在财务报表上，但长远来看，提升家庭成员的技能和知识可以大大增强他们的收入潜力，进而为家庭财务健康运行做出贡献。

（三）长期财务规划

长期财务规划是家庭稳定和成员幸福的基石。它要求家庭成员展望未来，预见并准备应对各种可能的财务需求和挑战。在实施长期财务规划时，家庭需考虑到生命周期的各个阶段，包括教育、退休、健康状况变化以及资产的传承等方面。这些规划不仅涉及财务资产的累积和分配，还包括风险管理和保障措施的制定。

随着教育成本的不断上涨，为子女的高等教育积累资金成为家庭长期财务规划中的重要部分。家庭可以通过定期将资金存入教育储蓄账户或购买教育保险等方式，为子女未来的大学教育费用进行储蓄。这些计划通常具有税收优惠，可以提高投资的回报率。同时，家长也应鼓励孩子参与教育基金的建立，通过勤工俭学、奖学金等方式共同为未来的教育做准备。退休规划是长期财务规划中的另一个关键组成部分。随着人口老龄化和社会保障体系的变化，依靠传统的退休金越来越难以保障退休后的生活质量。因此，家庭成员需要尽早开始规划退休生活，通过个人储蓄账户、养老保险、股票和债券投资等多渠道建立退休基金。

　　长期财务规划的成功实施需要家庭成员之间的紧密合作与沟通。这包括定期讨论财务目标、审视当前的财务状况、调整财务计划以适应生活变化。家庭成员应该鼓励彼此分享个人的财务观念和目标，以及对未来的期望和担忧，通过共同努力形成一个既符合家庭整体利益又尊重个人需求的长期财务规划。

五、健康生活方式的维持

　　家庭教育不仅要关注孩子的成长和发展，也重视成年家庭成员的身心健康。健康生活方式的维持成为联结家庭成员、增强家庭凝聚力的重要纽带。在这个多元化的社会中，健康已经超越了传统的身体健康概念，还涵盖了心理健康、社交健康以及情感健康等多个维度。家庭，作为个体成长和社会化的第一个环境，其在维护和促进这些健康方面扮演着至关重要的角色。

　　首要之务是认识到健康生活方式不仅仅是一种生活习惯的选择，更是一种生活态度的体现。家庭成员应该共同建立一种积极向上、健康的生活观念，这种观念能够引导家庭成员在日常生活中做出有益于健康的选择。例如，通过共同准备健康的餐食，参与户外活动，或者共同学习有关健康知识的课程和讲座，家庭成员可以在这一过程中增强相互间的情感联系，同时增强自身的健康意识。维护健康生活方式也意味着家庭成员需要共同面对和应对生活中的压力和挑战。在现代社会，工作压力、社交媒体的影响以及其他社会因素，都可能对个体的心理健康产生负面影响。因此，创建一个具有支持性的家庭环境，其中成员能够相互倾听、理解并提供支持，对于维护每个人的心理健康至关重要。家庭可以定期组织家庭会议，讨论和解决家庭成员在生活、学习或工作中遇到的问题，这种开放和直接的沟通有助于减轻压力，增强家庭成员之间的信任和理解。健康生活方式的维持还包括对长期健康风险的认识和预防。随着年龄的增长，家庭成员可能会面临各种健康挑战，如慢性疾病的风险增加。因此，家庭教育应当包含如何通过健康的饮食、适量的运动以及积极的生活态度来预防这些疾病。家庭成员可以相互激励，参与健康检查，共同学习有关健康管理的知识，从而为全家人构建一个健康的生活环境。

健康生活方式的维持还涉及家庭成员对生活质量的共同追求。这不仅仅关乎物质生活的丰富，更重要的是精神生活的充实。家庭可以一起参与文化、艺术和社会活动，通过这些活动丰富家庭生活，提升生活的情感质量。这种共同的体验和追求不仅能够增强家庭成员之间的情感联系，还能够促进个体的全面发展。

六、家庭角色的转变和适应

随着社会的发展和家庭结构的变化，成年家庭成员面临着多重角色的转变，如从子女到父母、从伴侣到照顾者等。这些转变不仅涉及个人身份和责任的变化，还包括如何在家庭中协调和适应这些角色变化的挑战。以下内容详细探讨了家庭角色转变和适应的几个关键方面（如图6-9）：

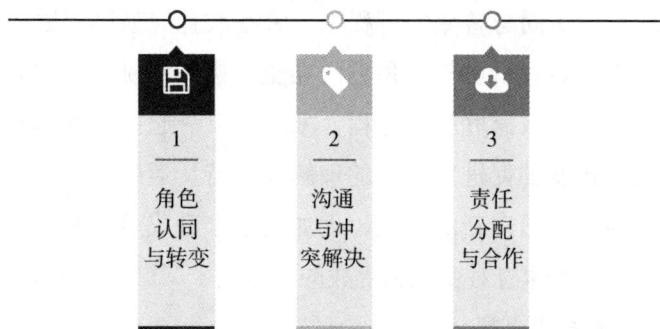

图 6-9 家庭角色的转变和适应

（一）角色认同与转变

角色认同与转变在家庭教育中占据了核心位置，尤其是在现代社会中，家庭结构和角色经历着前所未有的变化。这种转变并不仅是个人层面的变化，还涉及整个家庭系统的动态调整。当一个人扮演新的家庭角色，比如成为父母，他们不仅要学习如何照顾新生儿，同时还要调整自己的生活习惯、时间管理和财务规划来适应这一新角色。同样，当家庭成员进入老年期需要照料时，其他家庭成员的角色也随之转变，从而涉及对时间、空间和资源的重新分配。

角色认同的转变需要时间和精力以及对新角色的深入理解和接受。家庭教育在此过程中发挥着至关重要的作用，不仅提供了实际的指导和支持，更重要的是提供了情感上的支持。通过家庭教育，家庭成员可以学习到如何有效地表达自己的感受和需求，如何倾听和理解他人的感受和需求，以及如何在角色转变过程中保持正面的情感和积极的心态。角色认同与转变还涉及家庭文化和价值观的传承与发展。家庭教育可以帮助新一代家庭成员理解和尊重家族的传统和价值观，同时也鼓励他们根据当前的社会环境和个人信念对这些传统进行必要的调整和更新。这种平衡的实现不仅有助于家庭成员个人的成长和发展，也有助于整个家庭的和谐与进步。

在实现角色认同与转变的过程中，家庭教育应鼓励家庭成员进行自我反思，识别和表达自己对新角色的期望、担忧和挑战。同时，通过家庭会议、共同活动或家庭教育课程，家庭可以一起探讨如何共同支持每个成员的角色转变，促进家庭内的理解和支持。通过这样的过程，家庭教育不仅帮助个人适应新的角色，也加强了家庭成员之间的联系，增强了家庭作为一个整体应对变化和挑战的能力。

（二）沟通与冲突解决

随着家庭成员进入新的生活阶段，他们的需求、期望和责任可能会发生变化，这些变化有时可能导致误解和冲突。因此，建立一个充满开放、支持和理解的沟通环境是至关重要的。有效的沟通不仅有助于揭示问题和冲突的根源，还能促进家庭成员之间的情感联系，增强他们解决问题的能力。

在角色转变的背景下，沟通技能的培养尤为关键。这包括学习如何有效地表达个人的感受和需求，如何进行积极倾听，以及如何使用非暴力沟通技巧来避免误解和冲突的升级。家庭教育可以通过工作室、研讨会或家庭辅导会议来提供这些技能的培训，帮助家庭成员学习和练习这些技能。解决冲突的策略也是家庭教育的重要组成部分。这包括教育家庭成员识别冲突的早期迹象，采取积极的步骤来解决分歧，以及如何寻求外部帮助（如家庭咨询或心理健康专业人士）来解决更复杂的问题。通过这样的教育和实践，家庭可以建立一套有效的机制来处理内部冲突，从而促进形成更加和谐和具有支持性的家庭环境。在沟通与冲突解决的过程中，重视情感表达和认可也是至关重要的。家庭成员应被鼓励表达自己的感受和关切，并且在对话中寻找共同的理解和尊重。这种情感的交流不仅有助于缓解紧张和冲突，还能加深家庭成员之间的情感联系，促进更深层次的理解和接纳。

（三）责任分配与合作

随着家庭成员角色的变化，原有的责任分配往往需要重新调整以适应新的家庭结构和需求。这不仅要求家庭成员间的相互理解和支持，还需要通过明确的沟通和协商来实现有效的责任分配。家庭教育在这一过程中起着至关重要的作用。它旨在培养家庭成员间的责任感和合作意识，确保每个人都能根据自己的能力和家庭的需求，承担起相应的家庭职责。通过教育，家庭成员可以更好地了解如何平衡个人和家庭的需求，如何在变化的家庭环境中找到自己的位置，并有效地贡献自己的力量。为了促进有效的责任分配与合作，家庭教育还应包括教授具体的策略和方法。这包括如何进行有效的家庭会议，如何协商分配日常家务和照顾责任，以及如何设定和达成共同的家庭目标。这些方法不仅有助于明确家庭成员的期望和责任，也促进了家庭内的沟通和理解，从而建立了一个更加充满协作和支持的家庭环境。家庭教育还应关注如何处理家庭责任分配中可能出现的不平衡和冲突。这包括教育家庭成员应正确识别和表达自己的需求，学习如何倾听和理解他人的立场，以及如何通过协商和妥协找到解决问题的方法。通过这样的教育，家庭成员可以更加灵活地适应家庭生活的变化，共同工作以满足家庭的整体需求。

通过培养责任感、合作精神以及有效的沟通和协商技能，家庭教育可以帮助家庭成员在角色转变的过程中更好地适应，促进家庭成员之间的平等、满足感与和谐共处。这不仅有助于每个家庭成员的个人成长，也为整个家庭创造了一个更加健康、互相支持和幸福的环境。

第七章 三孩儿政策下家庭教育问题与解决策略

第一节 三孩儿政策下家庭教育面临的挑战

在三孩儿政策的背景下，家庭教育面临着前所未有的挑战。家庭需要为增加的孩子支付更多的教育和生活费用，同时还要在父母的时间和精力、教育资源的分配以及家庭内部关系的调适等方面做出调整。这些挑战要求家庭、社会和政府共同努力，寻找有效的应对策略，以确保政策的积极影响得以最大化，减轻家庭所承受的压力。

一、家庭经济负担增加

随着家庭成员数量的增加，从教育开支、生活成本到医疗与健康开销，每一方面的支出都在不断上升，对家庭的经济状况造成了一定的压力（如图7-1）：

图 7-1　家庭经济负担增加

（一）教育开支的增加

随着家庭成员数量的增加，从学前教育到高等教育，再到课外辅导费用，每一项开支都可能成为家庭预算中的负担。教育质量与开支之间的关系尤其值得关注。在追求高质量教育的同时，家庭需要面对显著增加的教育开支。这不仅包括学费本身的增加，还包括书、校外活动特别是课外辅导等相关开销的增长。对于三孩家庭来说，这种开支的增加尤为明显，因为他们需要为更多的孩子考虑这些费用。面对这样的挑战，家庭如何平衡教育投资与其他开销成了一个重要的议题。家庭需要制定周密的预算规划，优先考虑基本的教育需求，同时也要探索更为经济高效的教育资源，如公共教育系统提供的资源、在线学习平台以及社区资源等。此外，家庭还可以通过鼓励孩子参与课外活动和兴趣小组来寻找低成本但富有成效的学习机会。在探索应对策略时，家庭还需关注政府和社会提供的支持和补助，比如教育补助、子女教育基金等。这些都可以在一定程度上缓解家庭的经济压力。同时，家庭成员间的相互支持和合作也极为重要。通过家庭内部资源的合理分配和共享，可以提高家庭应对经济压力的整体能力。

（二）生活成本的加大

在三孩儿政策的背景下，家庭面临的生活成本显著增加。这不局限于日常开销的上升，还包括住宿、交通以及其他用品等方面支出的增加。对于多子女家庭来说，这种增加尤为明显，因为需求量的增加直接推高了整体的生活成本。

食品开销是家庭日常开销中的重要一项。随着家庭成员的增加，对食品的需求自然增长，导致食品开销占家庭预算的比例提高。此外，住宿需求的变化尤为关键，三孩家庭可能需要更大的居住空间来满足家庭成员的居住需求，这不仅意味着更高的房租或更大的贷款压力，还可能涉及搬家、装修等一系列额外开销。在交通方面，随着家庭成员数量的增加，出行的需求也相应增加，可能需要更大的车辆或更频繁的公共交通使用，从而增加了家庭的交通开销。日常用品和服饰等开销同样随着家庭成员的增加而增长，尤其是儿童成长速度快，需要频繁更换衣物和日常用品。

面对这些挑战，家庭需要采取有效的策略来应对生活成本的上升。首先要调整消费结构，合理规划家庭预算，优先满足基本需求，减少不必要的支出。例如，通过批量购买食品和日常用品来降低单位成本，选择性价比高的商品和服务。就住宿而言，家庭可以通过选择合适的住房，权衡住房成本与居住需求之间的关系，考虑远离市中心而交通便利的住宿选项，以减轻住宿成本的压力。对于购房或租房，也可以考虑长期成本效益，选择最经济实用的方案。家庭还可以鼓励共享和循环利用，如兄弟姐妹之间的衣物和用品循环使用，这不仅能培养孩子们的节约意识，也能有效降低家庭的总体开销。

（三）医疗与健康开销

随着三孩儿政策的开放，家庭成员数量的增加不仅带来了教育和生活成本的上升，同样也导致了医疗与健康开销的显著增加。健康开销不仅涵盖了预防医疗、常规医疗支出，还包括紧急医疗事件处理和长期健康保障的费用。面对这些挑战，家庭需采取有效措施，同时也需了解和利用国家医保政策，以确保家庭成员的健康得到全面保障。

预防医疗作为减轻医疗负担的重要手段，包括定期体检、疫苗接种等，可以有效避免一些疾病的发生，降低家庭的医疗支出。此外，常规医疗支出，如小儿科问诊、常见病的治疗等，也是家庭医疗开销中的重要部分。家庭应该通过合理规划，如选择合适的医疗服务提供者和医疗保险，来有效控制这些开销。紧急医疗事件如意外伤害或突发重病，往往会带来巨大的经济负担。为了应对这种情况，家庭除了依靠基本的医疗保险外，还应考虑购买额外的健康保险或意外伤害保险，以提供更全面的保障。同时，建立紧急医疗基金，也是一个预防紧急情况对家庭经济造成重大影响的有效策略。国家医保政策在减轻家庭医疗负担方面发挥着关键作用，了解和充分利用国家医保政策，包括医疗补助、儿童健康保险计划等，可以有效减轻家庭的医疗开销。家庭应积极了解相关政策的覆盖范围、申请条件和流程，确保能够在需要时获取相应的支持。

二、父母时间和精力的分配

在多子女家庭中，父母不仅要应对工作的压力，还要照顾家庭，特别是满足每个孩子的教育和成长需求。这一挑战要求父母采取有效的策略来平衡工作与家庭生活，确保每个孩子都能获得必要的关爱和教育资源。

随着第三个孩子的到来，家庭的日常生活变得更加复杂和繁忙。每个孩子都有自己独特的需要和要求，包括日常照顾、情感支持、教育引导等，这些都需要父母投入大量的时间和精力。父母不仅要管理自己的工作和个人生活，还要平衡家庭内部的资源分配，确保每个孩子都能感受到平等和公正的关爱，这无疑是一个巨大的挑战。在时间分配上，父母需要采取更加高效和科学的管理方法。传统的时间管理方法在面对三孩家庭的复杂情况时显得力不从心，父母需要根据家庭成员的实际需求，制订出灵活可变的时间安排计划。这可能意味着重新评估和调整工作时间，寻找可以灵活调动的工作机会，或者在必要时寻求外部帮助，比如请家政服务或寻求亲朋好友的支持，以释放一部分时间和精力来应对家庭的需求。在精力分配上，父母同样面临着挑战。每个人的精力都是有限的，而在三孩儿政策下，父母需要在多个方面进行精力投入，包括但不限于孩子的学习指导、情感交流、健康监护等。如何在保证自身不过度疲劳的同时，又能满足家庭成员的需求，成了一个需要解决的问题。这就要求父母学会有效地分配自己的精力，比如通过设置需要处理事务的优先级，将精力集中在最需要的地方；或者通过培养孩子的独立性，减少对父母精力的依赖，从而达到家庭内部精力分配的平衡。父母还需要关注自己的身心健康，长期的高强度工作和家庭压力可能会对父母的身心健康造成不良影响，进而影响家庭的和谐与孩子的成长。父母应当意识到，只有保持良好的身心状态，才能更好地照顾家庭和孩子。这可能意味着在紧张的家庭生活中寻找到适当的放松方式，如进行体育锻炼、阅读或者与朋友交流等，这些都可以帮助父母缓解压力，恢复精力。

在实际操作中，父母可以采取一系列策略来应对这一挑战。例如，建立一个家庭日程表，明确记录每个家庭成员的活动和需求，帮助父母更好地规划时间和精力。同时，父母可以尝试与孩子进行有效沟通，了解他们的真实需求和期望，这不仅可以帮助父母更加精准地分配资源，也能增强家庭成员之间的情感联系。

三、家庭内部关系的调适

随着家庭成员的增加，各种家庭关系变得更加复杂，尤其是兄弟姐妹之间以及父母与子女之间的关系。为了保持家庭和谐，促进创造健康的家庭环境，家庭内部关系的调适显得尤为重要。这不仅关系到每个家庭成员的幸福感和归属感，也直接影响到孩子们的性格形成和社会适应能力（如图7-2）：

图7-2　家庭内部关系的调适

（一）兄弟姐妹之间的和谐关系

在实施三孩儿政策的背景下，家庭面临着诸多挑战，其中之一便是如何在不同年龄、性格和需求的孩子之间建立和维持和谐的关系。父母在这个过程中扮演着至关重要的角色，需要采取一系列积极的策略来促进和谐关系的形成和持续。

在多子女家庭中，确保每个孩子都感受到等同的关爱和重视是非常必要的。偏爱某个孩子，会在兄弟姐妹间播下不和的种子，这种偏心不仅能引发孩子们之间的嫉妒和竞争，还可能导致自尊心的损伤和孤立感。因此，父母需在日常生活中，如分配家务、奖励与惩罚、关注与支持方面，体现出对每个孩子的平等对待。这种做法有助于建立一个基于公平和尊重的家庭环境，每个孩子都能感受到自己的价值和被接纳。鼓励兄弟姐妹共同参与家庭事务是培养他们责任感和增强家庭凝聚力的有效方式。通过分担家务、协助照顾彼此等共同任务，孩子们不仅能学会合作与分享，还能在此过程中学习到解决问题和协调关系的技能。父母可以通过设定家庭规则和共同目标，如家庭清洁日或共同完成一个家庭项目，来促进这种责任感的形成。这样的经历不仅加深了兄弟姐妹之间的情感联系，还为他们将来的社会生活奠定了良好的基础。冲突在任何家庭中都是不可避免的，特别是在有三个或更多孩子的家庭中。教育孩子们如何以建设性的方式解决冲突，对于维护家庭和谐极为重要。父母应该是这一过程的指导者和示范者，他们需要教会孩子们识别自己和他人的情绪，有效地表达自己的需求和感受，同时也倾听和理解他人的立场。通过角色扮演、情景模拟等方式，父母可以帮助孩子们学习如何寻找问题的根源，探索双赢的解决方案，从而在冲突中寻求和平与和解。这种能力的培养不仅对家庭关系的和谐至关重要，也是使孩子成为具有社会责任感和良好人际关系能力的成年人的基石。

通过这些策略的实施，父母不仅能促进家庭内部的和谐，还能教会孩子们一些重要的人生技能，如公平性、责任感、解决冲突的能力等。这些技能将伴随孩子成长，帮助他们在未来的生活中建立更加健康和谐的人际关系。

（二）父母与子女之间的沟通与理解

对于三孩家庭来说，每个孩子都有自己独特的需求、性格和成长阶段，这就要求父母不仅要能够有效地与每个孩子沟通，还需要深刻理解每个孩子的内心世界，以促进家庭内部的和谐与理解。在这样的家庭环境中，父母的角色变得更加多面和复杂。他们不仅是家庭的经济支柱和生活的组织者，更是孩子们情感依靠和教育的引导者。这就要求父母在日常生活中，能够均衡地分配时间和精力，确保与每个孩子都有质量地进行互动和沟通。例如，通过家庭会议、共享的家庭活动，父母可以了解到孩子们的想法、情感状态和个人需求，从而在必要时提供支持和指导。

父母与子女之间的沟通并不总是顺畅无阻。随着孩子的成长，他们会开始探索自己的独立性，有时候这可能会导致观点的冲突和情感的摩擦。在这种情况下，父母的沟通技巧尤为重要。这不仅包括传递信息的能力，更重要的是倾听、理解和尊重孩子的视角。父母应当努力创造一个开放的沟通环境，让孩子们感到自己的声音被听见和尊重。这种环境鼓励孩子们表达自己的想法和情感，有助于缓解潜在的冲突，促进家庭成员之间的理解与和谐。父母的行为和态度对孩子们有着深远的影响。通过积极的角色示范，如公平对待每个孩子、展示如何处理冲突和应对压力，以及如何表达爱和感激，父母可以为孩子们树立良好的榜样。这不仅有助于孩子们学习如何在复杂的社会环境中建立健康的人际关系，也有助于他们形成积极的价值观和人生观。在处理父母与子女间的沟通与理解问题时，还需要考虑到家庭的整体环境和外部因素。例如，社会文化的影响、学校教育以及社交媒体等，都可能对家庭内部的沟通方式和家庭成员之间的关系产生影响。因此，父母需要具备适应性和灵活性，能够在不断变化的环境中，找到适合自己家庭的沟通和教育策略。

（三）家庭文化的塑造

家庭文化是指家庭中共享的价值观、信仰和习惯，对家庭成员的行为和关系有着深刻的影响。在三孩儿政策背景下，家庭文化的塑造变得尤为关键。它不仅影响着家庭成员的个人发展，还决定了家庭作为一个整体的和谐与稳定。一个积极、包容和支持的家庭文化可以成为孩子们成长过程中的坚实基石，帮助他们建立起对自我、家庭乃至社会的正面态度和价值观。

家庭文化中的共同价值观是家庭成员之间相互联系的纽带。在三孩家庭中，父母应当利用每一个机会——无论是共享的家庭活动，还是日常的对话交流——来强化这些价值观。例如，通过共同参与社区服务活动，家庭成员不仅能够共享爱心和奉献的价值，还能在实践中学习合作与互助。这样的活动不仅加深了家庭成员之间的联系，也让孩子们从小培养起对社会负责和帮助他人的意识。支持和鼓励是家庭文化中不可或缺的元素。在一个鼓励尝试和容许失败的环境中，每个孩子都能够根据自己的兴趣和能力得到成长和发展。父母和家庭成员通过积极反馈和必要的资源支持，为孩子探索自我、挑战新事物提供了安全的平台。这种文化不仅促进了孩子们的个性和才能的发展，也帮助他们建立起面对挑战时的自信和韧性。包容性是构建和谐家庭文化的基石。在一个多子女家庭中，尊重和接受每个成员的独特性至关重要。父母应该引导家庭成员学会倾听彼此的观点，理解并接受彼此的差异，无论是意见的不同还是个性的多样性。这种文化的培养有助于减少家庭内的摩擦和冲突，增进家庭成员之间的团结和理解。通过共同的努力，家庭成了一个每个成员都能感受到被接纳和尊重的温暖港湾。

第二节　多子女家庭的教育策略与资源配置

基于三孩儿政策的背景，多子女家庭在家庭教育中面临着特别的挑战和机遇。有效应对这些挑战，促进孩子们的健康成长和发展，需要父母采用创新和灵活的教育策略。

一、有效的家庭管理策略

在多子女家庭中，有效的家庭管理策略对于维持家庭秩序和促进家庭和谐具有至关重要的作用。随着家庭成员数量的增加，家庭内部的互动、需求、责任和资源分配变得更加复杂。因此，建立一套有效的管理策略不仅能够提高家庭运作的效率，还能增强家庭成员的责任感和归属感，从而创造一个具有支持性和可以促进个人成长的家庭环境。具体如下（如图7-3）：

图 7-3　有效的家庭管理策略

（一）家庭规则的明确性

确保家庭成员之间有序互动的前提是家庭规则的明确性。这一点在多子女家庭中尤为重要，因为每个孩子都有自己独特的个性和需求。没有一套明确的规则，家庭很容易陷入混乱和冲突。家庭规则的范围广泛，可以包括日常生活的基本规范、学习态度、使用电子产品的时间限制等方面。这些规则不仅帮助孩子明白什么行为是可以接受的，还有助于他们培养自我控制能力和责任感。

在制定家庭规则时，重要的是确保规则既公平又适用于不同年龄段的孩子。这可能意味着对年龄较小的孩子设定更简单的规则，而对年长的孩子则设定更复杂的规则，以适应他们不同的发展水平和能力。例如，对于年幼的孩子，规则可能更侧重于基本的生活技能和行为准则，如整理玩具和上床睡觉的时间；而对于年长的孩子，则可以包括完成家庭作业、限制使用手机和电脑的时间等。明确的家庭规则还有助于减少父母在日常管理中的压力。当规则被清楚地沟通并一致执行时，孩子们更有可能遵守这些规则，从而减少了家庭中的冲突和不和。此外，当规则被违反时，已经明确的后果可以立即执行。这有助于孩子们认识到行为和后果之间的联系。

为了确保规则的有效性，父母需要与孩子们一起讨论并制定这些规则。这种方法不仅可以增加孩子们对规则的接受度，因为他们参与了规则的制定过程，还能提供了教育孩子们关于协商和合作的重要性的机会。通过这种方式，孩子们不仅学会了遵守规则，还学会了如何在团队中有效地工作和解决问题。

（二）家庭会议的作用

由于每个孩子的性格、兴趣和需求可能截然不同，缺乏有效沟通的家庭很容易出现误解和冲突。通过定期组织家庭会议，所有家庭成员都有机会坐在一起，共同讨论家庭中的事务，包括日常生活安排、家庭规则的制定、学习计划的开展，以及任何个人或集体面临的问题和挑战。

家庭会议的另一个重要作用是培养孩子们的责任感和参与感。当孩子们被邀请参与讨论并对家庭决策有一定的发言权时，他们会感到自己是家庭重要的一部分，这可以显著提升他们对家庭规则的接受度和遵守意愿。此外，这也是一种培养孩子决策能力和解决问题能力的好方法，为他们将来独立生活和进行社会交往打下基础。家庭会议也是处理家庭冲突的有效平台。在一个开放和支持的环境中，家庭成员可以自由地表达自己的感受和意见，同时也学会倾听他人的感受和意见。这种相互理解的过程有助于化解误会，解决矛盾，促进家庭内部的和谐。家庭会议还能增强家庭成员之间的情感联系。共同讨论家庭事务和计划，可以让家庭成员之间的关系变得更紧密，增强家庭的凝聚力。特别是在多子女家庭中，促进兄弟姐妹之间的理解和支持尤为重要，家庭会议提供了一个促进这种情感联系的绝佳机会。

（三）日程安排的重要性

合理的日程安排对于多子女家庭来说是不可或缺的管理工具。它不仅能够确保家庭生活的高效运作，还对孩子们的个人成长和家庭成员之间的和谐关系产生积极影响。

详细的日程安排使得每个家庭成员都能清晰地了解自己在家庭中的角色和责任。这种明确性对于减少家庭内的摩擦和误解至关重要。当父母和孩子们都知道谁负责哪些任务，以及每天的活动安排时，就可以有效避免因缺乏沟通而引起的混乱。例如，通过安排轮流做家务的计划，不仅确保了家庭环境的整洁，还使孩子们认识到责任感和团队合作的重要性。针对不同年龄段孩子的个性化日程安排，能够确保他们在学习和个人兴趣发展上获得必要的支持。这包括为学龄前儿童安排足够的游戏和休息时间，为学龄儿童设定固定的作业和阅读时间，以及为青少年安排适当的社交和独立活动时间。这样的安排不仅满足了他们不同的成长需求，也有助于培养他们的独立性和自我管理能力。通过制定和遵循一致的日程安排，父母还可以为孩子们树立时间管理的榜样。这种日常的实践教育有助于孩子们理解时间的价值，学习如何高效地规划和利用自己的时间。良好的时间管理习惯不仅对孩子们当前的学习有益，更对他们将来的职业生涯和个人生活有着长远的正面影响。合理的日程安排还能促进家庭成员之间的互动。通过安排家庭聚会、共同活动或是每周的家庭出游，可以增强家庭成员之间的情感联系，促进家庭内部的和谐。这种共享的快乐时光是构建积极家庭文化和增强家庭凝聚力的重要方式。

（四）家庭责任的分配

在多子女家庭中，家庭责任的合理分配是维护家庭和谐与提升家庭运作效率的关键策略之一。通过明智的责任分配，不仅可以提高家庭的整体生活质量，还能在孩子们心中培养独立性、责任感和合作精神。这一过程对孩子的个人发展以及他们将来成为社会中负责任的成员具有深远的影响。

合理的责任分配帮助孩子认识到家庭是一个共同体，每个成员都应承担一定的责任。从小鼓励孩子参与家务活动，如布置餐桌、清洁自己的房间或照顾宠物，可以让他们从实践中学习生活技能，同时感受到自己对家庭的贡献是有价值的和被尊重的。这种参与感和成就感是提高孩子自尊心和自信心的有效方式。通过家庭责任的分配，孩子们还能够学习到团队合作的重要性。在多子女家庭中，合作完成家务可以成为促进兄弟姐妹之间相互理解和支持的良好机会。这不仅能够提高完成任务的效率，还能帮助孩子们学习如何在团队中有效沟通、解决冲突以及共同努力达成目标。家庭责任的合理分配还有助于培养孩子的时间管理能力和处理事务的优先级设定能力。当孩子们需要在完成家务、学习任务和开展个人兴趣之间做出平衡时，他们自然而然地能学会如何合理规划时间和资源。这种能力对他们未来的学业、职业甚至个人生活都具有重要意义。家庭责任的分配是对孩子社会责任感培养的重要一环。通过承担家庭中的任务，孩子们认识到每个个体都有责任为共同体的福祉做出贡献。这种早期的社会参与感教育有助于孩子们发展出对社会有益的行为模式，成为能够为社会做出积极贡献的成年人。

二、公平的资源分配原则

在多子女家庭中，公平资源分配原则是确保每个孩子都能获得适当的教育资源和物质支持的关键。这一原则的实施对于维持家庭内部的和谐、减少兄弟姐妹间的竞争和嫉妒具有重要意义。通过公平地分配学习机会、休闲活动以及父母的关注时间，可以促进家庭成员间的平等和正义感，从而营造一个支持和鼓励个体成长的家庭环境。

公平的资源分配机制首先要求家长对每个孩子的年龄、兴趣和需求有一个全面的了解。这不仅包括孩子在学习上的需求，还包括他们的情感、社交和身体发展的需求。了解这些需求是制定公平分配策略的基础。例如，年幼的孩子可能需要更多的监督和直接参与的活动，而年长的孩子可能更加重视独立性和探索外部世界的机会。在学习机会的分配上，家长应确保每个孩子都能接触到适合其发展阶段和兴趣的教育资源。这可能意味着为不同年龄和能力水平的孩子提供不同类型的学习材料和活动。例如，为喜欢阅读的孩子购买书，为对科学感兴趣的孩子报名参加科学俱乐部，或为有艺术倾向的孩子提供绘画或音乐课程。重要的是，家长应努力避免在资源分配时表现出偏爱，确保每个孩子都感到被平等对待。在休闲活动的分配上，家长需要平衡每个孩子的个人兴趣和家庭整体的活动计划。鼓励兄弟姐妹共同参与的活动可以增进他们之间的关系，如家庭游戏、户外运动或共同参与的志愿者服务。同时，也应尊重并支持每个孩子的个人兴趣，允许他们参加个人喜欢的课外活动，即使这意味着家长需要投入更多的时间和精力来协调日程。

父母关注的时间是家庭资源中最宝贵的一部分。在多子女家庭中，确保每个孩子都能获得足够的父母关注是一项挑战。父母可以通过安排一对一的时间来个别关注每个孩子，可以是读故事书、讨论学校的事情，或者共同进行一个小项目。这样的个别关注不仅可以加深父母与每个孩子之间的关系，也是了解和满足他们独特需求的重要途径。实施公平的资源分配原则需要家长不断地观察、沟通和调整策略。这包括定期检视家庭资源的分配是否满足了每个孩子的需求，以及是否促进了家庭内部的和谐共处。此外，家长还应教育孩子们理解和尊重公平分配的原则，鼓励他们在家庭内部展现出合作和分享的精神。

三、差异化教育策略

差异化教育意味着家长和教育者认识到每个孩子都有其独特的学习风格、兴趣、能力和发展节奏，并据此提供个性化的支持和资源。这种教育策略旨在提高学习效率，激发学习兴趣，并最终促进每个孩子的积极性和自我实现。

差异化教育策略的实施要做好以下两个方面的关键工作（如图7-4）：

图 7-4　差异化教育策略

（一）识别每个孩子的独特需求和兴趣

在多子女家庭的教育实践中，识别每个孩子的独特需求和兴趣是实施差异化教育策略的基石。这一过程要求家长细致观察、主动交流，并采取开放的心态去理解每个孩子的个性化特点。孩子们的兴趣和需求不仅反映在他们的日常行为和选择中，也往往隐藏在他们的言语和非言语反应之中。家长的任务是发现这些线索，从而为每个孩子量身定制教育方式。

识别孩子的独特需求和兴趣涉及多个方面。首先是通过日常的观察和互动来了解孩子。家长可以注意孩子在自由玩耍时选择的活动类型，他们对哪些书籍、游戏或电视节目表现出最多的兴趣，以及其在与同龄人交往中倾向于采取的角色。孩子在学校的表现、对家庭作业的态度以及在特定学科的表现也能提供重要的信息。与孩子的直接对话是另一个重要的途径。通过与孩子进行开放式对话，家长可以了解到孩子对某些活动或课题的看法，在好奇心的驱使下，他们想要探索哪些新领域，以及他们对当前学习内容的满意度。这种对话不应该仅限于学习成绩的讨论，更应该包括孩子的情感体验和个人兴趣的探索。家长也可以通过与孩子的老师和其他教育工作者的交流来获得更全面的了解。教师因其专业背景和日常与孩子的互动，能够提供不同于家庭环境中的观察和见解。他们可能注意到孩子在不同的学习环境下表现出的独特特点和潜在的需求，这些信息对于家长来说是非常宝贵的。

了解孩子的独特需求和兴趣之后，家长就能够更有效地支持每个孩子的学习和发展。这种支持不仅体现在学术学习上，也涉及孩子的情感发展、社交技能以及其他生活技能的培养。通过对孩子个性化需求的认识，家长可以更好地引导孩子发现并追求他们的兴趣，提供适合他们发展水平的挑战，从而激励他们达到自己的最佳潜能。

（二）提供个性化的学习资源和方法

提供个性化的学习资源和方法是差异化教育策略中至关重要的一环，要求家长深入理解每个孩子的学习偏好、兴趣领域以及他们在学习过程中的独特需求。这种个性化的教育方法能够极大地提高学习的有效性，激发孩子的学习兴趣，以及增强他们对新知识的探索热情。具体如下：

其一，视觉学习者的资源和方法。对于那些通过视觉信息能够更好地学习和理解的孩子，家长可以利用丰富多彩的视觉材料来促进学习。图表、图形、视频以及互动软件不仅能够帮助孩子们更直观地理解抽象的概念，还能使学习过程变得更加生动有趣。例如，在学习生物学时，使用详尽的生态系统图表或动物解剖视频，可以帮助孩子更深入地理解复杂的生物学原理。此外，家长可以鼓励孩子使用绘画或设计软件来表达他们对某一学科的理解，这种创造性的表达方式能进一步增强他们的学习动力。其二，动手操作学习者的资源和方法。对于那些通过实践操作可以获得最佳学习效果的孩子，家长应当提供更多的机会让他们亲手操作和实验。这可以是科学实验、手工艺制作、烹饪，甚至是组装模型等活动。通过动手实践，孩子们不仅能够将理论知识与实际操作相结合，还能在此过程中学习到解决问题的技巧。例如，家长可以和孩子一起创建一个小型的家庭花园，让孩子亲自参与植物种植、土壤管理以及水分控制等活动，这种经验不仅能够教会孩子生物学知识，还能培养他们的责任感和观察力。其三，基于兴趣的学习资源和方法。孩子的兴趣是激发其学习热情的重要动力。家长应当鼓励孩子发现并探索自己的兴趣领域，无论是艺术、科学、体育还是任何其他领域。这可以通过为孩子提供相关的书、杂志、教育套件或是报名参加相关的兴趣班来实现。例如，对于对天文学感兴趣的孩子，家长可以为其提供望远镜并引导他们观察星空，参加天文俱乐部或是参观天文馆。这些活动不仅能够满足孩子的好奇心，还能在无形中增强他们对科学的兴趣。

四、善于利用外部资源

在当今多元化的教育环境中，外部资源对于家庭教育的重要性日益增强。对于多子女家庭而言，利用外部资源不仅能够丰富孩子们的学习体验，还能帮助缓解家庭内部因资源分配不均而可能产生的紧张和竞争。外部资源包括但不限于公共图书馆、在线教育平台、社区活动和兴趣小组。这些资源提供了学习的多样性和灵活性，使得每个孩子都能根据自己的兴趣和需求找到合适的学习材料和活动（如图7-5）：

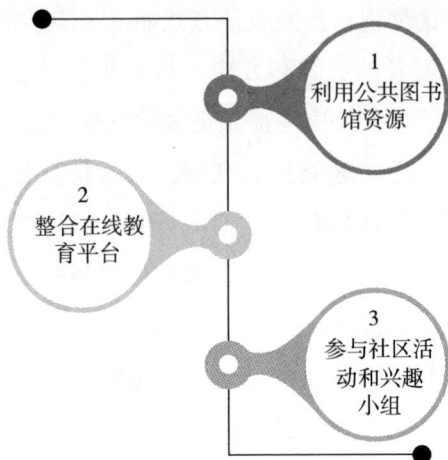

图7-5　善于利用外部资源

（一）利用公共图书馆资源

图书馆作为一个信息和知识的宝库，对于满足家庭内各个孩子的不同的阅读和学习需求具有无可替代的作用。通过充分利用图书馆提供的书、杂志、电子资源及教育活动，家长可以为每个孩子创造个性化的学习路径，促进他们的全面发展。

图书馆提供的书和杂志覆盖了广泛的主题和兴趣领域，从科学探索、历史知识到文学作品，能够满足不同年龄段孩子的阅读需求。这种多样化的阅读材料不仅有助于孩子们扩展知识视野，还能激发他们对新事物的好奇心和探索欲。家长应鼓励孩子们根据自己的兴趣选择阅读材料。这种自主选择的过程能够提高孩子们的阅读动力，并帮助他们培养终身学习的习惯。公共图书馆还经常举办各种教育活动，如作家讲座、夏令营、阅读挑战和文化交流活动，不仅丰富了孩子们的学习体验，还为他们提供了与同龄人交流和合作的机会。通过参与这些活动，孩子们能够在轻松愉快的氛围中学习新知识，同时培养社交技能和团队协作能力。家长可以根据孩子们的兴趣和年龄特点，有选择性地参与这些活动，使学习和娱乐相结合，提高学习的效果和乐趣。电子资源和在线服务是现代图书馆的重要组成部分，提供了便捷的远程访问服务。家长和孩子们可以在家中通过互联网访问电子书籍、有声读物、在线数据库和教育视频。这对于无法亲自前往图书馆的家庭尤其重要。利用这些资源，孩子们可以随时随地进行学习，满足他们即时的学习需求。家长应教会孩子们如何安全有效地利用这些在线资源，引导他们发现和探索感兴趣的知识领域。

（二）整合在线教育平台

在数字时代，网络资源的多样性和可访问性为个性化学习路径的开辟提供了无限可能。在线平台的利用不仅拓宽了学习的边界，还使得学习过程更加灵活和有趣，从而极大地提高了孩子们的学习动力和效率。

在线教育资源的多样性允许家长为每个孩子制订独特的学习计划。无论是数学、语言艺术、科学还是编程，家长都能在各大在线平台上找到相应的课程和材料。此外，这些平台通常提供从入门到高级不等的课程，能够跟随孩子的成长和学习进度不断调整，确保教育内容既具挑战性又适宜。评估在线资源的质量和适宜性是家长在使用这些资源时必须考虑的重要方面。高质量的教育内容应当是由教育专家设计和审核，能够激发孩子的好奇心，同时提供准确、具有时效性的信息和知识。家长应当利用平台提供的试用期或预览功能，预先评估课程的内容和难度，确保它们符合孩子的年龄和学习水平。安全性也是选择在线教育平台时的一个重要考虑因素。家长需要确保所选平台具有良好的隐私保护措施，保护孩子的个人信息不被泄露。家长还应当监督孩子的在线学习活动，确保他们在一个安全、积极的网络环境中学习。通过与孩子定期讨论他们的在线学习体验，家长不仅能及时了解孩子的学习进展，还能收集反馈信息，根据需要调整学习计划和资源选择。这种互动也有助于增强家长与孩子之间的沟通，使家长能够更好地理解孩子的兴趣、面临的挑战和需求。

（三）参与社区活动和兴趣小组

参与社区活动和兴趣小组对于多子女家庭的孩子来说，是一种极为宝贵的学习和成长机会。这些活动不仅提供了学习新技能的平台，还促进了孩子们在社交、团队合作以及自我认识方面的发展。通过这些活动，孩子们能够在自己感兴趣的领域中获得深入的学习体验，同时也获得了与同龄人建立友谊和社交圈的机会。

社区活动和兴趣小组的多样性保证了每个孩子都能找到符合自己兴趣和需求的活动。体育队可以培养孩子们的体能和团队精神；音乐班和艺术工作室则能激发他们的创造力和审美能力；科学俱乐部可以提高他们的逻辑思维和问题解决能力。通过这些活动，孩子们不仅能学习到学校课程之外的知识，还能在实践中发展自己的兴趣爱好。家长的角色任务在于积极寻找并利用这些资源。与当地教育机构、文化中心和体育组织建立联系，是确保能够接触到这些资源的关键步骤。家长可以通过参加学校组织的家长会、浏览社区公告板或社交媒体群组通知等方式，获取有关社区活动的信息。与其他家长的交流也是一个宝贵的信息来源，可以分享和推荐各种活动和资源。鼓励孩子根据自己的兴趣选择活动是非常重要的。这不仅能提高孩子对参与活动的热情，还能在活动过程中让他们更加自信和自主。家长应当支持孩子的选择，同时也可以适当引导，帮助他们发现和探索新的兴趣领域。通过参与这些活动，孩子们能够在探索自我和发展个人兴趣的过程中，建立起对自己能力的认识和自信。

五、促进自我学习和相互学习

在多子女家庭的教育策略与资源配置中，促进自我学习和相互学习是一项核心任务。它不仅关乎孩子的个人发展，也是加强家庭成员间情感联结的重要方式。为了达到这个目标，家长可以采取以下策略（如图7-6）：

图 7-6 促进自我学习和相互学习

（一）设定清晰的学习目标

对于任何教育活动而言，设定清晰、可实现的学习目标是成功的关键。在多子女家庭中，这一点尤为重要，因为每个孩子的学习能力、兴趣和需求可能大相径庭。通过与每个孩子单独讨论，家长可以帮助他们设定个人化的学习目标。这些目标既要挑战性，又要能够实现，从而确保孩子在学习过程中保持动力和参与感。设定学习目标的过程包括几个关键步骤。首先需要评估孩子当前的学习水平和兴趣领域。接下来，家长应鼓励孩子参与到目标设定的过程中，让他们表达自己的学习愿望和兴趣。然后，家长与孩子一起制定具体、量化的目标。这些目标应该具体到孩子能够在短期内（比如一个月）或长期内（比如一学期）看到进步和成果。例如，如果一个孩子对编程感兴趣，短期目标可能是完成一个简单的编程项目，如制作一个个人网页；长期目标则可能是学习并掌握一门特定的编程语言。通过这样的方式，孩子不仅能获得完成任务的满足感，还能逐步形成自我驱动学习的习惯。

（二）提供个性化的学习资源

提供个性化的学习资源对于满足多子女家庭中每个孩子的独特学习需求至关重要。这种方法不仅能够增强孩子的学习动力，还能帮助他们在自己感兴趣的领域中取得实质性的进步。家长在整合和提供个性化学习资源的过程中，需要细致地考虑每个孩子的特点、兴趣以及学习目标，以确保所提供的资源能够最大限度地促进孩子的学习和成长。

对于爱好科学的孩子，家长可以超越传统的实验工具包，探索更多寓教于乐的科学活动，如参加当地科学博物馆举办的家庭科学夜，或者利用在线平台如"科学儿童网"提供的虚拟实验室。这些活动不仅能够激发孩子的好奇心，还能够让他们在互动和探索中学习科学原理。爱好阅读的孩子除了定期访问图书馆和订阅电子书服务外，家长还可以引导他们参与书籍讨论会或阅读挑战活动。这些活动既可以在图书馆找到，也可以在一些在线教育社区中进行组织。通过这样的方式，孩子不仅能够扩大自己的阅读视野，还能够学习如何表达自己的观点和感受，增强批判性思维和能力。对于艺术爱好者，除了参加艺术课程和在家中创造艺术角外，家长还可以鼓励孩子参与更多的公共艺术项目和艺术比赛。例如，一些社区中心和艺术组织会定期举办青少年艺术展览或艺术创作比赛，参与这些活动不仅能够激发孩子的创造力，还能让他们有机会展示自己的作品，增强自信心。

（三）鼓励自我评估与反馈

在多子女家庭中，鼓励自我评估与反馈是培养孩子自我学习能力的关键策略之一。这一过程不仅帮助孩子们认识到自己的学习成就和挑战，还促进了他们的独立思考能力和自我反思能力的发展。通过自我评估，孩子们可以更加明确自己的学习目标，了解达到这些目标的路径，同时识别出自己在学习过程中的强项和弱点。家长通过提供积极的反馈，可以增强孩子的学习动力，帮助他们在遇到挑战时保持积极的态度，并找到克服困难的方法。

在自我评估的过程中，应该鼓励孩子记录下自己的学习经历、思考过程以及遇到的问题和解决策略。这可以通过维护学习日志或日记来实现，其中详细记录了他们每天或每周的学习内容、所取得的进步以及遇到的难题。家长可以定期查看这些日志，与孩子一起讨论，从而更好地了解孩子的学习状态和需求。家长的反馈对于孩子的学习成长也是至关重要的，这种反馈应当是具体、积极、建设性的，不仅要强调孩子的成就和进步，也要指出他们可以改进的地方。为了使反馈更加有效，家长可以采用"三明治"反馈法，即先说出孩子的一个优点，然后指出需要改进的地方，最后再次强调另一个积极的方面。这样的反馈方式可以确保孩子在接受批评的同时，也能感受到成就和鼓励，从而更加积极地看待自己的学习过程。家长还可以鼓励孩子们之间的相互评估和反馈。在一个支持和信任的家庭环境中，兄弟姐妹可以成为彼此学习过程中的良师益友。他们可以分享自己的学习经验，提供建议，甚至一起解决学习中遇到的问题。这种相互支持的氛围不仅有助于提升学习效率，还能加强家庭成员之间的情感纽带。

（四）促进兄弟姐妹间的相互学习

促进兄弟姐妹间的相互学习对于多子女家庭的教育来说，是一种极为有效的方法。这种学习方式不仅可以帮助孩子们在学术上取得进步，还能加深他们之间的情感联系，培养团队合作和沟通的能力。通过共享知识和相互学习经验，兄弟姐妹可以相互激励，共同应对学习上的挑战。

家庭学习活动是促进兄弟姐妹间相互学习的有效途径，这些活动可以是围绕特定主题的项目，如家庭科学日，也可以是更自由形式的知识分享，如家庭阅读会。这些活动不仅提供了学习的机会，还为孩子们提供了展示自己才能和兴趣的平台。在家庭科学日活动中，每个孩子都有机会展示自己的科学项目，无论是一个简单的化学反应实验，还是一个小型的生态系统模型。通过这种方式，孩子们不仅能够学习科学知识，还能够学习如何向他人清晰地解释复杂的概念，这对于提升他们的表达能力和自信心极为有益。家庭阅读会则是另一种鼓励孩子们分享自己阅读体验的活动。在这样的活动中，每个孩子都有机会讲述自己最近阅读的书籍，分享自己的感受和学到的知识。这不仅能够激发孩子们对阅读的兴趣，还能够促进他们之间的沟通和理解。除了组织特定的学习活动，家长还可以鼓励孩子们在日常生活中相互教学。例如，较大的孩子可以帮助较小的孩子完成家庭作业，或者教他们一项新技能，如骑自行车或游泳。通过这种日常的互动，兄弟姐妹之间不仅能够互相学习新知识，还能够增强情感联结。

第三节 促进家庭和谐与子女平衡发展的策略

在开放三孩儿政策下，家庭教育面临着新的挑战和机遇。促进家庭和谐与子女平衡发展成了家长们需要重点关注的问题。以下策略旨在帮助家庭增强凝聚力，提升情绪智力和应对策略的有效性，支持子女的独立性和自我发展，并培养他们的社会责任感和合作精神。

一、增强家庭凝聚力

家庭凝聚力是指家庭成员之间的紧密联系和情感纽带。它是家庭成员获得归属感、安全感，以及感受到被关爱的基础。一个凝聚力强的家庭能够为孩子提供稳定的成长环境，有利于他们的身心健康和社会适应能力的发展。可以通过以下不同方式来增强家庭凝聚力（如图7-7）：

图7-7 增强家庭凝聚力

（一）共同家庭活动

共同的家庭活动对于增强家庭凝聚力具有不可估量的价值，尤其在开放三孩儿政策背景下，这一点变得更加重要。这些活动不仅为家庭成员提供了宝贵的共同时间，还促进了家庭内部的交流与理解，帮助建立更深层次的情感联系。在多子女家庭中，共同的家庭活动可以帮助兄弟姐妹之间建立积极的关系，通过共享乐趣和应对挑战，孩子们能够学会合作、分享和相互支持。这种互动不仅能够减少家庭内部的竞争感，还能帮助孩子们发展出处理冲突和解决问题的能力。

家庭晚会是一种简单而有效的方式，家长可以鼓励孩子们展示自己的才艺，如唱歌、跳舞、朗诵或者是展示最近学会的技能。这不仅能够增加孩子的自信心，还能让其他家庭成员更好地了解和欣赏彼此的独特性和才华。周末郊游和户外活动为家庭提供了探索自然和进行身体锻炼的机会。无论是远足、野餐还是自行车骑行，这些活动都能够让家庭成员远离日常生活的压力，享受大自然的宁静与美好。在这些活动中，家长可以引导孩子们观察自然界的奇妙，认识到团队合作的重要性，并培养对环境的爱护意识。一起观看电影或参加游戏夜也是加强家庭凝聚力的好方法。选择适合各个年龄段的电影或游戏，可以让全家人一起享受欢乐时光，同时也为家庭成员提供了讨论电影主题或共同应对游戏挑战的机会。这种共享的体验能够促进家庭成员之间的沟通，加深相互之间的理解和尊重。

（二）庆祝传统节日和家庭仪式

庆祝传统节日和维护家庭仪式在增强家庭凝聚力和传承文化价值观方面发挥着不可替代的作用。这些活动不单是家庭成员团聚的时刻，更是一种力量，能够跨越世代人员，将家族的历史、文化以及价值观通过丰富多彩的形式传递给每一位家庭成员，尤其是孩子们。

在全球化的今天，家庭成员可能因为各种原因而分散在不同的地方，但传统节日和家庭仪式成为联结彼此的桥梁。比如春节期间的团圆饭、圣诞节的礼物交换、感恩节的家庭聚会，这些特殊时刻让家庭成员无论身在何处都能感受到家的温暖和归属感。通过这些活动，孩子们能够学习到关于家族历史的知识，理解和尊重家庭乃至更广泛的社会文化传统。在庆祝这些节日时，家庭成员共同参与的过程本身就是一种强大的教育。准备节日食物让孩子们有机会学习烹饪技能，并了解与节日相关的食物文化；装饰家庭则能激发孩子们的创造力和审美能力；参与节日活动则是培养团队合作和组织能力的良好机会。这些活动不仅增强了家庭成员之间的情感联系，也为孩子们提供了实践和学习的机会，让他们在参与中成长，在体验中学习。维护家庭仪式也是传承家庭价值观的重要方式。例如，每周的家庭晚餐、每年的家庭旅行或是孩子们的成长仪式，这些看似平凡的活动实际上承载了家庭的关爱、支持和鼓励。通过这些仪式，家庭成员能够在日常生活中不断重申和强化家庭的凝聚力，让孩子们感受到家庭的重要性和不可替代性。

在多子女家庭中，庆祝传统节日和维护家庭仪式尤其关键。它们为家庭成员提供了共同成长的土壤和空间，无论家庭规模的大小，都能在这些特殊的时刻找到共鸣和联结。通过共同庆祝和维护，家庭不仅能够传承文化和价值观，还能够培养出具有高度社会责任感和文化认同感的下一代。无论是在节日庆祝还是日常的家庭仪式中，家长的角色极为关键。他们不仅是组织者，更是传承者和教育者，通过自己的行为和态度向孩子们展示家庭的重要性，教育孩子们如何珍惜和尊重这些传统和文化。这种教育不仅能够增强家庭的凝聚力，还能够帮助孩子们在尊重传统的同时，建立起对多元文化的理解和尊重，为他们成为未来社会的有责任感的成员打下坚实的基础。

（三）家庭会议和沟通

在开放三孩儿政策的环境下，家庭会议和沟通成为维系家庭和谐与增强家庭凝聚力的重要手段。这种定期的家庭对话为家庭成员提供了一个平台，让他们能够共同讨论家庭事务、解决问题，并规划未来活动。

通过这种形式的沟通，家庭成员不仅可以表达个人的意见和感受，还能够促进相互之间的理解和支持，这对于避免误解和减少冲突至关重要。

家庭会议提供了一个开放和诚实的沟通环境，使每个人都能够自由地分享自己的想法和感受。这种沟通方式鼓励了家庭成员之间的直接对话，有助于建立一种基于理解和尊重的家庭文化。在家庭会议中，家长和孩子们可以一起回顾过去一段时间内的家庭生活，讨论各自的成就和面临的挑战，以及共同制定解决家庭问题的策略。通过定期举行家庭会议，家长可以向孩子们展示如何有效地解决问题和冲突，这对孩子们的个人成长和社会适应能力的发展极为重要。家庭会议还可以作为一个教育的机会，让孩子们形成责任感、协作精神和决策能力，这些技能将伴随他们的一生。除了讨论家庭事务和解决问题之外，家庭会议也是规划未来活动的好时机。家庭成员可以一起讨论未来的假期计划、家庭活动或者其他重要事件，这不仅增加了家庭成员之间的期待感和归属感，还能够让每个人都有参与家庭决策的机会。最重要的是，家庭会议和沟通能够加强家庭成员之间的情感联系，为家庭创建一个充满爱、理解和支持的环境。这种环境对于孩子们的情感和社会发展至关重要，能够帮助他们建立自信和自尊，为将来成为社会中有责任感的成员打下坚实的基础。

二、提升情绪智力和应对策略

情绪智力即个体识别、理解、表达和管理自己及他人情绪的能力，对于孩子的个人发展、社会适应以及未来的成功至关重要。提升孩子的情绪智力和应对策略，不仅能帮助他们建立更健康的人际关系，还能促进其心理健康发展和取得学业成就（如图7-8）：

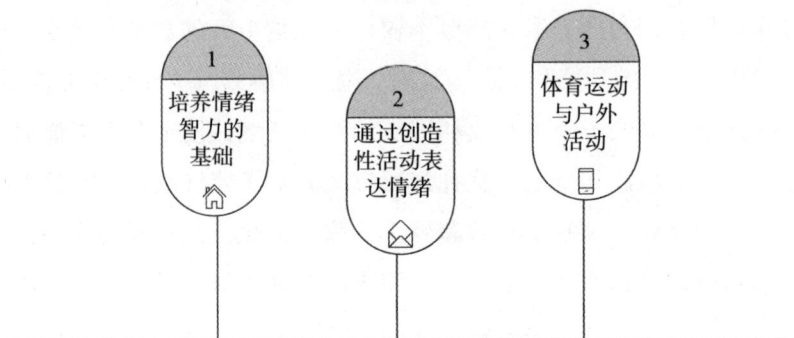

图 7-8　提升情绪智力和应对策略

（一）培养情绪智力的基础

父母在培养孩子情绪智力的过程中，首先要做的是展示对情绪的开放态度，鼓励孩子们表达自己的情绪，无论是喜悦、悲伤还是愤怒。这种表达不仅是情绪释放的途径，也是孩子学习如何处理情绪的重要步骤。父母应当接纳孩子的所有情绪，避免负面标签，如"哭泣是软弱的"或"生气是不礼貌的"，这样的标签只会让孩子压抑自己的真实感受，不利于情绪智力的发展。通过日常对话和活动，父母还可以帮助孩子认识到情绪背后的原因，以及情绪对思考和行为的影响。例如，在孩子遇到挫折时，父母还可以引导孩子探讨他们感到沮丧的原因，讨论不同的应对策略，帮助孩子理解情绪是自然反应，同时教会他们如何有效应对。家庭中的角色扮演和情景模拟活动可以成为提升孩子情绪智力的有力工具。通过这些活动，孩子可以在安全的环境中实践不同的情绪表达方式，学习如何在复杂的社交情景中有效地应用情绪智力，比如如何在争执中冷静表达自己的观点，或者如何在朋友悲伤时提供支持。

提升孩子的情绪智力和应对策略不仅仅是教会他们识别和管理情绪那么简单，更关键的是培养他们使用情绪信息指导思考和行为的能力，让他们能够在面对生活中的挑战时做出更加成熟和理智的决定。通过父母的积极引导和支持，孩子可以学会如何在人际交往中有效使用情绪智力，建立和维护积极健康的人际关系，为未来的社会生活打下坚实的基础。

（二）通过创造性活动表达情绪

创造性活动作为一种非言语的情绪表达方式，在这一过程中扮演着极其重要的角色。这类活动不仅为孩子提供了一个安全、接纳的空间来探索和表达自己的情感，还促进了他们在情绪智力、创造力和想象力方面的发展。通过绘画、音乐、舞蹈或写作等创造性活动，孩子们能够以一种直观和富有表现力的方式来处理和表达自己的情绪。这些活动允许孩子们将内心的复杂情感转化为外在的艺术形式。通过这一过程，他们不仅能够学会识别和接纳自己的情绪，还能够发现新的自我表达方式，从而加深对自我和他人的理解。绘画和雕塑等视觉艺术活动使孩子们能够通过色彩、形状和图像来表达情绪。这种表达方式对于那些找不到合适词汇描述自己情感的孩子尤其有益。音乐和舞蹈则提供了一种动态的情绪表达路径，孩子们可以通过演奏乐器、唱歌或舞动身体来释放情绪压力，同时也能在这一过程中发现情绪与身体之间的联系。写作和写日记的活动则让孩子们有机会通过文字来探索和反思自己的情绪经历，不仅能够帮助他们更清晰地理解自己的情绪，还能促进他们的语言表达能力和自我反思能力的发展。

（三）体育运动与户外活动

体育运动本身就是一种有效的情绪调节工具。通过参与各种体育活动，孩子们能够在运动中释放能量，减轻紧张情绪和压力。更重要的是，体育运动使孩子们面对挑战和失败时保持正确态度。在比赛和训练中，孩子们认识到失败并非世界末日，而是成长和学习的机会。这种体验有助于孩子们形成坚韧不拔的精神和积极面对生活中挑战的能力。团队运动更是培养合作精神和社会交往技巧的绝佳平台。在团队中，孩子们必须学会如何与队友沟通、协作，共同为实现目标努力。这种经历不仅加强了他们的社交能力，也让他们体会到集体成就的价值，从而增强社会归属感和团队责任感。户外活动还提供了与自然互动的宝贵机会，让孩子们远离电子屏幕，亲身体验自然的魅力。无论是徒步、露营还是观察自然，这些活动都能让孩子们在大自然的怀抱中找到内心的平静和满足。通过与自然的接触，孩子们不仅能够学习到关于生态和环境的知识，还能够培养对自然环境的尊重和爱护意识。户外活动还能够激发孩子们的探索精神和创造力。在自然环境中，孩子们有无限的空间去探索、发现新奇事物。这种经历对于激发孩子们的好奇心和想象力至关重要。通过这些活动，孩子们不仅能够增长见识，还能在探索过程中学会独立思考和解决问题。

三、支持子女独立性和自我发展

在当前的社会背景下，尤其是在开放三孩儿政策的影响下，促进子女的独立性和自我发展成为家庭教育中的一个核心议题。家庭作为孩子成长的第一环境，对于孩子培养独立思考、自我管理以及应对挑战的能力具有不可替代的作用（如图7-9）：

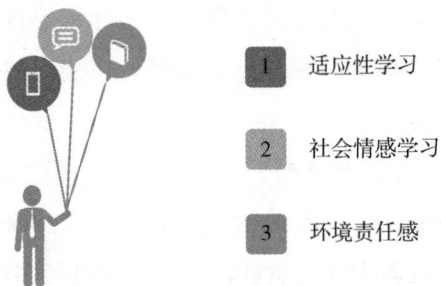

图7-9 支持子女独立性和自我发展

（一）适应性学习

适应性学习作为一种教育理念，在三孩儿政策下的家庭教育中占据着至关重要的位置。这种学习方式强调的是培养孩子在面对不断变化的世界时，能够灵活适应、有效获取和处理信息的能力，以及利用各种资源解决问题的技巧。适应性学习不仅仅关注传统意义上的知识学习，更重要的是教会孩子们如何学习，怎样在不同的情景下运用所学的知识和技能。

在实施适应性学习的过程中，多样化的学习活动成为关键。在线课程、实地考察、项目式学习等多种形式的学习活动，可以为孩子提供丰富的学习环境和体验，使他们能够在实践中学习如何应对不同的情况和挑战。这些活动不仅可以激发孩子的学习兴趣，还能帮助他们发现自己的学习风格和偏好，从而更有效地进行个性化学习。在线课程让孩子有机会接触到世界各地的优质教育资源，学习新的知识和技能。这种学习方式要求孩子自主管理学习时间和进度，从而培养他们的自我管理能力和责任感。实地考察和项目式学习则更侧重于实践操作和团队合作，通过解决实际问题，孩子们可以学习到如何在实际环境中应用知识，以及如何与他人协作，共同完成任务。适应性学习的目标是使孩子在未来面对生活和工作中的各种挑战时，都能够灵活应对，快速学习新的知识和技能，有效解决问题。为了达到这个目标，家长和教育者需要为孩子创造一个支持和鼓励探索、实验和创新的环境。这意味着要鼓励孩子提问、对所学的知识进行质疑、尝试新的解决方案，即使这些尝试可能会失败。

（二）社会情感学习

社会情感学习（SEL）是在三孩儿政策的情况下，对孩子全面发展至关重要的一个方面。这一过程涉及孩子如何识别和管理自己的情绪，如何有效与他人交往，以及在复杂的社会环境中如何做出负责任的决策。社会情感学习不仅关乎个人的内在成长，也是孩子们建立积极人际关系和成功适应社会所必需的。

培养孩子的自我意识和自我管理能力是社会情感学习的起点。这包括帮助他们认识到自己的情绪状态，理解这些情绪背后的原因，以及学习如何控制和表达这些情绪的适当方式。家长可以通过共读情感丰富的故事，讨论角色的感受和行为，引导孩子反思并联系到自身经历，从而提高他们的自我意识。在社会意识和关系技能的培养中，重点是教会孩子理解他人的情绪和观点，以及在不同的社交场合中如何与人有效沟通和互动。通过团队活动和角色扮演游戏，孩子可以在实践中学习合作、倾听和解决冲突等技能。例如，家长可以组织一些小组活动，让孩子们在完成任务的过程中学会互帮互助，理解团队合作的重要性。教育孩子如何在面对选择时做出负责任和有道德的决策，是社会情感学习的另一个关键环节。这包括教他们评估决策的后果，考虑不同选择对自己和他人的影响。家长可以通过讨论真实生活中的决策情景，引导孩子思考不同选择的利弊，从而培养他们的批判性思维和道德判断力。

（三）环境责任感

环境责任感的培养不仅关注于传授孩子环境保护的知识，更重要的是通过实际行动激发孩子们对于环境持续性发展的兴趣和责任感。这种教育方式旨在让孩子们认识到，作为地球的一员，他们有能力也有责任参与到保护环境、促进可持续发展的行列中来。

在实践中，家庭可以成为孩子学习环境保护知识的第一课堂。父母可以通过自身的行为示范，比如节约用水、减少废物产生、使用环保产品等，向孩子传达环境保护的重要性。家长还可以鼓励孩子参与到具体的环境保护活动中，如一同参加社区的绿化项目、海滩或河流的清理活动，或者参与回收计划。这些活动不仅能让孩子在参与中学到环境保护的具体知识和技能，更能让他们体会到参与环境保护给社区乃至地球带来的积极变化。家长还可以引导孩子观察和思考日常生活中的环境保护问题，鼓励他们提出自己的见解和解决方案。例如，在购物时考虑商品的环境保护包装，或者讨论如何减少家庭产生垃圾量，等等。这样的讨论不仅加深了孩子对环境问题的认识，也锻炼了他们的批判性思维和提供了其问题解决能力。家长还可以利用科技资源，比如教育性的应用程序、在线课程或者纪录片，来扩展孩子对环境保护、生物多样性保护等主题的了解。通过这些资源，孩子们可以了解到全球环境问题的现状及其对人类社会的影响，从而更加深刻地认识到个人行动的重要性。

四、培养社会责任感和合作精神

在三孩儿政策的大背景下，需要采取教育措施有效地培养子女的社会责任感和合作精神。这样的教育不仅帮助孩子们建立起积极的社会参与意识，还为他们的全面发展和未来的社会生活奠定了坚实的基础（如图7-10）：

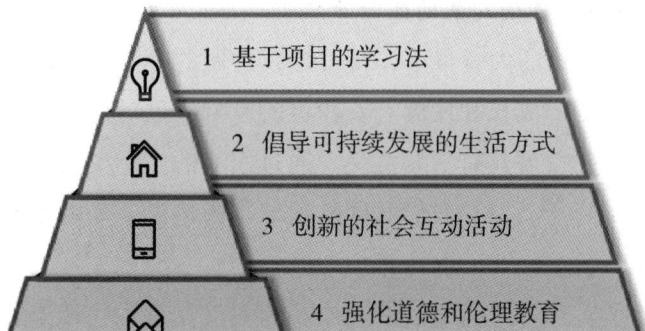

图7-10　支持子女独立性和自我发展

（一）基于项目的学习法

在三孩儿政策的背景下，基于项目的学习法为家庭教育提供了一种创新的路径，特别是通过社区改善项目，能够在孩子们中培养社会责任感和实践技能。这种方法通过让孩子直接参与到具有实际意义的项目中，不仅使他们学习到新的技能，更重要的是，让其看到自己行动的直接影响，从而增强他们对自己能力的信心以及对改善社会的责任感。

社区改善项目可以是多种多样的，例如创建小型社区花园，不仅能美化社区环境，还能教会孩子们关于植物生长的知识，以及团队合作和项目管理的基本原则。孩子们可以从选择种植的植物种类开始，到规划花园布局，再到实际的种植和维护工作，每一步都做出决策并承担责任。这是一个全面的学习过程。组织社区美化日也是一个很好的例子。家长和孩子们可以一起清理街道、粉刷公共设施或植树造林。通过这样的活动，孩子们不仅能够体验到劳动的乐趣，更能学习到如何通过集体的努力来改善公共生活空间。这样的经历对于孩子们来说是非常宝贵的，可以使他们形成社区意识和公民责任感。通过参与这些项目，孩子们能够直观地看到自己的行动如何对社区产生积极影响，这种成就感和归属感是其他学习方法难以替代的。同时，这也为孩子提供了与社区成员交流和合作的机会，促进了他们社交技能的发展。

（二）倡导可持续发展的生活方式

在三孩儿政策的大背景下，将可持续发展的生活方式融入家庭教育中，不仅对孩子的成长和发展有着积极的影响，也对推动社会整体向更加可持续的方向发展具有重要意义。通过家庭的小小实践，孩子们能够学会如何以实际行动保护我们共同的地球，为建设一个更加美好的未来贡献自己的力量。

教育孩子实践可持续生活方式涉的不仅仅是一些具体的行为，如回收利用、节能减排，或是选择可再生资源等，更是一种生活哲学的培养。这种哲学基于对地球资源有限性的认识和对后代的责任感，鼓励每个人都做出对环境负责的选择。家长在教育孩子时可以通过日常生活中的实际行动来示范可持续生活的价值。例如，家庭可以共同参与制作零废物家庭用品，这不仅可以减少垃圾的产生，还能激发孩子们的创造力和动手能力。通过这种方式，孩子们可以在参与中认识到可持续生活的重要性，并体会到自己的行动对环境产生的积极影响。还可以教育孩子了解可持续农业的基础知识，比如家庭种植蔬菜、了解食物来源等，不仅能够让孩子们了解食物生产的过程，更能让他们理解减少食物浪费的重要性和对自然资源的珍惜。

通过这样的教育，孩子们不仅能够进行具体的可持续生活实践，更重要的是，能够培养他们对环境负责、对社会有益的生活态度。这种态度将伴随他们成长，成为其作为未来社会成员的重要品质。

（三）创新的社会互动活动

创新的社会互动活动的核心目的是通过提供多样化的社交经验来强化孩子们的适应能力、社会责任感以及合作精神。而在这一过程中，跨年龄层的社交活动尤其值得关注，因为它们能够打破常规的同龄人互动模式，为孩子们带来更为丰富和深入的社交体验。

跨年龄层的社交活动允许孩子们与不同年龄段的人进行交流和合作。这不仅可以提升孩子们的沟通能力，更重要的是，能够帮助他们学习到如何在多元化的社会环境中寻找共同点和建立联系。例如，通过邀请不同年龄的家庭成员共同参与家庭游戏夜，孩子们不仅能够享受亲密的家庭时光，还能学习到如何尊重和理解不同年龄段人的观点和感受。同样，参与社区志愿服务等活动，孩子们能够直接参与社会服务。这不仅能增强他们的社会责任感，还能让他们学习到团队合作的重要性以及在实践中解决问题的方法。通过这种跨年龄层的社交活动，孩子们的世界观能够得到塑造，他们能学习到更多关于人际关系的知识，比如如何建立有效的沟通、如何协作解决问题以及如何在多样化的环境中找到自己的位置。这样的经历对于孩子们的个人成长和社会适应能力的提升至关重要，能够为他们未来的社会生活打下坚实的基础。

（四）强化道德和伦理教育

道德和伦理教育的核心目标是培养孩子们成为具有责任感、同情心、正义感和诚实品质的人。通过家庭会议或讨论会探讨道德和伦理问题，家长可以引导孩子们深入思考当代社会面临的多样化问题，包括但不限于个人诚信、社会正义、同理心以及可持续发展等。这些讨论不仅帮助孩子形成解决复杂问题的多角度视野，更重要的是让他们学会在不同情景下做出道德和伦理上的判断。此类讨论的实践可以是围绕具体生活案例或新闻事件进行。例如，通过讨论环境保护的实际案例，孩子们可以认识到个人和集体行为对环境的影响；通过分析社会公平与正义的新闻事件，可以培养孩子们对社会多元价值的理解和尊重。这样的讨论鼓励孩子们表达自己的看法，同时也学习到如何倾听他人的观点，培养批判性思维。重要的是，这种教育方式强调道德和伦理判断的形成是一个持续的、动态的过程，需要在日常生活中不断实践和反思。家长的角色是作为引导者和榜样，通过自己的行为向孩子展示如何在现实生活中践行这些道德和伦理原则。

参考文献

[1] 陈鹤琴. 家庭教育 [M]. 武汉：长江文艺出版社，2019.

[2] 吴熹，马静和，郭莎莉. 家庭教育 [M]. 北京：知识出版社，2001.

[3] 覃洁莹，曾玲娟. 家庭教育学 [M]. 上海：上海交通大学出版社，2023.

[4] 毕诚. 新家庭教育导论 [M]. 郑州：大象出版社，2023.

[5] 孙传远. 家庭文化与家庭教育 [M]. 上海：上海远东出版社，2021.

[6] 蔡仲淮. 重塑家庭教育 [M]. 北京：中国纺织出版社，2022.

[7] 李全彩，王玉梅. 家庭教育的道与术 [M]. 徐州：中国矿业大学出版社，2020.

[8] 赵忠心，周雪敏. 中国家庭教育发展史 [M]. 南昌：江西高校出版社，2020.

[9] 张永泽. 家庭教育与子女健康成长研究 [M]. 秦皇岛：燕山大学出版社，2021.

[10] 李玲玲. 逆风飞翔：孩子的良好素质从家庭教育开始 [M]. 北京：中华工商联合出版社，2023.

[11] 李婧娟. 家庭教育百问百答 [M]. 苏州：苏州大学出版社，2019.

[12] 杨雄. 点亮心灵：家庭教育十人谈 [M]. 上海：上海人民出版社，2019.

[13] 王欣. 全面二孩政策下家庭教育观念研究 [M]. 长春：吉林大学

出版社，2020.

[14] 王春凯，石智雷．三孩儿政策下家庭教育期望及其生育效应 [J]. 人口与经济，2024（1）：76–89.

[15] 李梦莹，缪建东．"三孩"家庭开展家庭教育的优势、困境与因应策略 [J]. 中华家教，2023（6）：27–33.

[16] 裴鑫．多孩家庭教育面临的问题与对策研究 [J]. 新教育时代电子杂志（学生版），2023（19）：145–147.

[17] 张涛．言传身教——最好的家庭教育 [J]. 新教育，2023（3）：10.

[18] 康育文．家庭教育的若干思考 [J]. 现代商贸工业，2021（27）：141–142.

[19] 柴东新．走出家庭教育的误区 [J]. 小学科学（教师版），2021（2）：114.

[20] 马良．家庭教育中的"情"与"智" [J]. 教育家，2022（5）：69–72.

[21] 黄艳丽．家庭教育的重要性 [J]. 新教育时代电子杂志（学生版），2020（15）：273.

[22] 李海．家庭教育浅议 [J]. 科学咨询，2020（14）：200.

[23] 刘伟斌．家庭教育策略浅析 [J]. 中文信息，2020（7）：180.

[24] 孙云晓．生活教育才是家庭教育的成功之道 [J]. 教育家，2023（27）：10–12.

[25] 冯锦芳，龙少佩．家庭教育功能演变与新时代的定位 [J]. 新智慧，2023（22）：97–99.

[26] 吴慧丽．家长学校为家庭教育赋能 [J]. 教育家，2023（21）：56.

[27] 张月炎．运用积极心理学助力家庭教育 [J]. 中小学心理健康教育，2022（A1）：76–78.

[28] 王平亚．浅谈家庭教育及家庭教育对孩子成长的影响 [J]. 科教导刊（电子版），2021（12）：73–74.

[29] 鞠传英．新时代加强隔代家庭教育的研究 [J]. 科学咨询，2023（14）：234–236.

[30] 王钰绫 . 人工智能时代的幼儿家庭教育 [J]. 新课程教学（电子版），2023（8）：147-148.

[31] 邱萍 . 家庭教育与学校教育配合问题的研究 [J]. 学苑教育，2023（7）：7-8，11.

[32] 张卉颖 . 家庭教育与幼儿园教育互补模式探索 [J]. 新课程教学（电子版），2023（19）：142-144.

[33] 白秀杰，刘桓旭 . 欣赏孩子：对家庭教育实践的思考 [J]. 白城师范学院学报，2023（6）：82-86.

[34] 叶红，王文宇 . 论小学生家庭教育问题及对策 [J]. 教育实践与研究，2023（15）：49-52.

[35] 罗娜，姜琳，何姣 . 传统与"互联网 +"家庭教育的辨析 [J]. 科教导刊（电子版），2021（10）：8-10.

[36] 高适 . 青少年家庭教育的问题及改进措施 [J]. 成长，2023（4）：70-72.

[37] 刘莹 . 家庭教育共同体的内涵、特征及实践 [J]. 宁波大学学报（教育科学版），2023（3）：61-68.

[38] 林静 . 生命视角观照下的家庭教育 [J]. 江苏教育，2022（32）：1.

[39] 徐冬冬 . 试论家庭教育 [J]. 读天下，2019（18）：190.

[40] 陈菡 . 正面标签法在家庭教育中的运用 [J]. 中小学心理健康教育，2022（31）：76-80.

[41] 刘颖 . "五位一体"家庭教育模式的探析 [J]. 辽宁教育，2022（24）：55-57.

[42] 王丽 . 幼儿语言能力的家庭教育策略探究 [J]. 爱情婚姻家庭，2022（23）：6-7.

[43] 张苗 . 多管齐下提升家庭教育质量 [J]. 检察风云，2022（22）：40-41.

[44] 许杰斌 . 互联网 + 家庭教育平台的策略与实践分析 [J]. 今天，

2022（22）：49-50.

[45] 何芳. 中国家庭教育的地位变迁与新时代家庭教育价值重塑 [J]. 河北青年管理干部学院学报，2023（4）：9-15.

[46] 石军. 推进现代家庭教育治理，促进家庭教育长效发展 [J]. 教育科学论坛，2020（29）：1.

[47] 刘丰河. 家庭教育中的哲学与现实问题 [J]. 教育家，2022（5）：52.

[48] 刘佳玲. 母亲在家庭教育中的独特作用 [J]. 成长，2022（4）：82-84.

[49] 李碧蓉. 非认知能力培养的家庭教育策略 [J]. 宁德师范学院学报（哲学社会科学版），2022（4）：101-106.

[50] 赵琦. 浅谈家庭教育与孩子的成长 [J]. 现代职业教育，2020（20）：144-145.

[51] 王卫红，苏庆华. 父亲"缺位"对家庭教育的影响探析 [J]. 福建开放大学学报，2022，（3）：80-83.

[52] 武海英，赵蕾蕾. 新时期家庭教育的内涵、现状与对策 [J]. 河北师范大学学报（教育科学版），2022，24（3）：133-140.

[53] 常云秀. 家庭教育中经典诵读的实施研究 [J]. 河南科技学院学报，2022，42（2）：78-84.

[54] 康丽颖. 尊重孩子，是家庭教育的前提 [J]. 婚姻与家庭（家庭教育版），2022（2）：44-45.

[55] 高书国. 论我国家庭教育知识体系的构建 [J]. 南京师大学报（社会科学版），2022（1）：47-56.

[56] 张文华. 对观中国传统家庭教育和圣经中的家庭教育 [J]. 天风，2020（4）：31-32.

[57] 陈佩燕. 家校社合作背景下的家庭教育指导策略 [J]. 新教育，2023（A2）：196-197.

[58] 叶祖庚. 科学的家庭教育观：破解家庭教育现实问题的出路 [J].

闽南师范大学学报（哲学社会科学版），2020，34（3）：135-139，150.

[59] 肖莹莹.浅谈家庭教育的原则及方法 [J]. 现代交际，2020（7）：152-153.

[60] 彭铁牛，李晓冰，谭梦瑶，等.当下家庭教育之辨 [J]. 山西青年，2020（6）：89-90.

[61] 彭铁牛，李晓冰，谭梦瑶，等.当下家庭教育之考 [J]. 山西青年，2020（5）：108-110.

[62] 杨军.家庭教育至关重要 [J]. 山西教育（管理），2020（3）：38-39.

[63] 张慧君，郎鸿雁.家庭教育误区及解决对策 [J]. 内蒙古电大学刊，2020（3）：71-74.

[64] 马建欣.现代家庭教育问题及成因 [J]. 甘肃高师学报，2020（3）：103-107.

[65] 粟远荣.家庭教育的困境与突破探讨 [J]. 牡丹江教育学院学报，2020（2）：68-69，84.

[66] 王静.家庭教育个性化指导的实践策略 [J]. 江苏教育，2021（67）：54-57.

[67] 施健.家庭教育中家长的角色 [J]. 中小学心理健康教育，2020，（1）：76-77.

[68] 周红，凌钲程，王雪颖.家庭教育对孩子心理健康的意义 [J]. 江苏教育，2021（59）：12-14.

[69] 闫江艳.幼儿园指导家庭教育的有效途径分析 [J]. 新教育时代电子杂志（教师版），2021（45）：13-15.

[70] 赵忠心.明确家庭教育意义 做好家庭教育理论研究 [J]. 中华家教，2019（C1）：54-55.

[71] 杨红兵.家庭教育应当回归理性 [J]. 江苏教育，2023（8）：96.

[72] 汤海英.论幼儿教育与家庭教育的有效融合 [J]. 家教世界，2021

（29）：60–61.

[73] 傅国亮．家庭教育的多元融合，协同与可持续 [J]. 基础教育论坛，2021（20）：1.

[74] 康冉．梁启超的家庭教育实践及其启示 [J]. 亚太教育，2021（20）：34–35.

[75] 敖雪．浅谈家庭教育中的正面管教 [J]. 新教育时代电子杂志（学生版），2021（19）：242.

[76] 刘楚虞．家庭教育中父母期望的影响 [J]. 亚太教育，2021（17）：32–33.

[77] 熊担琴．家庭教育中幼儿的心理健康教育 [J]. 江西教育，2021（15）：92.

[78] 舒朝红．浅析家庭教育对孩子发展的影响 [J]. 新课程，2021（14）：12.

[79] 鞠慧明．家庭教育对学生成长的促进作用 [J]. 科学咨询，2021（13）：164.